パタゴニアの野兎
ランズマン回想録【下】

Claude Lanzmann, Le lièvre de Patagonie

クロード・ランズマン　中原毅志=訳　高橋武智=解説

人文書院

パタゴニアの野兎　ランズマン回想録【下】

凡例

・本書は、Claude LANZMANN "LE LIÈVRE DE PATAGONIE" (2009, Gallimard) の全訳である。日本語版では、1章〜12章を上巻に、13章〜21章までを下巻に収録した。
・訳者による注は〔 〕で示した。長めの訳注は番号を付して各章末にまとめた。
・原注は＊を付して該当ページにのせた。
・段落は読みやすさを考慮して訳者が適宜改行を施した。

第13章

一九五八年、私は三十三歳だった。「ユリュッフの司祭」の年であり、ド・ゴール将軍の大統領復帰、北朝鮮と中国への旅、カストールとの関係が曲がり角に差しかかったという予感があり、それが現実になった年でもあった。私の人生におけるこれらの出来事を結びつけるものは、単なる時間的符合以上に深いものがある。

ロレーヌ地方のありきたりの小教区ユリュッフで、司祭が教区の信者である二十歳の娘レジーヌ・ファイスを銃殺した。彼女は司祭の子を宿しており、出産を間近に控えていた。殺害した娘の腹をナイフで切り裂いて赤ん坊を取り出した司祭は、大急ぎで洗礼と終油の秘跡を施した上で、その眼をナイフでえぐった。前代未聞の三面記事のネタだった。私はフランス・ディマンシュ紙から裁判をフォローするよう依頼された。一九五八年一月二十四日、裁判はムルト＝エ＝モーゼル県の重罪院で開かれた。県都ナンシーが雪と氷で覆われた寒い朝だった。私はここでギー・デノワイエの空恐ろしい人生を語ろうとしているが、それはル・フィガロ紙がその日の記事で牽強付会《こじつけ》の論理展開と巧妙な文体によって司祭を教会から放逐し、教会を司祭から引き離した上で、あえて「ユリュッフの殺人者」と呼んだ男のことではない[1]。私は弁論のすべてを傍聴した。非公開が決定された法廷にも、寛大な評決が下された法廷にもいた。真の問題が持ちあがることを何よりも恐れた裁判長によって、裁判は大急ぎで進められた。そして、二日間の公判中一度として提議されなかったにもかかわらず、軽減事情［裁判官によって任意に判断される］が認められて、二人を殺した罪深い司祭は死刑を免れたのだった。

私はフランス・ディマンシュに記事を書いた。今でももう一度読み返してみたいと思うのだが、その記述内容に関しては満足が行くものの、紙幅が十分ではなく掘り下げた分析ができていないという点では不満足なものだった。フランス・ディマンシュ――私の自我の統一性の場――は、いわばパイロットフィッシュ［水先案内魚］と呼ばれるブリモドキみたいなものである。あるいはロケットの第一段か。私はこれで満足してはいけないと思った。すべての制約を取っ払って、レ・タン・モデルヌ誌にもう一度この事件に関する記事を書こうと決心した。レ・タン・モデルヌは、社会記事に文学や哲学に比してまったく遜色のない位置づけと重要性とを与えていた。サルトルとカストールは人間の欲動にかかわる新聞記事をむさぼり読み、推理小説を愛読し、社会的規範から著しく逸脱するような本であっても、それが何かを暴露していると判断すれば、その出版に決して尻込みをしなかった。こうして私は、ショルシェール通りのアトリエで自分のデスクに向かって作業を始めた。二月初めだった。一方、カストールが神聖な冬のバカンスを犠牲にすることはありえず、クールシュヴェルへのスキー旅行は決定ずみだった。私は、全力で打ちこんでいるこの仕事とスキーを同時にやることはできないと説明した。そしてスキーをあきらめた。今でも驚くのは、スキーに夢中だった私にとって、そんなことは不可能だと思っていたからだ。だが、クールシュヴェルでの連日好天に恵まれた十五日間、私は滑らなかった。カストールは一人で滑り、私は暗い部屋を出ることなく朝から晩まで書きつづけた。高山の希薄で澄んだ空気を吸いに外に出ることさえなく、夜にはその日書き終えた原稿を彼女に渡して読んでもらった。私は軽いアンフェタミン［覚醒剤］中毒だった。コリドラーヌ一錠で、サルトルの表現を借りれば、「頭のなかに太陽が一つ」現われる。もっともサルトルはすこぶる大きな太陽を必要としていたので、一錠では足りなかった。コリドラーヌをこぶしで砕き、苦い液状にして、彼が呼ぶところの脳の「完全雇用」のために、明白な意志をもって健康を害していった。コリドラーヌは多くの記事を抱えている時には助けになったが、服用量を守る必要があった。薬の効果は短く、下あごの強縮や薬効が切れた時のうつ状態は避けられなかった。ずいぶん前に私はこの薬をやめた。形状や呼称のいかんにかかわらずアンフェタミンが禁止される前のことである。ちなみに、イギリス空軍の爆撃機のパイロットたちは、ドイツ国内の標的まで往復するのに長時間の飛行を余儀なくされたが、彼らが睡魔に負けなかったのはベンゼドリンのおかげである。

私の記事は、一九五八年四月のレ・タン・モデルヌ一四六号に『ユリユッフの司祭と教会理性』のタイトルで掲載された。教会理性は国家理性《レゾン・デタ》から取った言葉である。この長文の記事は多くの読者から賞讃され、忘れがたい指標として読者の記憶に残ったことを私はとても誇らしく思っている。いまだに反響が寄せられている。口コミの効果は絶大で、記事はレ・タン・モデルヌの読者に留まらず、司法官、弁護士、そしてもちろんサミズダート［ソ連で検閲を逃れて流布した作品］さながらに教会内部にまで達した。有名な事件を手がけたジョルジュ・キジュマンのような大物弁護士からは、ユリユッフ事件同様の手法で彼らが扱った事件を記事にしてほしいと懇請された。

ある日曜日の午後、ショルシェール通りのアトリエに一人でいる時に呼び鈴が鳴った。ドアを開けると、ジャン＝ジャック・セルヴァン＝シュレーベルとフランソワーズ・ジルーが立っていた。レクスプレス誌のボスたちである。前者とは初対面だったが、フランソワーズの方は、フランス・ディマンシュのオフィスでよくすれちがったので知っていた。彼女は同紙で長年にわたって週に一回のコラムを担当し、無から出発して「立身出世」を成し遂げた立志伝的人物の紹介記事を書いていた。彼女はスターだった。その彼女のキャリアと人生に決定的なダメージを与えたのが、レ・タン・モデルヌに掲載された『燻製ニシンからキャビアへ』という記事だった。不当にもこの記事を書いたのは私だとされたが、実はジャック＝ロラン・ボスト［作家、ジャーナリスト］である。彼はこのなかで、彼女のことを痛烈にからかった。傷ついたフランソワーズはコラムの執筆を降り、すぐに高級紙への転身を図った。それがレクスプレス誌である。そこで彼女は、ジャン＝ジャック・セルヴァン＝シュレーベルのたっての頼みで編集長に就任、輝かしい実績を挙げた。終末も祭日も関係ない二人にとっての唯一の関心事は、メディア界で驚異的な成功を収めた彼らの週刊誌以外にはなかった。モーリアックもサルトルも彼らのところで出版していた。フランソワーズはのちにボストを雇い入れて復讐を果たした。二人が前触れもなくやってきたのは、私の『ユリュッフの司祭』を読んだ上でのことで、断わるのが困難なほどの好条件を提示してレクスプレスへの入社を提案するためであった。喜んで跳びあがるだろうと予想していた彼らに、私は考えさせてほしいと言った。この躊躇の言葉は二人を驚かせ、傷つけさえしたようすだった。確かに彼らの条件はこちらの自尊心をくすぐるに十分なもので、魅力的だった。だが最終的には、答えは「否」だった。心深くのどこかで、断わるべきだという声がしていた。自分の自由を縛りたくないし、職業ジャーナリストになりたいとも思わなかった。たとえば、『ユリュッフの司祭』をレ・タン・モデルヌのために書いたようにレクスプレスに向けて書くことはできないだろう。私は一匹狼であり、そうありつづけたいと思った。自分の可能性の場を縮小することはいよいよ不可能だった。

今から十年前の一九九八年、『ユリュッフの司祭』の記事がフィリップ・ソレルスの眼に留まった。事件当時これを読んでいなかったソレルスは、彼の季刊誌『ランフィニ』に記事を再録したいと申し出た[2]。おかげで新たな読者が生まれ、四十年の時を経たにもかかわらず、まるで起きたばかりの事件について書かれた記事のような衝撃を感じてもらえたのは喜ばしいかぎりである。この文章は、『ショア』や『なぜイスラエルか』などの私の映画より古びてはいない。私は女性の腹を裂いたり、新生児の眼をつぶしたりはしない。また、どういう意味でとられるにせよ、自分は教会の人間ではないと思っている。だが私は、裁判のあいだじゅうユリュッフの司祭のすぐ近くにいた。彼の背後二メートルの場所から彼の細い首筋を見つめていた。ギロチンの鋭い刃を約束されたと誰もが疑わなかったうなじだ。見ただけではない。聞いてもいた。常に型どおりの彼の数少ない言葉の一つひとつに耳をそばだてた。もちろん、犠牲者の両親の証言、ユリュッフをはじめ被告が以前に助任司祭または主任司祭として赴任したロレーヌ地方の村ブラモンやルオンの教区の信者の証言、警察および取り調べに当たった警視の報告も聞いた。そして私は、自分が本当に殺人司祭の皮膚、腹、心臓そして心の中にまでもぐりこんだと断言できる――もちろん、それは記事を読まなければ理解できないだろうが――。書き終えた記事を読んで、カストールは、この情動過多の司祭の心の闇に入りこんだ私の手法には心底驚かされたと言った。スータンの裾をまくりあげて十三歳の娘たちに性的奉仕をさせ、神の視線のもとにそそくさと絶頂に達したあと猛然と司祭としての仕事にもどることのできる男、あるいは、自分が犯した二重殺人のあと、教会の鐘のロープにぶら下がって狂ったように早鐘を鳴らして、まだそれほど警戒心を高めていなかったユリュッフの村人を最悪の事態へと誘導することのできる男――。私は驚く彼女に笑いながら答えた。「ユリュッフの司祭、それは私だ」。フローベールの「ボヴァリー夫人、それは私だ」をもじったのだが、もちろん全然私ではなかった。この冗談にはそれでも意味があった。すでに述べたとおり、その一年後、私は女性誌エルのためにダライ・ラマの逃亡についての非常に長い記事を書いた。こうした記事の執筆、あるいは映画の製作にあたって、私は同じ手法を用いた。徹底的に調査すること、自分は括弧でくくる、つまり自分のことは完全に忘れること、そして描きたい対象あるいは質問する相手の理論と非理論、嘘と沈黙のなかに入りこむ、的を突かれ逆上するほどの極度の警戒状態に達するまで入りこむ、それこそが私の想像力の源泉なのである。私にとり、それが真実の覆いを取り除き――必要とあれば真実をあばきだし――、息を吹きこみ、永遠に現在のものとするための唯一の法則なのである。少なくとも、私の法則である。私は自分を透視者と見なし、映画についてものを書くことを職業とする人たちに、「透視」を彼らの批評語彙に含めるよう提案したほどである。

一月のある夜、ユリュッフ裁判の少し前のことだった。私はアルマン・ガッティに呼ばれた。彼のことはあまり知らなかったが、とても好きだった。ハーポ・マルクス［マルクス兄弟、米のコメディ俳優］流に眼玉をぐるりと回して見せる諧謔、彼の劇作家、映画監督、詩人としての多彩なそして驚くべき創造性、反ファシストの闘士としての過去および彼が耐えた苦痛の数々、理論的、実際的、社会的、革命的、文学的のいずれでもある彼の巨大プロジェクトとその動員力、そこに集まる人材の教育の独特のセンス、そのためにパリとマルセイユの郊外にあらゆるイーリアスとオデュッセイアに適した場所を創りだした壮大な子供的発想力、無限に驚くことのできる能力と既成の制度的文化を無視し、または破壊しながら、なおそれを利用することを可能にする自信。彼は私に、北朝鮮が朝鮮戦争休戦後五周年を記念して招待する初の西側代表団に加わる気持ちはないかと尋ねた。私は一も二もなく申し出を受けた。なぜならそれは遠隔の地への旅だったし、私はまだアジアへ行ったことがなく、さらに、朝鮮のあと中国に一ヵ月滞在する予定も組まれていたからだ。あの戦争が何だったのかをより深く理解するための望外の機会でもあった。出発は『ユリュッフの司祭』掲載一ヵ月後の五月末だった。代表団のなかには、ガッティのような映画監督で、ボンナルドー〔クロード＝ジャン・ボンナルドー、俳優、脚本家、映画監督〕とともに向こうでフィクション映画を撮ろうという監督たちがいた。クリス・マルケル〔作家、映画監督〕はすでに前年ガッティとともに中国を訪れ、『北京の日曜日』という短編を持ち帰っていた。歌手のフランシス・ルマルクもいた。彼はポーランド出身の心根の優しいユダヤ人で、パリ風揶揄のセンスを持ち、自分で詩を書き、曲をつけ、ギターで伴奏をして、まず労働者の多い郊外の酒場で人気を博した。代表団を率いるのはリュマニテ紙の記者レモン・ラヴィニュ。ル・フィガロから派遣されたフリーのジャーナリストもいた。左翼系地方紙の代表三人もいたが、今思い出せるのはクーリエ・ピカール紙だけだ。この雑然とした奇妙な顔ぶれは、ガッティの気まぐれとフランス共産党の柔軟な姿勢の産物だった。ガッティも、クリスも、ルマルクもボンナルドーも私も共産党員ではなかった。準備のための会議が二回開かれ、中国旅行の経験者であるガッティとクリス・マルケルから、旅の注意事項としてお土産を持参するように言われた。お土産の交換は私たちの予定表に記されているあらゆる工場、党書記局、軍隊、大学、学校、劇場で必須の儀式になるはずだ。どんなものがいいか尋ねると、次のような返事が返ってきた。凱旋門、エッフェル塔、ノートルダム寺院、コンコルド広場、ルーヴル博物館といったパリの記念建造物の写真が載った長方形の大型の絵葉書の他に、フランス絵画、とりわけ印象派絵画の小冊子。私の好みではなかった。私に言わせれば、未開の地に持ちこむがらくたと一緒だった。グローバリゼーションは道遠しだったわけである。目的地についてからは一回見かけただけのクリス・マルケルは、他の解決策を見つけだしていた。エディシオン・デュ・スーイユの永遠の作家叢書に『ジロドゥー自身によるジロドゥー』を書いた彼は、この解説つきアンソロジーを百部以上も持参し、訪問した先々で秘書たちに気前よく配っていた。いずれにしても、素朴な朝鮮の労働者たちがフランス語を読めるはずもなかったし、ましてやジロドゥーの気取った文体を味わうことができたかどうかは保証の限りではない！

　私たちの出発は危うくふいになるところだった。ときあたかも、アルジェリアに派遣されたフランス軍の将軍たちがフリムラン政権に反対し、軍事クーデターは不可避の状況に向かいつつあった。将軍たちの脅しに呼応する形でド・ゴールは政権復帰を図る。「私は手続きに着手した……」。これが政権を奪還した最初の発言、ラジオ演説の最初の言葉がこれだった。ド・ゴールが突如としてクーデター側に寝返ったかに見えた。私たち自身、この状況にピリピリしていた。アルジェリア戦争はもう四年前から続いている。レ・タン・モデルヌ誌は、アルジェリア独立の支持とアルジェリア人支援のための闘争の牙城の一つだった。私たちのグループの一人フランシス・ジャンソンは地下にもぐると、FLN［アルジェリア民族解放戦線］の闘士への支援ネットワークを構築し、きわめて効果的な活動を展開した。レ・タン・モデルヌは何度か検閲を受け、少なくとも一度は没収された。軍事クーデターがド・ゴールを再度舞台に押しあげたのだが、彼自身はそれに不満の意を表明するなど、状況は両義性を呈していた。ド・ゴール将軍がパレ・ドルセーでおこなった有名な記者会見に私も出席したが、その大きな両腕で場内を煽るド・ゴール以上に、彼を取り巻き、あたりを睥睨《へいげい》する連中の方が威圧感を与えた。砂漠［アルジェリアのサハラ砂漠を指す］での長い艱難辛苦のあと、ついに自分たちの勝利のときが来たことを確信している顔だ。たとえば、RPF［フランス国民連合、ド・ゴール将軍が第四共和制に反対して組織］に属するSAC――市民活動団、呼称は穏やかだがその実体は武闘組織である――の連中がいた。クロード・ブルデが、だしぬけに将軍にこう質問したのを覚えている。客観的に見て軍事クーデターの危険性がもたらした彼の政権復帰と民主主義への忠誠とのあいだの整合性をどうやって取るのか。これに対する彼の返答、「ムッシュ、それは私の領域ではない」。それは彼が数週間後にピエノワ［植民地アルジェリア在住のフランス人］の群集を前にして発した「諸君の要求はわかった」と同じくらいに、彼にとっては真実で、徹底的に政治的な発言であったろう。彼らは自分に都合のいいことだけしか理解しようとしない人たちだった。しかし、カストールも私もそしてその他の多くの人たちも、ド・ゴールが通ったあとにはファシズムがはびこると考えていた。彼自身がどうであろうと、それは彼の器をはみ出し、彼よりも強い勢力を持つにちがいなかった。

アジアへの出発を控えた最後の日曜日、カストールと私は田舎にドライブに出かけた。それは五月の美しく晴れわたった日だった。草原の緑も輝かしく、リンゴの花の新鮮な香りも優しく、世界の美しさもこれまでと思わせるような絶好の日和だった。こんどの旅行について、私たち二人はこれを逃す理由は何もないと考えていた。私がパリにいても何もできることはなかった。私たちの活動は何よりもまず時代の暴力性を反映するものだった。それはインドシナで始まった。あるいはそれ以前、一九四五年のセティフの虐殺［アルジェリア北東部で起きた独立を求めるデモの流血の鎮圧］、さらにはマダガスカルでの容赦ない弾圧であったかもしれない。ド・ゴールはファシストではなかった。軍事クーデターを企てた将軍たちよりも強く、結局彼らを抑えこんだ。彼を偉人ととらえる私の考え方は変わらない。偉大な国家指導者、政治家、そして偉大な文筆家だったと思っている。私は彼が書いた本はすべて読み、今でも読み返す。だが、ときは一九五八年五月、アルジェリア戦争はこれからまだ四年間も続くのである。

夕方、私たちはアエロフロート航空のツポレフ機に搭乗した。プラハで降りて一泊、翌日モスクワに向けて出発、そこで八日間滞在し、いよいよ極東へと飛ぶ予定である。プラハの空港に降りた時、私は鼓膜が破れたのではないかと思った。ソ連のパイロットはみな軍人で、今日の西側の飛行機がやるような軟着陸のための長く慎重な段取りはすべて省略して、急降下で空港に襲いかかるみたいに着陸するのである。急激な高度変化によって起こされる激しい気圧変動などおかまないなしだが、乗客は痛みのあまりうめき声をあげた。コックピットでは、操縦士と副操縦士は常に黒の酸素マスクを着用している。客室で減圧事故が起きても、彼らはその酸素マスクのおかげで操縦を続け、人道的な高度に達するまで非人道的な降下をおこなうことができるのである。ツポレフ機で圧力異常の事故が頻発したことが、パイロットたちのこうした乱暴な操縦につながったことは間違いがない。二度目の殺人的な急降下は、モスクワのオルリーともいうべきシェレメチェボ空港でも敢行された。

どこの都市かはわからなかった。素晴らしい好天で、とても暑かった。六月である。いよいよ明日が朝鮮に出発という日、私たちのガイドはソ連の農工業展の見学を予定に入れていた。アスファルト舗装された広大な敷地に巨大な建物が並び、トラクター、ブルドーザー、その他ソ連の力と創造性を証するあらゆる種類の機械が展示されていた。見学は長時間続いた。図表とガイドの説明と立ちっぱなしに疲れ、建物の外に出た時、私は自分の体内にたまった息苦しさと欲求不満をもてあまして、何かをしたいという衝動に駆られた。私はいきなりガッティに声をかけた。「さあ、駆けっこしましょう」。彼は断わるような男ではなかった。彼の眼窩で大きな眼玉がぐるりと回り、私たちは駆けはじめた。スターリンのアスファルトの上を肩を並べ全速力で走った。私は勝ちたかった。彼もだ。お互いにぶつかりあって、彼が転び、左前腕を骨折した。私は色を失った。病院に運ばれ、ギプスをはめることになったが、翌日早朝の出発を禁じられるのを恐れて、彼はこれを断固拒否した。ガイドが連れていってくれた医者のところで、副木を当てて吊り包帯をしてもらい、次いで薬剤師から鎮痛剤を処方してもらった。

ようやく大旅行が始まった。私は後悔にさいなまれ、自分を責め、ガッティに心から謝り、彼につき添い、母親のように世話を焼いた。痛みはあったが、彼は痛みには強靭な精神を発揮した。私はピョンヤンに着いたらすぐに病院へ連れていこうと決めた。モスクワを発つ時、外気温は三十度だった。飛行機は燃料補給のためにシベリア西部のオムスクに着陸した。手足を伸ばすために軽装のまま飛行機を降りた私たちを待ち受けていたのは、零下十度の世界だった。飛行場の建物に逃げこみたくても、そこは滑走路の端である。飛行機の羽根の下で、防寒対策万全の老婆が物を売っていた。燃料を満タンに積みこんでいる機体の下で、グラム売りのウオッカを口にしつつ、私はこの申し分のない穀物のアルコールが寒さ対策として有効なことに気づかされた。これはその後、冬のポーランドでの『ショア』の撮影の際にも実証された。トレブリンカの立て石〔犠牲者を悼むために配列された自然石群〕のあいだで、雪や酷寒の厳しい条件下での撮影中に、水を吸いこむ不用意なブーツと不十分な服装に泣かされた。日が短いために光のある時間帯は貴重である。替えの服を置いてある車までもどることもできずにいた時、ポーランド人の音響技師パヴェルが差し出してくれたウオッカとコニャックを二対一の割合で混ぜた一リットル瓶で私は肺炎から救われた。この鬚面の大男は、反ユダヤ主義者だが好感のもてる男で、マズーリでクマ狩りをするということだった。私は悪寒に襲われるたびに瓶に口をつけて長々と流しこみ、いっときも分別を失ったり足を取られることもなく、日が落ちるまで持ちこたえることができた。おかげで、映画のための貴重な明るい時間を、一分たりとも無駄にせずにすんだのである。

オムスクのあとは、バイカル湖畔のイルクーツク、ウラン＝ウデ、チタにそれぞれ短い着陸をした後、モンゴル国境に着いた。朝鮮人民共和国の飛行機がすでに私たちを待ち受けていた。十人乗り程度の小型飛行機は黄色く塗られ、方向舵には鎌と槌が誇らしげに描かれている。眼の吊りあがった二人の若い軍の操縦士が私たちを敬礼で迎えた。彼らはこれからゴビ砂漠と旧満州の上空を飛行し、夕方にはピョンヤンに降りるのである。それは本当に遠い旅路だった。ガッティの痛みがますますひどくなったので、副木をしっかり固定し、飲み物を飲ませ、薬を服用させた。いっときも早く病院に連れていかなければならなかった。機体がピョンヤン空港のタールマック舗装の滑走路に着地した時、丸窓から出迎えの群衆が見えた。子供も大人も、女子も男子も、年齢別に同心円を描く輪を作り、空港の建物までの距離を埋めつくしている。男女のピオネールたち、赤のマフラー、腰まで届く編み下げ髪、娘たちの胸は人民服の上着で決まったように押し潰されている。私たち全員が意表を突かれ、うろたえ、疲れきった足をよろめかせながら飛行機を降りた。私はガッティを全身で支え、彼が落ちないように狭いタラップを後ろ向きに降りた。花束を両手に抱えた十人余りの美しい女性たちが、細い切れ長のまぶたの下から黒眼をらんらんと光らせて待ち受けていた。群衆が一斉に拍手をした。帽子をかぶった政府関係者たちもいる。短頭でえらの張った顔、帽子を載せたそのシルエットが移動するさまは、歩くというよりは滑るに近かった。カメラマン、フラッシュ、大型の撮影用カメラ。私たちの到着は明らかに撮影用に演出された一大イベントだった。小柄で細身の男が微笑みながら進み出た。明るい色の服を着、帽子をかぶっている。「オーケイ・トンム。私はみなさんの通訳です」と彼は言った。オーケイは彼の名前、トンムは「同志」の意味で、オーケイは決してトンムなしでは動かず、必ず「同志オーケイ」と呼ばなければならなかった。彼は歌うように旧いフランス語を話した。私はこれが気に入った。

　私たちは爆撃で破壊された幹線道路を走った。残骸、石のブロック、あらゆる種類の瓦礫が道路わきの斜面下に片づけられ、その光景は、十年前にベルリンで見たトリュンマーフラウエン［瓦礫の女たち］によって交差点に積みあげられたレンガの山を思い起こさせた。やがて、街を貫いて流れる大同江に並行して新たに造りなおされた広々とした大通りに出た。ここに私たちが泊る大同江ホテルがある。外国の賓客を迎えることのできる唯一のまともなホテルである。ホテルに着くや、落ち着く間もなく私はオーケイにガッティをどうしてもすぐに病院へ連れていかなければならない旨を説明した。極東での初めての夜、私たちは車で最近開通したばかりの鉄骨製アーチ橋を渡り、群衆に遭遇し、まぎれもないアジアの人々の群れが私たちの車の進行に合わせて道を空けてはまた閉じてを繰り返すのを見た。初めての走行だったが、私は病院までの道筋を頭の中に刻みこんだ。あとに続く物語のなかで、朝鮮人民共和国の首都の街で病院に行くまでの初めての道のりがいかに私にとって大切なものになったかをおわかりいただけると思う。病院もまた人でいっぱいだったが、オーケイが手際よく動いて、ガッティはきちんとギプスをはめてもらうことができた。これでようやく滞在が始まる。

ホテルでは一部屋に二人ずつ泊まることになった。私はル・フィガロの記者と同室だったが、彼が私たちの出発予定日より先に帰国することになっていたため、以後は一人で過ごすことができた。フランシス・ルマルクと相部屋だったクリス・マルケルは、自分が好きなアメリカン・コミックのページを破いては壁と言わず天井と言わず部屋中に貼りまくった。ここは自分の世界だと宣言するに等しい行為だった。それはあるいは招待者側に対する抗議だったかもしれないし、ホームシックから逃れるための、あるいは世界の中心に自分を据えるための彼一流のやり方だったのかもしれない。後日の北京でのことだが、フランスからの手紙を受け取るためには、フランスの通信相手に対して仰々しくも長々しいアドレスを連絡しておかなければならなかった。ところが彼は「北京、クリス・マルケル」だけですませ、一通も迷子になった手紙はなかったということを確かな話として聞いた。彼と私のあいだには、心底からの憎悪があった。私たちは一言も言葉を交わしたことはなかった。下あごの突顎《とつがく》のせいで、彼は発音に困難があり、歯を食いしばるようにして話した。発語の少なさを補うために、傲慢で冷笑的な表情を浮かべ、自分の言葉の一つひとつを謎めいた金言に変えようとするかのようだった。こんなことを平気で書けるのは、この旅行中に私たちは友人になったからである。私は彼の映画を称賛する。東京の怪しげな界隈に、クリスの映画へのオマージュとして「ラ・ジュテ」と名づけた暗く狭いバーがあり、そこの棚には、私の名を記したシーバス・リーガルのボトルが待っている。ある晩女性オーナーに注文したボトルだが、以後そこの壁を飾っている。

滞在中のプログラムは興味深く、ときに恐ろしく、ときにうんざりさせ、くたくたに疲れさせた。一日に二つないしは三つの工場を訪れ、いくつかの説明を聞き、歓迎の演説、別れの演説、答礼、プレゼント交換――クリスの『ジロドゥー自身によるジロドゥー論』が嚆矢《こうし》を飾ったことは言うまでもない――が延々と続いた。代表団の答礼は、リュマニテ紙の記者レモン・ラヴィニュだった。彼には、朝鮮語で「豊かな春」を意味するソ・チョンなるニックネームがつけられていた。オーケイが通訳をしたが、多くの幹部たちが英語を理解したので、私が英語で通訳することも多く、日に三度やらされることもあった。中国と同様、この時期北朝鮮は完全な自給自足体制を目指し、巨大製鋼所と同時に地方分散型の小高炉(3)を持つことを希望していた。公式の儀礼抜きの晩餐会に二度招待されたが、私は金日成がすでに原子力施設を考えていると感じた。ピョンヤンから遠く離れた地図上にも載っていない場所に案内され、軍が管理する地下施設を訪れたこともあるが、すべてが秘密の封印をされているように見えた。食事の席で、大臣たち――いずれもかつての抗日パルチザン――に取り囲まれた金日成に向かって、私は公の場から姿を消した反対派の人物について尋ねた。彼らの失脚については、パリですでに情報を得ていたからである。私がその名前を口にした途端、最高指導者と取り巻きたちの大きな笑顔が見事なほどに一斉に消えた。石のような冷酷さが彼らの眼に浮かんだ。私は人民共和国の内政に口をはさんで、自分自身が姿を消す破目におちいろうとしているも同然だった。金日成は一言だけ発し、オーケイが口ごもりながら訳した。「あいつらは人民の敵だ」。それ以上尋ねたり議論したりすることなど問題外だった。

私たちの気晴らしは国立劇場だった。国家の俳優たちによる歌舞と世界最高と言われた北朝鮮アクロバット競技団による演技だった。客席はいつも満員で、特に兵士たちが多かった。ここでも、俳優たちの宿舎での演説とプレゼント交換があった。街なかや、電車、バスの中でヨーロッパ人と一緒の女性を見かけることはなかった。唯一見かける「高い鼻」は、主にポーランド、東ドイツ、チェコスロバキアから兄弟の国を支援するためにやってきた人民民主主義の「専門家」たちだけだった。彼らはいつも一人か、せいぜい夫人――ソ連圏のどっしりとして脂ののった女性たちだ――と一緒にいるかだった。彼らは特定の閉鎖的な地域に住んでいた。ところで、楽しみとなれば、国を代表する料理も忘れるわけにはいかない。複雑な食材を煮込み、古代朝鮮王のチョウセンニンジンで覆った「おとぎの鍋」と呼ばれる繊細な香りの鍋料理で、絶大な性欲および精力増強作用があると言われているが、禁欲生活を強いられていた私たちには不都合きわまりない効能だった。食事のあいだに、いわゆるアジア的無表情と私たちが呼ぶものを吹き飛ばすような出来事があった。私は二十五歳から三十歳の若い将校や兵士たちに、終わってからまだ五年足らずの戦争について話してもらった。みな、私の具体的な質問に興奮して答えながら、やがて泣きだしてしまった。武勲を立て勲章を受けた英雄たちが大泣きをしている。それは大国中国と日本列島とのあいだに挟まれた細長い半島を血で染めた、恐るべき殺戮戦を思い出してのことだったのである。

パリを出る時、私はユリュッフの司祭に関する大仕事で疲れていた。とはいえ、私はまだ三十三歳の若さである、自分の健康には自信があった。ところで、医学にも流行がある。私がいちばん気に入っていたのはビタミンB12一〇〇〇ガンマの筋肉注射を臀部に打つという療法だった。この注射を処方してくれたのは、ヴァレーヌ通り、ロダン美術館前に診察室を構える友人ルイ・クルノである。「もしあっちで身体が弱ったと感じたら、すぐに打つといい」。そこで私は、アンプル七本を処方箋とともに持参した。北朝鮮風スタハーノフ運動〔ソ連の生産性向上運動〕の一ヵ月をようやく終え、中国へ移動する前（代表団は二手にわかれており、ガッティと他の参加者はピョンヤンに留まり、私は宿敵クリスとともに〔旧〕満州経由で北京へ向かうことになっていた）の十日ほどのあいだに体力の増強を図ることに決め、親愛なるオーケイに打ち明けた。迷惑をかけないために、どの診療科に行けばよいかだけを教えてもらえれば、自分一人で病院に行くと言うと、彼はとんでもないと言った。注射を打たせるために、私の部屋まで人をよこすというのである。翌日の月曜日、朝八時から処置を開始すると正式に告げられていたので、私は窓を開け放ち、パジャマ姿で待っていた。夏のことで暑かった。ノックに応えてドアを開けると、そこに立っていたのは看護士ではなく、看護婦だった。伝統的な白衣を着た魅力的な女性である。胸は窮屈そうだったが、人民服みたいに押しつぶされてはいなかった。三つ編みにして二本に分けた長い黒髪、伏し目だったにもかかわらず、二つの瞳は火のように燃えていた。信じられない思いで私は脇に寄り、恭しくひざを折って大時代的なお辞儀をし、彼女に入るよう促した。彼女の後ろからオーケイが入ってきた。オーケイの背後には帽子をかぶった男が一人、その後ろにはまた帽子をかぶった男が一人、三人目、四人目、そして五人目。彼らは総勢六人、部屋の中央に立ち、これから起きる出来事の一部始終を仔細に監視しようとしている。私は魔法のアンプルが入った箱をオーケイに手渡し、ルイ・クルノが書いた単純きわまりない処方箋を、伏し目の看護婦に訳すように頼んだ。彼女は無言のまま注射器のセットを取り出し、針、アルコール、やすりと手順を踏み、今やB12一〇〇〇ガンマがゆっくりと吸引されていくのを太陽の光に透かしてじっと見ている。私は彼女に背を向けて、臀部のふくらみを露出させるためにパンツを少し下げようとした。だが、オーケイと五人の帽子の男たちは動こうとしない。この男たちの正体が朝鮮版ＫＧＢであることは、私たちみんながとっくに知っていた。彼らはホテルの廊下のあらゆるところに立っていて、私たちが行くところどこへでもついてきた。彼らは立ち去る気配すら見せず、私たちの周囲を囲み、監視し、私をすくみあがらせた。私はオーケイに言った。「頼むから出ていってくれ。彼らに出ていくように言ってくれ。フランスでは、公衆の面前で注射は打たないんだ」。彼は困ったようすだった。それでもひと言ふた言何か言うと、全員がほんの一メートルだけ下がった。それだけだった。私は声を荒げ、怒りを装い、政府と最高指導者に招待された私を容疑者扱いすることの非を唱えた。こんどは一斉に後ずさったが、全員が部屋の入り口にへばりついている。私は看護婦の腕を取ると、彼らの死角になるところまで連れていった。こちらからは見えないし、向こうからも見えない部屋の隅。私はようやくわが親愛なる臀部を、無表情の美女の前にさらけだした。彼女の処置は完璧だった。正確で、無駄がなく、粗雑なところがなかった。針を突き刺す時に何の痛みを感じることなく、普通ならあまり快適とはいえない注射液のゆっくりとした注入のあいだ、まるで痛みの影も感じることはなかった。だが、このシーンをご想像いただきたい。部屋は広い。廊下に通じるドアは開け放しだ。ホテルの日常的なもの音は聞こえてくる。オーケイと帽子の男たちはフラストレーションを溜めた突入部隊よろしく、身体を寄せあって入り口で待機している。看護婦と私のあいだに、死角に隠れるという規則違反がもたらした秘かな連帯感が生まれた。まなざし、目配せ、その他一切の共謀のやり取りなしに自然発生的に。彼女が道具を片づけているあいだ、私はズボンを上げ、部屋の中央にもどると声をかけた。「皆さん、どうぞお入りください」。彼らは入ってきたが、ここに到着した時よりはやや不安げだった。次回は翌日の同じ時刻と決まり、私は看護婦に「ありがとう、マドモワゼル」とだけ言った。そしてオーケイには「彼女は本物のプロだ。これほどの看護婦は西側にだってあまりいない！」と言うと、彼は胸を反らせ、帽子組に向かってそれを訳した。

　翌日もすべてが同様に進んだ。強いて異なる点を挙げれば、帽子組が五人から四人になったことと、遠慮するよう頼まなくても、彼らが入り口で待機していたことである。彼女と私はいとも自然に死角に入った。闘牛のケレンシア〔アレーナの中で闘牛が安全と感じる場所〕みたいな避難場所。私はついに彼女の声を聞けなかった。もちろん私たちには共通の言語がなかったし、帽子組が聞き耳を立てていたから、彼女もしゃべりようがなかったのだろう。三日目には、帽子はまた一人減った。そのまま何の変化もなかったが、六日目に現われたのは帽子一人、オーケイそして看護婦の三人だけだった。最後の注射は翌日の日曜日の予定だった。私はオーケイに明日は時間を少しずらしてもらえないか、たとえば十時でどうだろうかと提案した。神の安息日を利用して少し寝坊したかったのである。オーケイは、明日は代表団のために田舎のピクニック——朝鮮人のお気に入りの娯楽だ——が予定されていると言い、難色を示した。出発は八時半から九時のあいだである。私はピクニックは諦めると言った。この一ヵ月間、あまりに多くの人に会い、あまりにしゃべりすぎたので、私は一人で過ごしたかった。それがいちばんの休息になる、わかってほしい。それに私はピクニックに連れていかれる池が好きではなかった。人工の池のあちこちに岩が配置されたわざとらしい景観には、版画で見る日本庭園のような美はなかった。こうして、十時の約束が決まった。オーケイはいないのだから、看護婦には一人ないしは数人の帽子がついてくるだろうと想像していたが、予想は完全に裏切られた。十時きっかり、ノックの音にドアを開けると、帽子はその影もなく、彼女だけが立っていた。それも、見違えんばかりに変身した彼女がただ一人でそこにいた。色彩を配した軽やかなスカート、ブラウスを膨らませる胸、三つ編みは消えて髪はシニョンにまとめられ、前髪は額の上でカールし、唇は紅で強調され、破天荒で異様な美人だ。こういったことすべてを私はひと目で見てとり、驚きにとらわれ、彼女を室内に招じ入れることも忘れて戸口で固まった。絶対に姿を現わすにちがいない帽子のことなどまるで念頭になかった。彼女はもう眼を伏せてはおらず、真っ直ぐに私を見つめていた。状況が促すままに、私は急いで行動した。反射《レフレックス》と思考《レフレクシオン》はもう一緒だった。私はいつものようにドアを開けっ放しにして、彼女を死角に連れていった。耐えきれないような切迫感に駆られていた。何かが起こりそうな、いや起こらないということがありえない何か。何が？　そしていつ？　わからないままに心は震えていた。パリを発って以来、女性に触れていなかった。その朝、ピョンヤンはとても暑かった。汗の玉が上唇を濡らして、彼女の口はいっそう官能的になり、顔といい身体といい、彼女の全身から抗いがたい性的魅力が発散していた。注射を打つのに、彼女は異常に長い時間をかけた。自分の動作の一つひとつを分解し、それによって時間そのものをも分解し、まるでこれに終わりはないのだと言わんばかりの緩慢さだった。注射が終わり道具を片づける段になると、彼女はもっと時間稼ぎをする方法を思いついたみたいに、一つひとつの動きをいっそう緩慢にした。ドアは相変わらず開いたままだ。帽子が姿を現わさないとは到底思えなかった。それがなおさら緊迫感と焦燥とを深めた。結局、すべては終わった。どうやって彼女に別れを言ったらいいのかわからない。あるいは謝礼を期待しているのかもしれない。今でも思い出すが、私は途方もない額の現地通貨ウォンを新札で持っていた。到着の翌日、代表団の全員にささやかな娯楽と滞在の費用として渡されたものである。シモーヌ・ド・ボーヴォワールに買って帰るつもりの太鼓以外にここで買うものは何もない。待つよう身ぶりで伝えると、クロゼットから札束の一つを取り出してさしだしたが、彼女はまるで怒ったように激しくそれを拒絶した。私は急いでスーツケースのところに行き、パリを出る前に買い求め、まだ薄葉紙に包まれたままの美しいブラウス何枚かを取り出した。彼女にはよく似合いそうだし、何かの役に立つだろうと考えてプレゼントしようとしたが、これも断固とした拒絶に遭った。私たちは死角から離れ、部屋の真ん中にもどった。ドアから一直線上の位置だが、帽子組のことはもうどうでもよかった。そんなことはこれから起きようとすることに比べたら、そして抗しがたく心乱す力の前では、何ほどのこともなかったのである。どちらが先に倒れこんだのかわからなかったが、私たちは文字どおり上下になって倒れこんだ。激しく口をむさぼり、情熱と力と欲望と抑えようのない獰猛さで舌をからませあった。二人が部屋の死角ではなくよく見えるところにいる以上、このまま続けるわけにはいかなかった。だがもっと欲しかった。すべてが欲しい、お互いにすべてを欲した。私は素晴らしいことを思いつき、彼女を部屋の隅に連れもどした。腕時計を彼女に示し、針をぐるぐる回して午後二時の位置まで進めると、彼女が理解するまで時計のガラスを指で何度も叩いた。合意を求めるのではなく、命令だった。そして彼女を窓際まで連れてゆき、ピョンヤンの広い大通りに向けて窓を開いた。私と一緒に窓から身を乗り出させ、左手約二百メートルほどの場所を指さした。大鉄橋のたもと、ちょうど大通りと川が交わる地点である。手のなかの時計はすでに十四時を少し回っていたが、私は文字盤を強圧的な指先で示し、待ちあわせの時刻を念押しし、腕を何度も振って待ちあわせの場所である橋のたもとを確認させた。今や私はパニックに襲われていた。帽子が姿を見せないということはありえない。もし彼女がまだここにいるのを見られたら、彼女にとっては命取りになろう。危険を忘れたみたいに彼女は私に身体を預けたが、私は抱きしめることもなくそっけなく突き放し、廊下に誰もいないかを確かめもせずに部屋の外に押し出してドアを閉めた。あとですべてを手に入れることを考えれば、今このときにすべてを失うことは何でもなかった。

一人になって考えた。自分がやろうとしていることは正気の沙汰ではない。この国のスターリン的粛清は恐ろしいほどだ。全体による全体の編成はいかなる自由も逸脱も許さない。あの眼を伏せていた看護婦が、がらりと変身して現われたのにはどういう意味があるのだろうか？　彼女は韓国から来たのか？　結局彼女は現われないだろうという結論に落ち着いた。来るはずがない、なぜならそんなことは不可能だからだ。彼女自身、リスクの大きさに気づくだろう。それに、いったいどうやって意思疎通をするのだ？　彼女はあるいは朝鮮語以外に中国語やロシア語を話すかもしれないが、どれも私には未知の言語だ。もし彼女が怖いもの知らずで橋まで来るとしたら、私たちは共通言語を工夫しなければならない。私はメモ帳二冊と鉛筆を用意した。待ちあわせの場所は、前の日曜日に大同江を案内され、船を曳くために川沿いにつけられた道を歩き川遊び用の貸しボート屋まで行って知っていたからだ。ボート遊びは朝鮮の国家的スポーツである。この場所を彼女に指し示しながら私が考えていたことは、船着き場は彼女も知っているにちがいないからそこまで一緒に歩き、ボートを借りて川下へと漕ぎだし、街を抜け、遠くの郊外のどこかに船を着け、彼女と愛しあおうというプランだった。人目さえなければ場所はどこでもよかった。田んぼのなか——乾いていようが水浸しだろうが——、草むらのなか、林のなか、いよいよとなればボートの上でも構わなかった。

待たされるのではないかという心配は杞憂に終わった。私が着いた時、彼女はすでに約束の場所にいて、鉄の構造物に背をもたれさせて待っていた。橋を行きかう日曜日の晴れ着を着た人々にまじまじと顔をのぞかれ、無遠慮な視線に裸にされて、それでも口紅を引いた顔を輝かせて立っていた。私に気づいた彼女の顔に、笑いの気配が浮かんだ。私は彼女に近づかずに、曳舟道《ひきふね》の方を指し示し、両腕でボートを漕ぐ真似をして見せた。彼女はすぐにわかって、私に先立って指示された方向へと歩きはじめた。速く歩く彼女を、私は急ぎ足で追った。私が近づくのを感じると彼女はさらに足を速め、私が並ぼうとするとあからさまに歩速をゆるめた。道の右側の少なくとも三メートルほど下を川が流れ、道の左側は二メートルほどの傾斜地になっている。その上のすぐにでも手の届きそうな高さでは、歌声をあげながら働く再建部隊の労働者たちの列が延々と続いていた。彼らの軽快な労働服はそれぞれ所属する部隊によって色分けされているはずだが、いずれも漆喰状の埃で白くなっている。彼らの共通の使命は、終戦時からそこに山積みされ放置されてきた残骸の際限のない除去作業である。とても終わる日が来るとは思えないような仕事だった。メガホンを持った教育担当の政治局員が、ケンブリッジのボートレースの舵付きエイトのキャプテンよろしく作業のリズムを取りつづける。首都再建のために日曜日を犠牲にして集まったピョンヤンの共産少年少女団員が、しゃがれ声の音頭に合わせて一丸となって作業を進めているのだ。指示されるリズムに従い、それを維持するために、彼らは若々しい声を張りあげて歌った。輝かしい未来と最高指導者の栄光を歌いあげる意気昂揚のための歌は、帝国主義に対する勝利あるいは主体《チュチェ》思想の成功を讃えるものだった。この思想は金日成の並はずれた頭脳から生まれた北朝鮮共産党の主要教理である。いくつかの大雑把な教条からその真髄に近づいてみよう。「北朝鮮人は自分の運命を完全に支配する」「北朝鮮人はあらゆる障害を乗り越えることができる」「最高指導者の使徒に不可能はない」などなど。中国の赤い手帳〔毛沢東語録〕の硬めの焼き直しである。だが、チュチェは茫然自失もスキャンダルも禁じてはいない。散歩に誘った相手の十歩先ないしは後ろを歩くことに私はもう我慢できなかった。彼女の近くを歩き、彼女に話しかけることで――こっちが言うことを相手が理解できないにしてもだ――、いったい私はどんな罪を犯したことになるというのだろう。ようやく口説いた相手にひと言もしゃべらず、笑顔も見せず、腕も手も触れず、四キロメートル近くを歩くなんて想像もできないことだった。だが、私たち二人が一緒だとわかった瞬間、私が彼女の気持ちを無視してそれらしくふるまおうとした瞬間、歌う少年少女隊は沈黙した。しばし作業の手を止め、やりかけの仕事を放り出し、シャベルやつるはしにもたれかかって、私たちが通りすぎるまでじっと見つめていた。私たちが進むと、観客は次の少年少女隊に順送りされた。なのに彼女はあからさまに足を速めたり、遅くしたりした。これではまるで、現行犯を認めるも同然じゃないか。彼らの言うとおり、過ちを認め、罰を受けますと言わんばかりだ。だが彼女は間違ってはいなかった。彼女はこうした事情をその内側から知っていたのだ。彼らの反応、彼らの考えそうなこと、言いそうなことをすっかり見通した上で、自分がどうすべきかをちゃんと心得ていたのだ。場違いな不作法は私の方だった。フランス的アプローチの貧相で観念的な引き写しで、私はしみったれた自己中心的規則に従って行動していたにすぎない。要するに、私たちは一緒に歩こうとしてはいけなかったのだ。だが一キロメートル先で、そうはいかなくなった。いったいどうやったら、二人が同じボートに乗れるのかが差し迫った問題になったからだ。

貸しボート屋にたどり着いた。道の左手の低くなったところに木造のバラックが立っていて、窓口の前に行列ができていた。彼女が並ぶのを見て私は足を速め、彼女のすぐ後ろに立って新札のウォンの束を手に握りしめた。フランス的アプローチの作法によれば、誘った相手にお金を払わせるわけにはいかないからだ。だが窓口の前まで来ると、彼女は私を無視して、舞踏会バッグくらいの大きさの刺繍の入った白い布製のハンドバッグを開き、お札を出して二枚のチケットを受け取った。私には眼もくれずに、彼女は道に引き返し反対側の川に向かって急な斜面を降りた。切り立った岸辺に空のボートが繋いである。だが、乗船前に、木造の小屋の中で靴と靴下を脱ぎ、チケットと引き換えにそれを預けなければならない。つまり裸足でなければ舟には乗れないわけだ。言うのを忘れたが、ここの斜面は黒山の人だかりだった。これから舟に乗ろうとする者以外にも、この不安定な小舟が転覆事故を起こすのを心待ちにしている単なる野次馬がいたのである。そしてそれは決して稀ではなかった。先週もフランシス・ルマルクがボートをひっくり返して、同乗者が深い川のなかで「カメラ！　カメラ！」と叫ぶのをこの眼で見たばかりである。カメラは危ういところで回収された。私たちの番がきて、百以上の好奇のまなざしの前で、彼女と私はもはや一緒にいるところを見られる以外に方法はなかった。私は彼女の勇気に驚嘆し、一方でただ一つのことを心に念じつづけた――転覆させないように。黒っぽい工兵の前掛けをした、頬の広い体格のいい二人の男が私たちを乗船させ、不愛想にオールを差し出した。私は一点の瑕疵もなく完璧に離岸した。同時に、思いもしなかったことに気づいて動揺した。私たちの裸の足の指と足の裏が触れあって、会話を交わしあえるではないか。私は力いっぱい漕いで川の真ん中に出ようとした。だが、のんびりと旋回を続けるボートの群れを抜け出るのは困難だった。もしこれほどの好奇の視線がなく、遭難の危険性がなかったら、私は彼女の口に、想像するしかない彼女の太腿に、胸に、両眼に飛びついていたことだろう。だがまずは、計画の第一段階を決行しなければならない。川を下り、街を抜け、田舎に向かう。川の流れの速さを考慮して、早々に下れるものと信じて、私は他のボートから離れて川下へと向かった。突然人の声とも思われないような叫び声が聞こえ、私は愛する彼女の眼に恐怖の色が浮かぶのを見てとった。なにしろ、私には「トンム！」と耳でしか聞こえないものを、彼女は眼で見る位置にいたからである。大音声の「トンム」と一緒に、ボートは操船不能におちいった。鉄のような手が船首を摑まえるや、上流に向けて方向転換をさせようとしている。それ以上進むことなど論外だった。ボートに乗った監視員には、私が眼に見えない境界線を越えて、高度に安全な地域を抜け出そうと試みているかに見えたのだ。彼らはすべてを見ていた。さようなら、田舎よ！　だが、私は簡単には引き下がらなかった。こんどは流れに逆らってしゃにむに漕ぎはじめたが、上流で「トンム！」の声で呼び止められる事態も予想された。ようやく、従順に飼いならされたように旋回を続ける群れにもどった。「みんなぐるぐる回る」私は内心でつぶやいた。「ぐるぐる回る」。これは私にとっては刑務所のイメージにほかならない。あらゆる計画、あらゆる未来を断ち切られた囚人が中庭を回る、独房の中を回る。そう思っているあいだに、今しがた予想したとおりのことが起きた。「トンム！」。この二度目の叫び声は最初のよりさらに大きく鳴り響いた。上流の監視員は遠くから私が下流に逃れようとした一部始終を見ていたにちがいなかった。私が方向を変えて漕ぎだしたのを見て、今度は自分の網で捕まえようと待ち受けていたのだ。彼は船首を摑む代わりに、オールで激しく叩いた。私はまた方向を変えて、流れのままに従順なボートの群れの中にもどった。彼女は監視員の乱暴なやり方に怯え、私は自分の度しがたい愚かさを呪った。お行儀よく他の舟と一緒に旋回を続けながら、私は考えるための時間を稼いだ。

ふと、川の真ん中あたりに砂の浅瀬があることに気づいた。近くだが輪の外側である。私は旋回の輪をひそかに広げながら舟を近づけ、思いきって浅瀬に乗りあげた。船首部分がしっかりと砂に食いこんだ。絡みあわせた足の指の愛の会話も、見つめあうまなざしも、肩をすくめたり眉をひそめたりのパントマイムも溜息も、もうたくさんだった。私は持参した手帳と鉛筆を取り出すと、朝鮮半島の大雑把な地図を描いた。その間もフランス語で語りかけていたのは、物珍しげに近づいてくるボートの連中をたぶらかすためもあったが、自分自身を鼓舞するためでもあった。中央には半島を両断する三十八度線を引き、38の文字も書き入れた。黒い点でピョンヤンを表わし、それを発音し、なおかつ自分たちの周囲をカメラでパンするように腕で指し示した。分断線の反対側の下の方にソウルを書きこんだ。彼女の変身の理由、化粧、髪型、服装を変えた理由が呑みこめぬままに、私は彼女が韓国出身で、向こうの習慣にノスタルジーを抱いたのではないかと考えたことはすでに述べた。私は鉛筆でソウルのある場所を何度も叩きながら、指で彼女のことを指し示した。彼女は両足を私の足に強くあてがい突っ張らせて反対の意思表示をすると、私の手帳を取りあげてそこにもう一つの図形を描いた。こんどは彼女の国の地理を正確に反映する地図だった。彼女は北朝鮮と中国の国境線である鴨緑江まで地図を延長して、川のすぐ近くに黒い点を記した。自分を指さしつつそこに家を描き、空から爆弾を雨あられと落とす飛行小隊を描いた。彼女は鋭いまなざしを左舷方向に向け、これからしようとしていることを見る者がいないことを確かめると、舟の群れに背を向け、ブラウスのボタンを外した。彼女は私に向けて高く締まった両の乳房をあらわにし、左側の乳房の下に胴を横に薙《な》ぎるように残る凄まじい焼け焦げた傷跡を見せた。彼女はひと言、万国共通の言葉を口にした「ナパーム」。まるで幻影のように現われた傷はすぐに視界から消えた。彼女はもう着衣を直していた。思いがけない状況に動転し、石のように固まった私を突然狂気のような愛が襲った。彼女の過去の苦痛をこの身に引き受け、聖杯を奪うためならどんなことも辞さぬ騎士さながらの愛。しかし騎士道とは言っても、私の愛はプラトニックでは収まらなかった。官能の炎は消えていない。それに長々と口説くだけの時間はない。抱きしめて自分のものにしたかった。彼女にもそうしてほしかった。私は手帳に、大同江ホテルから出発して、鉄骨製のアーチ橋を渡り、彼女が働く病院までの道筋を複雑で不器用ではあるが彼女にわかるように図示した。それは、最初の夜にオーケイと私がガッティを病院に連れていく道すがら、脳裏に焼きつけた道順である。彼女は私が正確に道を覚えていることに驚き、笑みを浮かべた。色鉛筆はなかったが、彼女の唇の朱を指でかすめて、病院の正面に赤十字のしるしをつけて彼女に認めさせることに成功した。次に私はベッド一つだけの部屋を描き、ベッドの上で抱きあう二つの身体を追加した。この子供じみたデッサンをより直接的な表現で補うために、私は両腕で輪を作り、空を抱きしめる恰好をして見せた。この頃には私たちの周辺に他のボートが集まりはじめ、興味津々の眼でこっちの仕草を見ていたことに私は気づいていない。彼女はおかしそうに笑い、再度私の手帳を取ると、もう一つの部屋を描いた。それは私のよりは広く長く、二十台ほどのベッドがあり、それぞれのベッドの上に二段目が乗っていた。寄宿舎！　絶望。いったいどこへ行ったら二人だけになれるのだ。彼女はそこにいて承諾しているというのに、手が届かない。タンタロス［欲しいものを眼の前にしながら手に入れられない罰に処されたギリシャ神話の王］の責め苦だってこれまでだろう。

私は代表団が滞在の初め頃に訪れた公園を思い出した。ピョンヤンのみならず北朝鮮中で伝説化している公園である。ここの地下百メートルには劇場が掘られ、爆撃がいちばんひどかった時でさえ、公演がおこなわれ、観客を熱狂させたからである。チュチェの最も昂揚した例である。ここから出る時、地上までの三百五十段をギプスをはめたガッティと競争するわけにはいかなかったので、私は一人で駆けあがろうとしたが結局途中で息が切れて諦めた。この公園のなかには木々も薮もベンチもあったような気がしたのだ。

いずれにしても動かなければならない。これ以上中洲に難破しつづけても何のいいこともない。彼女も私同様ここを出るべきだと考えていた。私は落ち着いてゆっくりと漕ぎはじめた。ボートが向かう船着き場の急斜面には、優に百対はある眼が私たちを見守っている。親愛の情の欠如は相変わらずだ。私は完璧にボートを着けた。彼女が立ちあがったが、工兵の前掛けは手を貸そうとしなかった。彼女はよろめき、足を滑らせ、バランスを取ろうとしているあいだにも、ボートは見事にひっくり返った。先週フランシスに起きたこととまったく同じだった。濁った水は少なくとも四メートルの深さがある。彼女は浮上するどころか沈みつづけている。私は思いっきり深くまで飛びこみ、彼女を摑まえるとそのまま浮かびあがらせることに成功した。ようやく助けの手が差し伸べられた。だが、彼女は白いバッグを落としたと言って、うろたえたように水面を見つめてパニック状態である。私は大きく息を吸いこむと再度水に飛びこんだ。幸運なことに、川底の泥のなかに何か明るい色のものが見えた。回収したハンドバッグを渡すと、彼女の悲嘆に暮れた顔に一瞬喜びの色が浮かんだ。私たちはずぶ濡れだった。靴を預けた小屋にもどらされて服を絞るよう指示されたが、彼女はその場にくずおれて、死んだように横たわってしまった。私は行動を起こす時だと思った。私たちの唯一の救済は行動にあるのだ。私は彼女を抱き起こし、もう逃げ道はないことをわからせるために思いきりの力を込めて彼女の身体を摑んだ。命令するのは私だ、そして私は朝鮮人など屁とも思わない。情け容赦のない視線のあいだを、私は彼女を、文字どおりひきずりあげるようにして斜面を上り、さっき来た道までもどった。ちょうどその時、軍の車がゆっくりとやってきた。彼女は運転手に何か言った。恐らく乗せていってほしいとでも頼んだのだろう。私たちを一瞥した運転手は、こっちに向けて唾を吐き、嫌悪感も露わにアクセルをふかして行ってしまった。

歌う少年少女隊の非難のまなざしを受けながら、来た道をもう一度彼女と一緒にもどる勇気はなかった。私は最悪の解決策を選んだ。狂気の沙汰だが、誰にも見られずにすむというメリットだけはあった。ホテルのある大通りまで街の廃墟のなかを歩くという方法だ。ゴルゴダの丘の道行きが始まった。二人は石ころの山を伝い——彼女が進もうとしない時は私がその手を引き——、プラスターの丘を越え、瓦礫のボタ山から転げ落ち、濡れそぼった服は灰白色の埃で鎧のように重くなり、顔はピエロのお面となり、彼女の美しい髪はモップみたいになった。転倒も、けがも、太腿とくるぶしの出血もあった。長かった。絶望的な消耗戦だった。だが、誰に会うこともなく、私の方向感覚が冴えていたおかげで、探していた大通りに出ることができた。この酷暑の夏の日曜日、人出の時間までにはまだ間があった。通行人は少なかった。私は手を離し前に出た。大同江ホテルに近づくにつれて、彼女を振り返る回数が多くなり、ついに予想していたとおりのことが起きた。彼女が急に足を止め、もう一歩も進もうとしなくなったのだ。私は彼女のところまでもどったが、自分たちの恰好がどれほど道化じみているかはわかっていた。ますます皆の視線を集めるばかりである。私はできるだけ優しい声音で、しかし決然とした口調で、彼女にフランス語で話しかけた。まるで唇の動きで理解してもらえるかのように。ホテルまであと百メートルほどだ。偵察に出かけるからここで待つよう彼女に言い含めた。すぐに帰ってくるからと も。普段はあちこちで眼を光らせている帽子組が、奇跡のように皆無だった。中二階にいたる中央の大階段も無人だった。中二階から階段は二手に分かれて並行して二階へと向かう。私の部屋は三階である。この状況を一瞥すると、私はすぐに取って返し、うつろな眼をして立ちすくんでいる彼女の手を取ると、力いっぱい引っ張った。ロビーに着くと私は手を離し、大階段へと急いだ。彼女がついてくるのを確かめ、中二階までたどり着くと、これで助かったと思った。信じられないような幸運に恵まれてのことだった。すぐに二階へと通じる階段を上りはじめた時、二つの恐ろしい「トンム」が雷のように響いて、私たちを階段の上に釘づけにした。声はガラス張りの守衛室からである。私は愚かにも無人だと思っていたのだ。彼女は最悪のケースを覚悟したみたいに、従順に守衛室へと向かった。私は、彼女が激怒している守衛の質問に答えようとしているのを見た。守衛は電話をかけはじめた。私は階段を転げ落ちるようにして守衛室に向かった。フランス語でありったけの罵詈雑言をわめき、唖然としている性悪守衛に向けてこぶしを振りあげた。次に私がとった行動は、恐らく大同江ホテル開闢以来の椿事であったろう。私は両腕に全力を込め、なおかつ怒りとパニックと、ひょっとするとB12一〇〇〇の効果で倍加した力でわが姫を抱き上げ、階段を三階まで上がり、持っていたキーで部屋を開け、中からロックし、浴室の電気をつけ、熱いシャワーを流し、スーツケースの中から今朝彼女に渡そうとしたブラウスと薄手のズボンを取り出し、彼女のところに運び、被災したバッグを彼女からひったくり、窓際に干した。私は彼女を浴室に一人で置いた。

ひと息ついて平静さを取りもどす間もあらばこそ、廊下に人の足音が聞こえ、部屋のドアをノックする音が響いた。すぐにドアを開けると、オーケイがピクニックからもどった代表団の面々に囲まれてそこに立っていた。もの問いたげな、あるいは嘲るような、あるいは嫉妬まじりの表情の一団の後ろに、帽子がいた。しかもその人数は時を追って増えてくる。まるでハーメルンの笛吹き男のネズミみたいに、どこからでも現われた。そこで私は大声で次のようなおとぎ話を語った。先週みんなで出かけた場所まで散歩に行ったら、驚くべき偶然によって看護婦に出会った。そこで彼女をボート遊びに誘った。私の許しがたい落ち度によってボートが転覆、やむなく廃墟の中を通ってもどってきたが、それは彼女が恥ずかしい思いをしたからであり、すべてはそんな状況に追いやった私のせいである。誰も信じないようなほら話をしているその時、彼女が突然浴室から姿を現わした。永遠に忘れられない出現だった。アジアのボッティチェッリ風ビーナス。私が用意したブラウスの裾を臍のあたりで結わえ、新品のズボンは長すぎたので裾を折り返しているものの彼女にぴったり似合っている。私はオーケイに、今話したことを帽子組に正確に伝えるよう頼んだ。通訳される話を彼女に聞かせなければならない。でなければ、二人の話のつじつまが合わなくなる。オーケイは言われたとおりにした。だが、それだけだった。帽子組は私のビーナスをその階にあるオフィスに連行して、オーケイとともに閉じこもってしまった。裁判が始まるのだ。私は急いでシャワーを浴びた。少しずつ人間らしい顔になり、自分らしい表情を取りもどすと、ありったけの勇気をかき集めた。それがどれほど必要になるかはわかっていた。代表団のメンバーはそれぞれ部屋にもどり、私一人が廊下をうろうろして、裁判の終了を待つか、法廷に飛びこむかのあいだで迷っていた。それは長かった。果てしなく思えるほどに長かった。

私は力いっぱいにドアを開け、乱暴に部屋に入った。そこでは本物の裁判が繰り広げられていた。長いテーブルの片側に彼女はオーケイとともに座って、反対側の一ダースほどの裁判官に向きあっている。審理を中断させるために、私は計算ずくの重々しい政治的発言をおこない、オーケイに一言一句たがえることなく通訳するように頼んだ。今ここでおこなわれていることは、私がこれまで朝鮮民主主義人民共和国について考えてきたことすべての見なおしを迫るような事態である。私はこの旅行を通じて得た印象を西ヨーロッパで報道し、今後の記事の中で紹介しようと考えてきた。なのに、この誇り高い国と英雄的な人民について、あるいはチュチェのおかげで達成されつつある超人的な国家建設についての判断をひっくり返しかねない事態が進行している……。この国の体制に「民主主義」をつけたのは余分だったかもしれない！　今自分が目撃している事態は、少なくともそこに疑問符をつけさせるに十分なものである。私の発言をオーケイが逐一通訳し終わるのを待って、私は詳細な説明に入った。看護婦であり、その名前さえも知らない彼女と偶然出会ったこと、彼女の看護に謝意を表するためにボート遊びに誘ったのは友好的かつ他意のない思いつきにすぎなかったこと。もし罪に問われるべき者がいるとすれば、私以外にはありえないのであり、同時に私は、あるいは彼女は、いや私たちは、大同江の川べりを友好的に散歩しただけで、何の罪に問われてこのような弾劾裁判的な場に召喚されるのか。最高指導者に招かれてきた私は、個人的に彼の大局的なものの見方と外交的センスを称賛する。では、その最高指導者がこのようなふるまいを良しとするだろうか。貴国にとってゲストである以上、私の習慣こそが尊重されるべきではないだろうか。フランスでは、男が女性に対して過ちを犯した時は、たとえそれが意図しなかったものであっても、償わなければならない。私が彼女を直ちに病院まで連れていこうとしたのは、まさしくそのためである。私の部屋を経由したのは彼女に着替えをさせるためであり、靴とバッグ、もちろん服も、乾かした上でひとまとめにするつもりだったからである。

オーケイが最後の言葉を訳し終わるや否や、私は彼女の手を取って部屋を出た。彼女はおとなしくついてきた。開け放しにしておいた部屋を経由して、あとからついてくる帽子組の見ている前で、そしてどうやって知ったのかはわからないが、代表団の面々が唖然として見守るなかを、私たちはゆっくりと階段を降りた。大通りに出ると、橋の方に向かった。抑えきれない自分の感情を伝えるために、私は握る手にいっそう力を込めた。百メートルを超えたあたりで、彼女は突然私を左方向に引っ張った。そこには新築の十数階建てのビルがあった。彼女にくっついて、私は狭い螺旋階段を上った。傾斜が急なので一段一段身をかがめながら進んだ。後ろから、無言の帽子組が頑として同じ足取りで上ってくるのがわかった。九階で彼女は足を止め、ドアをノックした。すぐにドアが開き女性が姿を現わした。彼女は振り向き、私に向きあった。その顔には、放っておいてほしいと懇願する絶望的な表情が浮かんでいた。私はしばらくのあいだ階段に立ちつくしたが、帽子組が歩みを止めて餌を待つ片足立ちのサギみたいに鈴なりになっているのを見て、重い傷心を抱えてホテルへの帰路についた。

その夜、私には刺戟の強すぎる性欲促進鍋、滞在最後の「おとぎの鍋」を囲んでいる最中に、オーケイがビーナスの名前を教えてくれた。キムだった。金日成ではない、クンサン、キム・クンサンだった。

私はオーケイに彼女の名前を朝鮮語で書くよう頼んだ。私はもう一度お詫びの言葉を彼女に伝えたいのだと言った。実際、私のせいで彼女が果てしないトラブルに巻きこまれ、重大な結果になるのではないかと心配された。私は沈んで、黙りこみ、誰とも話そうとしなかった。逆に、誰も今日のことについて質問したり、私の説明に疑問をはさもうとする者はいなかった。明後日にはクリスとともにピョンヤンを発たなければならない。目指す先は瀋陽またはムクデン、中国東北部のかつて満州と呼ばれた広大な地域の中心都市である。そこまでの一部は、シベリア横断鉄道を走る長い汽車旅である。その夜私はほとんど眠ることができなかった。こんな過ちを犯して、いってみれば性的不能にも似た失敗をそのままにして、彼女に会わずに出発するのは耐えがたかった。これほどあからさまに見せつけられた赤い全体主義への憎悪がふつふつと沸いた。彼女が私のために辛い目に遭うことだけは我慢ができない。ほんの短い逢瀬でもいい、会いたかった。わずかでも可能性が残されているものなら、会いにいきたかった。私の苦悩は激しかった。一晩中かけて、彼女に会うための常軌を逸した、しかしきわめて的確な計画を練りあげた。こういう性格なのだ。諦めることができない。尾行をまくテクニックはレジスタンス時代に習得した。それを使う。そして明日彼女に会うのだ。彼女をもう一度抱きしめずにここを発つことはできない。帽子組の警戒の裏をかいてやる。尾行はどれもまいてやる。

翌日の昼頃、私は一度も道を間違えず、迷いもせずにピョンヤン中央病院にたどり着き、一階の長い廊下にまぎれこんだ。担架でいっぱいの廊下は、うめき声や愁訴の声があふれていた。白衣を着た威厳のある年配の女性を見つけた。聴診器を胸に下げているところを見れば女医のようである。私はオーケイがキム・クンサンの名前を書いてくれた紙を示し、英語で、どこへ行けばこの人に会えるかと尋ねた。彼女は驚いた風もなく、何を尋ねるでもなく、ただ近くのドアを指し示した。ドアをノックし、開き、

친애하는 꼴로쓰.쟌그만 동지에게
(Sarang Laimiia Ceantha)

동지께서 우리나라를 떠나시면서 보내주신
편지를 저는 실로 감격 깊게 받아 보았습니다
지금 저는 이미 고국에 계신 동지에게 진정
넘치는 인사를 보냅니다. 또한 귀나라에서
전쟁을 반대하여 평화를 위해 뚜쟁하는 전체
로동들과 어린이들에게 혈육이 통하는 뜨거운
심정으로 높은 승리를 축복합니다. 동지는 지난날
우리나라 평양 대동강 보석장에서 제가 물에 빠
진것에 대하여 미안하다고 하셨지요. 아니요 그것은
우리들에게 그얼마나 정쾌한 추억으로 남겠습니까!
저는 동지의 인상깊은 모습과 함께 그날일을
길게 사변을 실장 가장 귀한곳에 간직하려고
합니다. 평화를 위하여 뚜쟁 하시는 고귀
한 벗. 꼴로쓰.쟌그만 동지! 부디 건강
하여 사업에서 높은 성과를 거두세요 비록
귀나라와 이조라는 수만리 떨어져지만 전세
계 평화와 함께 반드시 씩씩한 동지들의 상봉
하리라는 굳은 저의 신념을 확신해 주세요
— 조선 적십자 병원 종합 진료소 김 순심 —

そこに彼女を見つけた。彼女は二人の同僚とともに手に怪我をして出血している患者を取り囲み、包帯を巻いているところだった。三人とも人民服を着ている。上っ張りと三つ編みのおさげ髪だ。彼女が眼を上げ、私の方に駆けよってきた。私の手を取ると人の往き来する中庭に出て、その片隅で乱暴に私を抱きしめた。その乱暴さは瞬時に私にも感染した。口と口をぴったりとつけ、息を切らせながら舌をからませ、私たちは昨日のキスの続きをした。しかし、それはもっと切迫した時間内でのことだった。両腕で私を押しやり、取り乱した眼で私を見つめ、身をひるがえした。こんどは彼女が私を追いだす番だった。二度と振り向きもせずに建物の方へと去っていった。一九五八年八月の終わりのことだった。

パリの十二月のある朝、クラフト紙の大きな封筒が通常郵便で届いた。開けてみると、満開の白い花をつけた枝で半分覆われた寺院の横長の絵葉書が入っていた。裏面には、しっかりした筆跡の黒い手書きの朝鮮文字が綴られていた。朝鮮民主主義人民共和国外務省のヘッドがついた薄紙が同封されており、やはり手書きの翻訳文がつけられていた。以下がそれである。

《親愛なるランズマン様

あなたが国を発つ時に送ってくださった手紙をうれしく読みました。もう今頃はお国にもどられているあなたに、深い親愛の情をお送りします。戦争に反対し、平和のために戦っている母親と子供のために大いなる勝利を祈ります。

ボート遊びで大同江に落ちてしまった私の災難は笑い話ですけれど、それについてあなたがお気遣いくださったことを思い出します。いいえ、あれは私たちにとって楽しい思い出でした。きっといつまでも二人の記憶に残ることでしょう。私はそれを、あなたの凛としたシルエットの記憶とともに心のいちばん深いところに留めておきたいと思います。

親愛なる人、誇り高い友、平和のために闘っておられるあなたに、ご健康とお仕事の大いなる成功をお祈りします。フランスは私の国からは遠いけれど、世界平和が確立されれば、平和を愛する人々はきっと会うことができると私は信じます。

キム・クンサン
朝鮮赤十字病院

（1）ユリュッフの殺人者　責任追及が教会におよぶのを恐れた当時の保守層の意を汲み、ル・フィガロ紙は殺人を犯した司祭と教会とを切り離す論調の記事を書き、犯人に対し単に「殺人者」の呼称を使った。著者は自分の記事に敢えて「ユリュッフの司祭」のタイトルを付すことで、これに真っ向から対抗したのである。

（2）『ユリュッフの司祭』〝L'INFINI〟誌　一九九八年春季六一号に編集長ソレルスのコメントとともに再録：http://www.pileface.com/sollers/IMG/pdf/lanzmann_uruffe.pdf

（3）小高炉　毛沢東が試みて失敗に終わった原始的な溶鉱炉による小規模分散生産方式。

第14章

瀋陽の街をあちこちぶらぶらしながら過ごした数日は、私には感嘆の日々だった。もちろん、訪問の目的地が北京と上海であることはわかっていた。だが、すべてが非人間的な緊張と厳格さ、規律、服従で縛られ、不可能の勝利で染められた北朝鮮で、生活の色合いのない日々を過ごしたあとでは、中国での最初の都市が自由の、人間的な創意の、楽しみの、可能性の喜びのお手本《パラダイム》と映ったとしても仕方なかっただろう。それより三年前の一九五五年に、カストールとともに中国を旅したサルトルの言葉を思い出した。ただし北朝鮮なしの中国旅行である。中国人のことに触れながら、彼は《アンデュストリー〔工業〕がないためにアンデュストリユーな〔器用な〕》人々と書いている。工業に関してはあとで触れるとして、器用さにかけては疑問の余地はなかった。ノート、鉛筆、インク、ペンのたぐいは瀋陽を魔法の文具の街にしていた。どれも買い求めたいものばかりだった、どれもフランスに持ち帰りたかった。瀋陽で私を夢中にさせたものの百倍もの喜びが待っているから、北京に行くまで待つようにアドバイスしてくれたのはクリスだった。だが彼は、華北人の背の高さと、彼らが噴きだす時に見せる歯の大きさについては何も言わなかった。それは礼儀の問題であったのだろう。サルトルだけではなく、カストールもまた中国で過ごしたばかりの六週間を心に蓄え、五百ページ近い本にまとめた。この本もまた、タイトルをつけたのは私だった。『長征』［邦題『長い歩み　中国の発見』］がそれだ。もちろん、私も何も知らぬままに中国に着いたわけではなかった。蒋介石率いる国民党を台湾に追いやって、共産党が権力を握ったのは十年前のことである——台湾はすぐに冷戦の恐怖によって相手陣営の防塞と化したのだが——。リチャード・ヒラリーやバトル・オブ・ブリテンを読んだ時と同じ情熱をもって、私は八路軍の退却から勝利への波乱に満ちた旅に関する本を読み漁った。中国の南から、西方に大きく迂回しながら北へと向かうこの大遠征は、「長征」の名で喧伝されていた。ジャック・ベルデンの『中国は世界をゆるがす』やエドガー・スノーの『中国の赤い星』を始めとする、アメリカの偉大なジャーナリストたちの本を読んだ。私が最もいいと思ったのは、思想色の薄いベルデンの作品だった。二冊ともガリマール出版で美しい深紅のカバーで上梓されたが、今日では絶版となって、同社でも覚えている者はいない。当時私を夜毎とりこにした本がもう一冊ある。英国大使館書記官だったフィッツロイ・マクリーンの『外交官と遊撃兵』［原題 "Eastern Approaches"］、五百ページにおよぶ手に汗握る傑作だった。フィッツロイは輝かしい知性と想像を絶する大胆さを兼ね備え、パリからモスクワ大使館に赴任すると、彼以前には誰も足を踏み入れたことのない中央アジアを踏破する。一連のモスクワ裁判に関する報告、とりわけブハーリンのそれは、被告への深い理解、裁判官および検察官ヴィシンスキーに反論する被告の見事なまでに正確な横顔、法廷に掲げられたグルジア髭のヨシフ・ヴィッサリオノヴィチ・ジュガシヴィリ、別名スターリンの肖像の描写によって、今日それを読み返しても、ソ連を支配していた独裁体制の恐怖を数多くの歴史書や事後にまとめられた関連書——哲学的論考といわれるものも含め——よりもはるかに雄弁に物語っている。知性と大胆さに加えて、フィッツロイ・マクリーンは素晴らしい勇気とユーモアそしてこれまた熱狂的な冒険心を兼ね備えていた。大戦が勃発すると、彼はリビアとキレナイカの砂漠地帯におもむく。ロンメル元帥率いる敵の防衛線はるか後方に展開するイギリス第八軍団の奇襲部隊の一人として従軍し、しばしば親しい戦友の死に遭遇し、節辞法を使った忘れがたい弔辞を捧げている。九死に一生を得た恐れ知らずのフィッツロイは、チャーチルの命でユーゴスラビアに飛び、緻密で執拗なドイツ軍包囲網を構築しつつあったチトー（本名ヨシップ・ブロズ）のもとで、大英帝国を代表する連絡将校として働く。ここでも、向う見ずの冒険家外交官は、バルカンのロレンスともいうべき――それもユーモアのセンスを備えた――チトー大佐を、本物の作家のペンで活写している。本書がコレクション・ルージュ［赤叢書］で出版されたことがうなずけるわけだが、それにしてもこうして埋もれてしまった、しかし古さを感じさせない貴重な本は復刻すべきではないだろうか。(1)

『中国は世界をゆるがす』は、十二ヵ月をかけた一万二千キロメートルにおよぶ長征という壮大な行軍を扱った、周到で共感あふれる著作である。著者のジャック・ベルデンは長征に終始同行し、毛沢東が率いる無学でぼろをまとった農民兵士たちにつき添い、延安の洞窟にたどり着くまでのあらゆる艱難辛苦をともにした。出発時に十三万人いた兵のうち、生き延びたのは四分の一にも満たなかった。この本を読みながら私が特に感動したのは、字も読めない兵士たちの教育である。いつ果てるともしれない行軍のあいだ、夏期、戦闘のない日々、悪路を行く荷車の背に巨大な文字が掲げられる。あとに続く兵士たちがその文字独特の形と、文字を形成するすべての線を頭に刻みこめるよう、それは一日中降ろされることはない。翌日には違う文字が現われる。それは、部隊の休止中におこなわれる全体の勉強会で、兵士たちが読みかつ書けるようになるまで続けられるのだった。

クリスは前年、最初の中国旅行の際に撮影したフィルム『北京の日曜日』を持参していた。それを中国の役人たちに見せて、かの有名な孫悟空伝説に基づく長編映画の企画への協力、経済援助および後方支援を取りつけようと考えていた。瀋陽のホテルのロビーで、市および党のお偉方を招いて最初の映写会が催された。『北京の日曜日』は三十分ほどの映画にクリスの解説がつき、基本的に革命前の北京、永遠の北京に捧げられたものだった。新たな指導者たちが嫌悪し、破壊すべきものという固定観念の対象になっているかつての北京である。彼が冒頭に短い解説を述べ、通訳がそれを訳し、上映が始まった。死のような沈黙が続いた。彼らは自分が見ているものが何なのか理解できず、いずれにしても非難の表情を浮かべ、拍手もせずに立ち上がり、ひと言も発することなく立ち去った。翌日私たちは北京に向かったが、そこでは、少なくとも五百席はある中ソ友好大ホールでの上映が予定されていた。私はクリスに、本当に映画を管轄する軽工業省の支援を得たいと考えているのなら、北京での上映会は止めた方がいいと忠告した。瀋陽での反応にがっくりきていたクリスは、それでも希望を捨てきれず、私の忠告に耳を貸そうとしなかった。二人のあいだの反目は完全に解消されてはいなかったが、彼の落胆ぶりに胸を痛めた私は何とか彼の力になりたいと考えた。結果は私が心配したとおりになった。同じ重い沈黙、同じ退場、ブラヴォーは一切なし。帝国の首都での失敗は大きなダメージだった。クリスは映画担当部署との会見を許されず、孫悟空のお話は彼の手によって映画化されることはなかった。二、三日後の夕刻、彼は私の心をかきむしるようなことを言った。その日、万里の長城の見学から感動してもどった私たちは、ソ連のチムの大きな時計の裏側にある椅子に隣りあわせに座った。突然、沈黙を破って歯を食いしばるようなクリスの声が聞こえた。「仲間っていいよな」。私は彼の腕を掴んだ。そして、これが私たちのあいだの本物の友情の始まりとなった。それ以降、決して揺らいだり裏切られることのない、それどころか、お互いの企画や仕事を通じて認めあい、育みあう友情が二人のあいだに醸成された。

当時中国旅行をした者はきわめて少なかったので、私たちは繰り返しその体験をしゃべったものである。もうここで同じ話を繰り返すつもりはない。ただ、いくつか特徴的なことに触れておきたい。私たちが中国を訪れた時、彼らが整風運動と呼ぶキャンペーンが猛威をふるっていた。百花斉放《せいほう》、百家争鳴《そうめい》で、真実を口にしていいという信じられないような自由を信じた者たちがあまりに不用意に本心をさらけ出した結果、そのあと情け容赦のない暴力的な批判の嵐にさらされることになったのである。お互いがお互いを非難し、あらゆる人があらゆる人によって尋問され、それは紅衛兵の狂気や上山下郷《じょうさんかきょう》運動の前兆を思わせるような風潮だった。私たちの予定表に載っていたあらゆる工場や大学では、壁という壁が床から天井にいたるまで壁新聞や手書きの大きなビラ、恐怖を煽る不平や憎悪の檄文で覆われていた。その標的には誰もがなりうるのだった。大多数の壁新聞では、深刻なシェークスピア的疑問がその中心を占めていた。それは「赤の専門家」だった。あらゆる分野で優先すべきは専門性か、党の方針――当時はかなりむらがあった――への熱烈な参加か？　赤か専門家か、赤であり専門家であるか？それが問題だった。北京大学のラテン言語学部の学部長のことを思い出す。彼の執務室はビラと壁新聞を貼りまくる男女の学生によって占拠されていた。切迫した雰囲気の学生たちが貼っているのは、学部長である彼を攻撃するものだった。しかし、彼には学生たちの入室を止める権限はなかった。学生たちは私の眼の前で、それも見ている私を不安におとしいれるような苛烈さで彼を嘲った。彼の若い女性の同僚が貼り出した壁新聞には、通訳によればこう書かれていた。「私は心から赤になる、全霊をあげて専門家になる」。赤い血が専門性をしのぐことはわかりきっている。学部長に何を非難されているのかとフランス語で尋ねると、彼は中国北部の大男に似つかわしい歯をむき出して笑いはじめた。そして聞こえるか聞こえないかのか細い声で答えた。「ああ！　傲慢、傲慢ですよ」。この傲慢のために彼は翌年、人里離れた場所の粗末な家に押しこまれた。そこで過ごした十年の歳月は、彼の傲慢と一緒に、その専門性と彼自身をも再起不能なまでに破壊しつくした。今日の中国共産党の指導者たちは、中央委員会も政治局も含め、エンジニアの教育を受けた者が多い。前の国家主席である胡錦濤〔主席在位二〇〇三〜一三〕も水力エンジニアリングを修めた。もはや専門性は問題にならない。だが最も過激な二項対立がおこなわれたのは確かである。まさしくこの専門性の陰に隠れて、かつての赤組——最も鮮烈な赤から最も色あせた赤まで——はビロードの手袋をした鉄の手、つまり外柔内剛で十三億五千万の民を統治しつづけているのである。

当時、兄弟であるはずの中国とソ連の関係はしだいに緊張が高まり、断絶が予想されるほどになっていた。サルトルが書いたのとは逆に、中国は足早に工業化を進めた。機械・工具製造工場の長さ二百メートルはある大きな建物では、壁という壁は全面黒または血の赤の壁新聞で覆われ、製造ラインの機械はすべてソ連製だったが、ラインの最後に生まれてくるのは中国製の工具だった。ソ連への敵対心をむきだしにした愛国的万歳に迎えられる工具は、ただちに刻印を押され、赤の国旗と誇らしげな表意文字の封印を付されるのだった。こうして生まれた製品は、中国全土の他の工場に設備される。北朝鮮と同様、というよりは金日成が中国人同志を真似たというべきであろうが、中国東北部の製鋼所のような巨大工場だけではこの大きな国の需要をまかなうことは到底できないだろうという考えが生まれつつあった。地方分散型の小高炉を使って、もちろん高品質なものや特殊な製品は無理だとしても、日常生活の需要をまかなう程度のそこそこの鉄鋼生産を担わせることはできる。競争心と挑戦を煽りたてる万能の壁新聞のおかげで、小高炉が村々に建造され、生産量が大声で喧伝され、向こう何ヵ月かの達成目標が叫ばれ、こうして共産主義の中国にメッキを施すための熱狂の第二のバネとなったのである。今日では、この小高炉が愚かしい茶番であったばかりか災厄でさえあったことは知られている。だが当時、それは人民公社にとっての錦の御旗であり、毛沢東にとっても決定的な賭けであった。前例のない内乱にあって、全国的な動揺を鎮め、社会のあらゆる階層の無数の政敵——親しい者もそうでない者も——を排除したあと、自分の権力を確保し、絶対的な統治を図るために開始を決定した大躍進政策。私が目撃した整風運動はこの凄まじい混乱の前兆だったのである。

北京に着いた時、希望することを尋ねられた私は、毛主席自身、あるいは周恩来首相に会いたいと答えた。毎晩、待つように言われ、何かが起きるのではないかという期待を抱かされた。そのあいだに私は北京の街を見て歩いた。清朝の皇城であった禁裏や天壇には入ることはできなかった。禁裏は文字どおり立ち入り禁止の場所だった。私は党の小物幹部やガイドあるいは通訳が吹聴する話がいかにいい加減かをすっかり呑みこんでいた。ある日の夜明け前、五時頃、私は魅力に乏しい若い女性通訳と胡同《フートン》を歩いていた。これは北京のあちこちにある、大雑把な舗装を施した細い路地の一つで、両側には内庭を持つ低い平屋建ての民家がびっしりと軒を連ねている。はるか遠くから三人の人影がこちらに向かって進んできた。女二人と男一人、赤い旗を結びつけた竿をしっかりと握りしめている。早朝の人影のない道である。私は通訳に尋ねた。「あれは何だ？　誰なんだ？」。彼女はもったいぶって尊大な回答を返してよこした。「あれは大衆です」。

上海での予定表には、革命以前より自由に事業ができると言って体制に順応した恵まれた資本家たちとの会見が含まれていた。彼らはひと言しゃべるたびに歯を見せて笑った。その歯はもはや嚙むためのものではない。資本主義には洋洋たる未来があり、最後の勝利は向こうにあることを予感していた歯ぎしりだったのかもしれない。今から五十年前のことではあるが、私たちに課せられた最も悲惨な訪問先は売春婦の再教育施設だった。手におえない女性たちを馴致《じゅんち》するためと称する破廉恥な事業だった。それは教化授業のあいだに彼女たちが見せる挑戦的なまなざし、くそカポを従えたいかにも悪ずれした「女性教官」が睨《ね》めまわすようにゆっくりと一人ひとりの顔をのぞきこむのに対し、眼を伏せることを拒絶し傲然と見返そうとする彼女達の態度に表われていた。絶対者の虚勢と性的挑発のないまぜになったこの教官の目つきは、訪問者を見る時も一緒だった。一部の女たちは、こうした悲惨な状況にあっても、いまだに魅力的な美しさを保っていた。カストールもサルトルも、当然やるだろうと思われていた売春禁止措置を取らなかった中国共産党の知的柔軟さに、満足の驚きを示した。これほど多くの売春婦を失業させたら、この商売を認めることの道徳的廃頽よりはるかに重大な社会問題が惹き起こされるにちがないと指導者たちは考えたのである。だが時代は変わった。この分野での「矯正」は情け容赦なかった。再教育は始まったばかりで、彼女たちはまだ抵抗しつづけていた。

　さらに上海で。ある昼下がり、私は街を流れる黄埔江《こうほこう》の外灘《バンド》に一人でいた。ここは革命前には銀行や国際的な企業、さらには十九世紀末にこの地区の資本主義的発展の礎を築いたイラク出身のユダヤ人、サッスーンやカドゥーリらが建てたホテルなどの高層ビルディングが立ち並んでいた。バンドはそのけばけばしい贅沢さと、陸上と水上とを問わず交通の多さで知られていた。だが、共産軍入城から十年たったこの一九五八年の午後、バンドは陸も水上もすっかり空っぽになっていた。車の一台も船の一隻もその姿はなく、人影も絶えていた。高層ビルはそのままで、壊されもせず、使われもせず、再び返ることのない消滅した世界遺跡さながらだった。だが人影があった。一人の男、奇妙な帽子をかぶった中国人である。男は私をじっくりと観察しているようだったが、突然こちらに向かって進むかに見え、すぐにあともどりをした。私は男に注意を払っていたわけではなく、浦東《ほとう》の川上の対岸にあたる黄埔《こうほ》を一望に収め、自分が立つ側の無用となったビルの幽霊のような列を見渡そうとしていた。だが男は諦めない。私に笑いかけ、周囲を回り、やがて彼が玉投げの曲芸みたいに何かを両手のあいだでぐるぐる回しているこ とが私にもわかった。背後に昔からある石のベンチを見つけ、私は腰かけた。男は自信をつけたかのように近づき、また後ずさった。男が手にしているものが何かのカードで、それを切ったり、扇のように広げたり、あたりを見回しては秘密めいた仕草で閉じたりしていることが見てとれた。私は男に微笑みかけた。何を売ろうとしているのだろう? ポルノ写真か? とも考えたのだが、何とも貧相な想像力であったことか。彼はすぐ近くまで来ると、私の眼の前で手慣れたマジシャンの手つきで、バンドの景色を繰り広げて見せたのである。私たちがいるまさにこの場所の昔の絵葉書。車と人混みに埋まった街路、おしゃれな通行人、パラソル、山高帽、ルダンゴト、制服姿のドアマン、水上ではあらゆる大きさの船、喫水線ぎりぎりまで積みこんだ長い平底船。このような当局への秘かな反抗とそのリスクに対する代償として、そして危険が現実になるかもしれないという恐怖もあって、私は大急ぎで男に元を山ほど握らせてその絵葉書を全部買い取った。

北京にもどると、ガイドと通訳が示しあわせたような物欲しげな表情で、いつ呼びだされるかわからないので今後は常にスタンバイしているように、絶対にホテルを出ないようにと言った。毛か周か、相手が誰なのかはわからない。それは彼ら自身も知らなかった。だが、帝王は姿を現わす、それは確実だった。北京の街はその四十八時間前から熱に浮かされたみたいに沸き立っていて、その夜、私は眠ることができなかった。アメリカの海兵隊がレバノンに上陸したばかりで、中国はアラブ諸国、とりわけアラブ連合共和国（エジプトとシリア）の大統領ガマール・アブドゥル＝ナセルへの支持を華々しく表明していた。ナセルは二年前にスエズ運河を国営化し、イスラエルの同盟国だった仏英両国の軍事進出に終止符を打ったが、この連合国そのものは短命で終わることになる。有名な天安門のバルコニーからおこなわれたナセル支持の公式演説は、ただちに各国大使夫妻のためにアラブ語に翻訳された。今や国民が連帯を表明する番である。天安門と前門のあいだの広大な通りは、見渡すかぎり、溢れんばかりの五十万人の市民の黒々とした頭が埋めつくし、彼らは拳をふりあげ、旗やのぼりを押し立て、何時間ものあいだ私の眼下を行進した。米軍上陸に抗議する強烈な寸劇を即興で演じる一団もいた。肩まである黒い頭巾をかぶり、痩せた身体と顔に骸骨のペインティングを施した背の高い「死神」が進むあとから、鎖につながれたアラブ人たちが観衆に囲まれてついていく。アラブ人を演じるのは、ジプシーのドレスを着て、中国人とはおおよそかけ離れた化粧をした二人の女と、ぼろをまとい、こめかみに黒いもみあげの浅黒い二人の男だ。彼らは重々しい鎖で両腕を拘束されている。サングラスをかけ、だらしない口をした制服の米兵と、ターバンを巻き鞭を手にしたアラブのシャイフがあとに続く。京劇開幕の合図のドラムが鳴る。シャイフは憎悪と恐怖をにじませ、鞭を高々と振りあげてアラブ人に襲いかかる。だが、アラブ人はひるむことなく、肩のひとふりでシャイフを地面に叩きつける。それも二度もだ。米兵はシャイフに、立ちあがって鞭打つように命じる。シャイフは恐怖で口をひきつらせ、鎖で拘束された男の一人を力いっぱい叩き、相手が倒れるまで打ちのめす。銅鑼が打ち鳴らされると、アラブ人は突然鎖から解放され、観客の後ろから差し出される本物の銃を手に取るのである。シャイフと米兵は恐怖に蒼ざめ、命乞いをしながら大地にひれ伏すが、アラブ人は荒々しく彼らを足蹴にする。米兵のしわがれた叫び声、太鼓で巧みに真似た飛行機の音が響きわたると、人混みをかき分けるようにして海兵隊のベレー帽をかぶり付け鼻をつけた二人の中国人が、チップボール製のアメリカ船艦の船首部分を前に押し立てて現われる。ぐるぐる逃げまわりながら、アラブ人の一人が中国語で叫ぶ。「アメリカ人、レバノンから出て行け、朝鮮から出て行け、台湾から出て行け、フィリピンから出て行け、日本から出て行け」。すると、観衆が声を合わせて叫びはじめ、アラブ人が一歩踏み出しただけで、海兵隊員は四つん這いになってこそこそと姿を消してしまうのだった。

私を待っていたのは毛沢東でも周恩来でもなく、陳毅だった。外交部長〔外務大臣〕兼国務院副総理〔副首相〕の要職にあり、中国共産党実力者五人の一人、長征の英雄である。革命軍でほぼ三十年間戦いつづけ、ついにはその幹部にのし上がり、北京、南京、上海に一番乗りを果たした。会見は、紫禁城の池「中海」のほとりに建つ旧皇帝の楼でおこなわれた。会見場所まではカーテンで目隠しされたリムジンで案内されたので、禁裏の素晴らしさを知るためには二〇〇六年まで待たなければならない。五十八歳の陳毅は健康そのものに見えた。到着するや彼はこう言った。「われわれに与えられた時間は三時間だ。言葉を味わいながらゆっくりと語りあえる」。会見は正確には五時間続いた。陳毅には補佐官や彼の一言一句、私の質問の一つひとつを熱心に書きとめる秘書、そして通訳がついていた。通訳が戸惑うと彼自身が訂正したりもした。私は彼が完璧にフランス語を理解していることを知り——中国共産党の上級幹部の一部は、若い頃にビヤンクールのルノーの工場で働いた経験がある人たちだった——、通訳なしで話しあうこともできたろうにと思った。ここで過ごした五時間のうち、私には結構長く思われた計量不可能な時間が、彼の痰吐きの儀式に割かれた。彼のソファの左右に配置された小さなテーブルの上に大きな黄金色の痰壺が据えられていて、会話の勢いに伴って右に左に揺れる姿勢に合わせ、陳毅は恐るべき正確さで中国の思考形態である痰を吐きつづけた。全体としては、彼のきわめて長い返答は、私が鋭利と感じた彼の知性を表わすよりは、むしろ覆い隠すものだった。それは戦略地政学的常套句の世界一周だったが、同時にフランスおよびド・ゴール将軍に対するメッセージでもあった。彼はおおよそ次の趣旨のことを述べた。「中国はフランスが蒋介石政府の外交官を追放したあとでなければ、承認されることを望まない。国連についても同じだ。蒋介石が排除されないかぎり、中国が加盟することはないだろう。このことはしかし、フランスとの友好、通商、文化面での関係発展を何ら妨げるものではない。われわれはフランス国民を大変尊敬しているし、その革命的伝統を称賛する」。結論のなかで彼は、中東への不介入はフランスにとって賢明な選択であるとつけ加えた。

彼の発言を伝えるのに時間はかからなかった。私は北京のホテルの部屋に閉じこもった。秘書、タイピストなど考えられるかぎりの支援手段が提供された。私はその夜一晩中——二日続けての徹夜になった——と、さらに翌日一日をかけて、天安門で私が目撃したこととそのあとの会見について書きあげた。私の記事は陳毅による仔細なチェックを受け、出稿の許可を与えられた。ただ問題はどこへ送るかだった。ル・モンド以外にはなかったが、そこにはもはや知っている人が誰もいなかった。それでも私は、膨大な長さのテレックスを編集長宛てに送った——テレックスの送信代は中国政府持ちだった——。必要な説明を加え、かつ同紙に掲載の意図がない場合にはレクスプレス誌に回送してくれるよう依頼した。そしてそのとおりになった。ル・モンドは興味を示さず、レクスプレスが全文を掲載した。彼らは陳毅の発言を「現在の状況を理解し判断するためには不可欠の情報」であると考えたのである。

フランスにもどると、私は中国に関する考察的記事を何本か書き、ヨーロッパ中からの反響を得た。とりわけイタリアの急進的左翼は地方の小高炉にいたく感激していた。北朝鮮に関しては何も書かなかった。北朝鮮は招待国だったが、私にはキム・クンサンへの思いが強かった。彼女のその後が気遣われたし、後に便りを受け取って安心はしたものの、それ以降の五十年間、彼女のことを思わない日はなかった。私が想像するのは、歳をとり白髪になった女性ではなかった。彼女のことを思い浮かべる時、私の記憶は本当に時を止めてしまうのだった。かつてトレヴァー・ハワードとセリア・ジョンソン主演の『逢びき』というイギリス映画を見た。私がキムのことを思い出す時、必ずこの映画を連想する。驚くべきことだが、私はこの映画をサルトルと一緒に見たことがある。たしかモンパルナスの名画座の一つだったと思うが、二人とも泣きながら出てきたのを思い出す。私たちはともにセンチメンタルでもあったのだ。もう一つ、私たちは同じ映画館で、ハワード・ホークスの『コンドル』を見た。主演は、ケーリー・グラントとジーン・アーサー、[2]特にリチャード・バーセルメスがよかった。私の飛行機への情熱とラブロマンスへの憧れとを融合させ、満足させてくれる映画だった。これはサルトルにとっても、象徴的な映画だった。彼は飽きずに何度も見、私たちは一緒に大いに泣いた。友人たちにキムとの短い逢瀬を話したこともあるが、ゆっくりと語ることができる時でなければそれは不可能だし意味をなさなかった。つまり、かいつまんで話せるようなことではなかったということだ。聞き終えると、人は「映画になりそうだ！」と言った。私が映画の世界に足を踏み入れ、自分自身で映画を作るようになった時、私の頭のなかにはキムのことがあった。だが『なぜイスラエルか』や『ショア』を始めとする作品は、大同江や裸足での愛の語らいとははるか遠いところにあるものだった。

『ショア』の製作によって課せられたきわめて厳しい禁足の期間はもちろん、それに先立つ年月のあいだも、私は中国を再訪したいという気持ちにはなれなかった。私の興味は他の国、他の大陸へと向かっていて、再び中国へ行くにはよほど切迫した動機が必要だった。その機会は『ショア』の完成後二十年たってからめぐってきた。それまでのあいだに、映画祭あるいはヨーロッパやアメリカの映画館――十年ほど前に驚くような紆余曲折を経て上映された日本も含め――で、この作品に接する中国人の映画ファンの数は増えていった。中国では上映されなかったものの、映画のビデオ版を入手した人たちもいて、大きな評判を得るようになった。二〇〇四年九月、中国で開催される初めてのドキュメンタリー映画祭を『ショア』で開幕するという企画があり、私は北京と南京そして上海での上映会に招かれた。才能ある翻訳家、張献民が独力で全編の字幕を完成させた。私が彼に会ったのは五月のカンヌ映画祭でのことだったが、彼が九月までに完成できるとは到底思えなかった。だが、彼はやった。私には彼の仕事の良し悪しを判断する能力はまったくないが、間違いなく完璧な仕事だったろうと思う。現地での講演で通訳を務めたのも彼だった。同時通訳ではなく、逐次通訳だった。私が二十分間話すあいだ、彼はメモを取り、少なくとも同じくらいの時間をかけて通訳をした。フランス語のまま発音せざるをえない固有名詞でわかったのだが、彼は何も訳し忘れなかった。私はすぐには気づかなかったが、唯一のしかし重大な過ちは、翻訳不可能な名詞「ショア」を中国語に訳したことだった。[3]この問題の重要性に関してはあとで詳しく触れたい。大ホールは映画関係者を始め、女性が大部分を占める遠隔の県からの招待客、さまざまな学科の男女の学生たちで埋めつくされ、その前でシモン・スレブニク、フィリップ・ミュラー、アブラハム・ボンバ、ルドルフ・ヴルバらの名前がスクリーン上に中国の表意文字で現われるのを見て興奮したことを白状する。

中国人であれ日本人であれ、うんざりするほど聞かされた意見がある。自分たちには『ショア』みたいな映画は絶対に理解できないだろう、なぜならこれは自分たちの経験したこと、または自分たちの世界のことではないから、というものだ。私はいつもこう答えた。「なぜ? 人類は一つしかないだろう。私が小津の映画、たとえば『東京物語』に心から感動できるとしたら、日本人や中国人が同じように『ショア』でなぜ感動できないのか、私にはわからない」。普遍性にアクセスさせてくれるのは、常に最も特殊なものである。つまり具体的普遍性と呼ばれるものである。私はトルコ映画ユルマズ・ギュネイ監督の『路』を見た時におぼえた感動と称賛の気持ちを忘れることができない。アンカラの刑務所の囚人たちに与えられた外出許可の一週間を時間きざみで追う。彼らはクルディスタンの雪深く凍るような山中の故郷へと向かう。彼らを育んだ厳しい伝統は映画の最後に待ち受ける悲劇をもたらすのだが、自分とはこれほどに縁遠い男たちに、私はそれでも身近な共感を感じる。人間が人間であるゆえんは、自分を抑圧するものに価値を与え、それに身を捧げることができる能力にあることをこれほどわからせてくれた映画はなかった。それは人間性と言ってもよく、また伝統あるいは文化と呼ばれるものでもある。一九三七年の大虐殺によって記憶に留められた旧都南京で、私はこのことを冒頭に述べ、大学の映画専攻の学生たちの質問に夜遅くまで答えた。彼らはその前夜と前々夜に『ショア』を見ており、その的確で鋭い質問、あるいは映画に出てきた場所や人物に関する彼らの正確な記憶に私は感心させられた。どこでもそうだったわけではないからだ。突然一人の女子学生が尋ねた。「日本兵による虐殺に関する映画を作るとしたら、どういうアドバイスをいただけますか?」。質問が漠然としすぎて、返答は不可能に思われた。だが、機転が私を救った。ほとんど反射的に私は答えていた。「日本へ行きなさい!」。そこにいた全員がうなずいた。誰も考えなかった、考えつきもしなかったことだったのだろう。そこで私は長い時間をかけて、張の通訳を介して、私とドイツおよびポーランドとの関わりについて語って聞かせた。こうしてできた若い友人たちと別れを告げて、私は上海に向かった。上海に行ったら黄浦江とバンドをもういちど見ようと思っていたのだが、五十年近くの歳月を経た中国の変容ぶりを見て、私は興奮し、言葉を失った。だが、これだけは言っておきたい。上海で私は船に乗り、揚子江との合流地点まで黄浦江を下った。そこで二つの大河は一つになり、河岸のない海となる。三時間の航行中、人は中国の力を身体的感覚として受け止める。中国がその力を意識し、それを誇らしげに示していることを感じる。私は昔からランボーの『酔いどれ船』に親しんできたが、この偉大な詩の最後の数行を本当に理解したのは、黄浦江を下って河口に近づきつつあったあの日の午後のことだった。炎の舌みたいな赤い旗を押し立てて建ち並ぶ巨大な造船所に沿って、あらゆる長さの、大きさの、あらゆる形の民間の船と軍用船、貨物船と観光船が航行するそのなかにあって、この数行を理解したのだった。

《おお、波よ！　その倦怠をこの身に浴びてからは、
木綿をはこぶ荷舟の船脚をさまたげることも興がなく、
旗や、焔《ほのお》の誇りと張りあうのも……》［金子光晴訳］

十の周辺地区を従え、堂々たるビルディング群を擁する北京は、数週間でその都市景観を変える。北京市民でさえ、グローバリゼーションの震央となった自分たちの街で途方に暮れるほどである。今やだれにでも開かれた禁裏と天壇のめくるめくような景観、昼の北京と夜の北京、レストラン、バー、モンゴル出身の圧倒的な美しさの長身の売春婦たち。

だが、私の頭にあるのはキム・クンサンのことだった。もし北京から北朝鮮に入る可能性がわずかでもあるのなら、絶対に逃してはならないと自分に言い聞かせていた。いいや違う。私は年老いたキムを見たくはない。この相矛盾する気持ちの相克から、私は長いこと眼をそむけつづけてきた。それに、北朝鮮での生存の可能性についても多くは期待できなかった。彼女は亡くなっているかもしれない。「いい映画になる！」とあまりに言われつづけたので、私はそのことも夢想した。もしいつの日か、いわゆるフィクション映画を撮る機会に恵まれたら、自分の個人的ストーリーのこのひとコマを壮大な歴史に

からめて映画化しようと考えたのだ。私の「短い逢瀬」には、映画的にきわめて力のあるシーンがいくつもあった。オーケイと帽子たちとともに初めて現われたキム、日曜日にやってきた彼女の変貌ぶり、むさぼりあった口づけ、曳舟道の長い散歩、ぐるぐる回りつづける小舟の群れ、裸足で触れあう会話、地図のデッサン、ナパーム弾で焼かれた胸、制止する「トンム」の叫び声、横転、廃墟の中をたどった帰路の受難の道などなど。こうしたシークエンスを撮影するという考えは私を怖がらせるどころか、むしろ興奮させた。私にとっての重大な問題、致命的ともいえる困難は、廃墟となった街、歌う少年少女の再建部隊、恐怖の空気、言いかえればあの時代の全体主義世界の正確な復元と不可解な西側の同調者たち、つまりわれわれだった。数千のエキストラと大がかりなセット、ハリウッド映画並みの膨大な予算が必要になるだろう。私にはこうした場面をフィクションに仕立てることができるかどうか、さらにはそれを本当に私が望んでいるかどうか、確信はなかった。こうした確信や疑念から、私が北京に着いて真っ先にやったことは、北朝鮮に行けるかどうかを調べることだった。少人数の観光という形であれば、四日、最大で一週間の観光ビザが下りることがわかった。それも眼玉の飛び出るほどの金額を外貨で払わなければならない。いずれにしても状況をはっきりと見きわめたい、一九五八年以降どれほどの変化が起きたのをかを知りたいと思った。遠い過去への回帰が、この映画への自分の気持ちに決着をつけてくれるだろうと期待した。最初の訪問時にいた人々はとっくにそれぞれの仕事から退いているはずで、誰も覚えている者はなく、私の痕跡は消えているだろうと考えて、ビザ申請書に北朝鮮への渡航歴なしと記した。北京からピョンヤンまでの交通手段としては鉄道と飛行機の選択肢があった。鉄道は中朝国境での予測不可能な停車時間と北朝鮮北部でのノロノロ運転とを考えれば、二十四時間は覚悟しなければならない。多くの犠牲者を巻きこんだ爆破事件で、駅も鉄路も吹き飛ばされていたからである。

私には四年前にブレスト＝リトフスクでの空恐ろしい経験の記憶があって、何よりも国境に対する警戒感が強かった。二〇〇〇年、私は『ソビブル』の撮影のためにスタッフとともに撮影機材一式を携行してポーランドからベラルーシに入ろうとし、何と八時間の足止めを食ったことがある。カメラとフィルムが検査のために押収され、誰に抗議していいのかもわからぬままに次々と担当官から担当官へと順送りされ、彼らの間食の時間につきあわされ、その間私たちには一切の飲み食いの方法がなかった。帰りは首都ミンスクの空港からだったが、状況はさらにひどかった。ベラルーシ税関用の駐車場でひと晩と翌日の昼まで、酷寒のなかで待たされたのである。あまりの寒さに、私たちは灯油がなくなるまで撮影用のモーターを回しつづける破目におちいった。航空会社は通常この手の拷問は避けるものだが、使用されている機体が老朽化したイリューシンで、数限りない修理を繰り返してきた上に時として墜落する代物とあっては、乗客には運命と諦めてもらうより仕方なかったのである。

というわけで、私はもちろん飛行機で行くことに決め、北京国際空港でアングロサクソン系観光客の異様な小集団に合流した。スコットランド人、香港のイギリス人、二人の子供を連れたアメリカ人カップルの十人ほどのメンバーはいずれも、向こうで自分たちを待ち受ける純生がちがちの共産主義への共感からこの旅を決めた人たちだった。私が口にする批判的コメントは彼らには歓迎されなかった。座席に座るや否や、昔の人民民主主義独特のにおいと緑がかった色彩と荒廃とが私を押し包み、飛行機が離陸する前に、すでに私は恐怖の戦慄とともに東ドイツ、ブルガリア、ポーランド、チェコスロバキア、キューバの昔へと引きもどされていた。

ピョンヤン空港に着いても、もちろん私には何も思い出すものはなかった。世界の果てにふさわしく、あるいは行き止まりの道と一緒で、動いているものは稀だった。制服姿の係員が、待ち構えた獲物に飛びつくみたいに一人ひとりのパスポートとビザと顔とをじっくりと検査し、新たに記入しなければならない書類をふりかざし、電子手帳や携帯電話などいずれにしてもこの遠隔の地では使い物にならないものを調べ、私が携行したドル札を一枚ずつ数えあげた。もっとも、滞在費はすべて北京で支払ってあった。イギリス人たちはこの地獄の手続きを文句ひとつ言わずに耐え、あまつさえ喜悦の微笑さえ浮かべていた。二時間後、私たちはようやくミニバスに乗りこむことができた。車内にはよく訓練された呑みこみ顔の男女二人の通訳が同じ内容のことを、女性の方は圧倒的多数を対象に英語で、男性の方は私だけのためにフランス語で説明した。私は彼に英語がわかるから、無断な努力をしなくてもいいと言ったが、彼は受けた命令に忠実である方を選んだ。もっとも、英語もフランス語も、二人の貧弱な語彙と支離滅裂な構文のためにわかりにくかった。一九五八年に心地よい古いフランス語を話したオーケイたちはもういないのだ。だがその混成語の演説からわかったことは、北朝鮮の人民はいかなる形であれ外国人と接触することを望まず、私たちは一人で自由に散歩することを禁じられ、唯一の外出はホテルによって提供されるツアーのみであり、その場合でも特別に作られたプログラムに忠実に従わなければならないということであった。私たちは即刻ホテルに連れて行かれ、登録手続きとチェックインをすませ、いっときの無駄も惜しむようにピョンヤン大劇場へと急がされた。なぜなら、演目は外国人旅行者など待たずに定刻どおりに始まるからだ。終演後はホテルにもどり、そこで夕食、おねんね。

街に入り、移動するあいだ、絶え間ない通訳のおしゃべりには耳も貸さずに、私は眼を凝らして手がかりになりそうなものを探しつづけた。どんな断片でもいい、失われた時を回復して、過去への回帰の起点になりそうな何かを。ピョンヤンの街は完全に再建されているようだった。大通りはどこも車は走っておらず、人影さえまばらだった。キムと一緒に廃墟を抜けたあと歩いた大通りを見つけたような気がしたが、大同江ホテルはなかった。私たちのホテルは川の上流の方にあり、私がガッティを病院に連れていくために渡った最初の橋――それはキムと落ちあうために彼女に指定した橋でもある――からはるかに離れていた。五十階建てのアメリカ式高層ホテルにたどり着くためには、昔はなかった二番目の橋を渡り、途中でランプウェイを経由して中洲の島に降りなければならない。ホテルは島の真ん中にそびえ立っていた。橋からホテルまではおおよそ二キロメートル近くの距離があり、道は一本しかない。ホテルの入り口前の広場は閑散として何もなかった。通訳にタクシーはないのかと尋ねると、「禁止されています」という答えが返ってきた。広大なロビーもまた砂漠同然だった。唯一の生物は、立っているにせよ座っているにせよ、不動の姿勢にせよ歩いているにせよ、帽子組だった。彼らの頭からその帽子が消えているにもかかわらず、一目瞭然、私にはすぐにわかった。制服は変わっても、職業は残っていたのだ。四十階にある私の部屋からは街の景色が見えなかったので、私は下に行って部屋を替えるよう要求した。四日分の差額としてかなりの額を払わされたが、新しい部屋をひと目見ることもかなわぬままに、劇場は待ってくれませんよと叫ぶ通訳たちに急き立てられてホテルを出た。

　私たちは息せき切って巨大な半円形の観客席にたどり着いた。宵闇が落ちようとしていた。数千に上る客席は満席だった。ガイドは私たちを夜陰にまぎれて予約席まで案内し、観衆の脆弱な眼を外国人の汚染から守った。実際、誰も私たちを見なかった。観客の九十パーセントは制服の若い兵士たちで占められていた。そこでは、素晴らしいアクロバットや定番の空中ブランコが、大胆さと笑顔のうちに繰り広げられた。兵士たちはすでにこのショーを何度か見ているらしく、拍手はやや迫力に欠けた。閉幕の時に演技者の顔が見られるものと期待したが、私たちは演技の終了数分前に席を立たされ、大急ぎで出入り口まで追い立てられ、待ち受けるミニバスに詰めこまれた。食事も完璧な孤絶状態で進行した。小さな個室が私たちのために用意され、誰も私たちを目撃することはなく、私たちも誰も見ることはなかった。唯一の例外は、唇を引き結んだ無言の二人のウエイトレスだった。食事は食べられるようなものではなかった。紫色の酸っぱい液体に浸けられた何とも形容しがたい冷肉の薄切りに胃はむかつき、私はひと口で投げだした。飲み物は現地産のレモネードのまがい物で、先のメインディッシュに勝るとも劣らぬ代物だった。チョムスキー［米の哲学者、言語学者］の信奉者と思われるアングロ・サクソン人たちが天使のような笑顔で自分たちの皿をきれいに片づけるのを尻目に、私はキッチンにおもむき、誰かを買収してオムレツを作らせようと試みた。ワインも必要だった、少なくとも水は欲しかった。フランス語の通訳が慌てて駆けよってきて行く手をふさいだ。私は激痛に襲われたかのように胃のあたりを押さえ、病気なので卵が必要なのだと訴えた。この演技が功を奏して、私は卵料理を手に入れた。私はさらに、ノーメンクラトゥーラ［共産主義体制の特権階級］向けのこのようなホテルには、ワインやアルコールを売るドルショップがあるはずだと指摘した。東欧諸国での長い経験から、私には確信があった。そしてそのとおりになった。通訳に案内されて地下に降りると、そこにはあらゆる飲み物を揃えた客のいないバーがあり、やはり無人のゲームルームがあり、マッサージ・サロンなどがあった。私は眼玉の飛び出るような値段でありきたりのスペイン産「サングレ・デ・トロ」を買い、アングロ・サクソンの同志たちのところにもどると、彼らの不審げな非難めいたまなざしのもとでそれを飲んだ。全員がそれぞれの部屋にもどったが、私はホテル前の広場に出て少し息抜きをし、ぐるぐると歩きまわった。それだけが唯一許可されている行動だった。ホテルはさながら水に囲まれたアルカトラズ島［サンフランシスコ湾内の孤島、監獄島とも］だった。誰もここから逃れることはできない。

翌日の午後、チョムスキー派アングロ・サクソン人グループが英語の通訳に率いられて決めたとおりの予定を忠実にこなすべく外出するのに対し、私は喉が痛いので夜まで部屋にいると通訳に申し出た。二時間ほど経過した頃を見計らって、一人で街に出るべく下へ降りた。通訳ももうロビーにはいないだろうと踏んでいたのだが、これがとんでもない見こみ違いだった。エレベーターを出た途端、ベンチに座って私をじっと見ている通訳と眼が合った。彼は私を待ち受けていた。一日でも一晩中でも彼は持っていたことだろう。それが彼に与えられた使命なのだ。私は表に出た。彼は横にいる。タクシーが一台待機していた。私が乗ろうとすると彼が言った。「それは予約の車です」。「じゃあ歩こう」そう言うと、私は大股で橋の方向に向かって歩きはじめた。通訳をへとへとにさせ、まいてしまおうという魂胆だった。彼は私より六十歳近く若かったが、すぐに息切れを起こし、辛そうに見えた。私はますます速度を上げた。一キロメートルほど歩いたところで、彼はついに音を上げた。私は彼に言った。「さっき見たタクシーは空車だったはずだ。そうでなければ、とっくにわれわれを追い越していたはずだろう。この道しかないんだからな」。彼はもう異議を唱えず、タクシーをつかまえにもどろうと言った。私は彼に自分が映画監督であることを打ち明け、自分が大いなる共感を抱いている北朝鮮とその首都を肌で感じる必要があるのだと説明した。この国の栄光を讃える映画が撮れるかどうかを検討するためにも、彼が同行してくれれば大変ありがたいとつけ足した。彼は監獄島《アルカトラズ》の広場にとってかえし、私は草むらに寝っころがって待った。かなり長い時間が経過して、突然彼ら、つまり彼とタクシーが到着したので、私は信じられない思いで車に乗りこみ、大同江の左岸を最初の橋まで走りたいと告げた。運転手は通訳の言葉に従った。こうして、私は愛する人との待ち合わせの橋までたどり着くことができた。私は車を降り、通訳に一緒に来るように言い、運転手にはそこで待つよう指示させた。かつての短い逢瀬の中心的舞台装置はすでになかった。土手も曳舟道も消え失せ、石造りの広々とした岸壁が延々と伸びていた。

遠くに数隻の舟がぐるぐる旋回しているのが見えた。歌う少年少女隊がキムと私に注目した場所、川沿いに大きな建物が並んでいた場所だ。五十年のあいだに街は変貌した。それでも大同江ホテルを見つけなければならない。タクシーにもどると、私は運転手に目的の大通りを指示し、ゆっくりと走るように言った。だが眼を皿のように見開いても、ホテルは見つからなかった。がっくりした私は、通訳に助けを求めた。何十年か前に私の友人が川の名前を冠したホテルに泊まったことがあり、彼の話によると、そのホテルはこの辺にあるはずなのだがと説明した。通訳は何も知らなかったが、運転手に尋ねると彼は知っていた。大同江ホテルは今われわれが並走している板塀の向こう側にあったが、四年前の二〇〇一年、火事で焼失したのだという。私の記憶が間違っていたわけではなかった。

　北朝鮮はその歴史上少なくとも二度時を止めたことがある。終戦の年の一九五五年と、最高指導者金日成が死去した一九九四年である。だが、金日成は死んではいない、死ぬことはできない、彼は永遠に生きつづける。すべての子供たち、すべての男女のピオネール、人民共和国のすべての男女市民が年に数回義務づけられているのと同様に、私も、数少ない外国人として彼に敬意と称賛の念を表わし、彼の不滅の人格を崇める儀礼に参加しなければならなかった。丘の上に二十メートルの高さの銅像が立ち、その前の広場の入り口には、白い服を着た若者たちが参観者に、これも白の貧相な花束を売っている。参観者は丘の上まで来ると、その花束を神格化された男の足許に供えるのである。彼をかたどった金色の銅像は日の光に強烈に映え、その全身をひと目に収めようとしたら眼をしばたたかせるか閉じるかしなければならないほどだ。金日成の銅像の左右には、前方に身をのりだす男女の群像が、輝かしい未来へといざなう最高の高揚感に包まれて立っている。ひしめきあうグレーの鉄製の男女が手にするのは、銃と鎌と槌、その他人類の英知の道具である。金日成の像や肖像画、写真、ポスターは全国いたるところ、あらゆる村々に数えきれないほど飾られている。彼の息子金正日は、自らの権力を主張し掌握する前に、まず父親の威光を讃美することで権力基盤を固めようとしているかに見える。だが、戦争もまた、それを始め、指導した者と同様不滅だ。朝鮮戦争は終わってはいない。五十年間続き、まだ続いている。国じゅうが熱狂的な総動員状態にあり、この狂騒的な枠組みがなくなればすべてが瓦解するよりほかないのである。あらゆるところで、テレビで、あるいはホテルの地下で売られているビデオの中で、北朝鮮の軍隊は果てしない行進を繰り広げる。脂ぎった頬の金日成の息子が大臣と将軍たち——過去の時代の亡霊たち——に囲まれて立つ閲兵台の前を、上げ足歩調で、軍隊に次ぐ軍隊、部隊に次ぐ部隊が延々と行進してゆく。他の観覧席には、彼を強力に支持し、その永続を願う退役軍人、党幹部、体制下の特権階級たちが居並ぶ。未来永劫に犠牲を強いられる若者たちや民衆のことは彼らの頭にはない。

一九五八年の時と同様、私は三十八度線の板門店に案内された。戦いに終止符を打った停戦協定が締結された場所である。われわれ、つまりチョムスキー信奉者集団と私は、眼に見えない境界線の向こう側からサングラスをかけた偉そうな韓国兵によって写真に収められたばかりではなく、幅広い庇《ひさし》のソ連製制帽をかぶり、重々しい肩章をつけた北朝鮮の将校による五十年間まったく変わり映えのしない演説を聞かされ、同じ写真、同じ図表を掲げてまるで昨日のことみたいに怒ってまくしたてる説明につきあわされた。そして、これら勇者たちの倦怠感はただ一つの定型的所作によって表わされた。彼らはやたらにタバコをふかした。一本つけてはまた一本と、ひっきりなしにタバコをつけ、むさぼるように吸いつづけた。総動員の半世紀、銃の引き金を引くことなく戦争の足許にうずくまる半世紀、こんな状況にはよほど強力な気晴らしがなければ耐えられなかっただろう。それがタバコだった。盛大なパレード、上げ足歩調、大言壮語にもかかわらず、北朝鮮の軍隊は息切れがしていた。彼らの上げ足歩調のふくらはぎの勢いを見たらわかる。同じ上げ足歩調でも、ナチの兵士が骨盤に直角になるくらいまで高々と足を上げるのに比べたら、いかにも見劣りがする。

大同江の対岸には、巨大な金日成の銅像からの一直線上に、その高さを競うかのように主体思想塔が立つ。主体思想もまた不変である。そして今かつてないほどに必要とされているこの思想を高揚するのがこの塔である。北朝鮮には移動手段がない。列車もバスも数が少なく遅い。自動車やバイク、自転車はないに等しい。二百五十キロメートルの道程で、ノーム［チョムスキー］友の会と私はわずか三台のリムジンの公用車とすれちがっただけだった。唯一の移動手段は徒歩だ。人間を自らの運命の支配者とする主体思想が全幅の役割を果たすのはまさにそこである。というのも、同じ二百五十キロメートルで私たちが追い越したり行き会ったりしたのは歩く人たちだったからである。彼らは元気いっぱいに歩きはじめる。たとえ一人きりでも両腕を振りふり進む。誰もが歌う少年少女隊に倣って努力する。五キロ、十キロ、二十あるいは三十キロ、すでに通訳が証明したように、彼らの息は長くは続かない。それに腹も減りはじめる。実のところ、主体思想の熱狂はすぐに疲弊し、速度を落とし、やがて頻繁に休止を求める結果、私たちは車の中から道端の斜面にうずくまり体力の回復を待つ人々をよく見かけた。ピョンヤン市内の交通は非現実的なほどにスムーズである。この首都は「かのよう」な街である。「かのよう」な事態が進行するために、ここでは心底笑いたくなるような光景が展開する。延々と続く広い大通りの交差点で、小柄でとても痩せてほとんど半透明の婦人警官がソ連製の制帽をかぶり、交差する道路の正確な交点に据えられたドラム状の台の上に立ち、機械仕掛けの操り人形さながらのぎくしゃくした動作で交通整理をする。問題はその交通が歩行者のみで構成するという点だ。彼女たちのロボットのような身ぶりと非人間的ないかめしい顔つきは、われわれの国での白線や交通信号よりはるかに強制力の強い効果を発揮する。指示に逆らって飛び出そうとする歩行者は一人としていない。そんなことをしようものなら、ただ一つだが最悪のリスクを覚悟しなければならないからだ。不服従の罪。

私の通訳は予定表に従って行動すべく努力を重ねたが、私はそれを逸脱することに腐心した。彼に譲歩してみせれば、見返りに何かを手に入れられることを私はすぐに理解した。その何かとは、わずかな行動の自由――たとえ監視つきであっても――以外の何ものでもなかった。とりわけ、過去の痕跡を見出したいという思いもだしがたく、私は彼と一緒に思い出の場所に行ってみたいと思った。そこで私はピョンヤンの地下鉄の見学に同意した。通訳によれば、そしてそれは真実だったが、ピョンヤンの地下鉄はその広大さ、駅の豪華さ、利用率のどれをとってもモスクワや北京の地下鉄をしのぐものだという。それに驚異的な地下鉄トンネルの深さがあった。それは核戦争の際にはシェルターの役割も期待されるほどである。五十年という歳月をかけて、北朝鮮の首領たちはそれぞれに首都を壮大な記念建造物にすることに成功したが、街は空っぽになった。ピョンヤンは清潔だった。あばら家もスラム街もなかったが、そこを歩く人々は影みたいだった。出される食事に手をつけなかったので、私は毎日空腹を募らせ、飛行機に乗って帰る時を心待ちにするようになった。だが、キム・クンサンの名前は私の脳裏を離れない。空腹と食事への嫌悪感がますますその実現性を危ういものにしつつあるというのに、私はあのありえない映画のことをしつこく考えつづけていた。私が次から次へと出す要求に閉口した監視役も、どうやら私がピョンヤンに来たことがあるらしいことを感づきはじめていた。ついに彼は、タクシーでキムとの遭難場所まで連れていくことに同意した。私は岸壁を歩きまわり、考古学者のように痕跡を探し、独り言をつぶやき意味のない身ぶりをし、正確に場所を特定しようと試みた。だがそれは不可能だった。彼女が切符を買った窓口、水際に降りる急斜面、履物小屋、そして特に舟、すべてが跡形もなく消えていた。再度橋を渡って対岸を走りながら、主体思想塔を過ぎたあたりで、遠くにぐるぐる回る何隻かを見ることができたが、他の十隻ほどは岸壁に繋がれたままで次の日曜日を待っていた。すべすべした顔の、過去と隔絶した今日のピョンヤンには、私の心を惹くものは何もなかった。対岸に来たのをいいことに、私は通訳にこれからある場所に行きたいと告げた。「だから私が言うことを運転手にそのまま通訳してほしい、それがすんだらグループに合流すると約束する」。その夜は「伝統的」なレストランでの舞踊ショーに行くことになっていたのだ。

私は最後の賭けみたいな気持ちで、病院を探しあてようと決めていた。自信をみなぎらせて、手短に方向のみを指示した。「右へ」「左へ」「そのまま」「まっすぐに」。私の指示の一つひとつに若者は驚きを募らせていった。間違っていないという確信は何もなかった。突然、私は大声をあげた、ほとんど吠えたてたと言ってもいい。「ストップ!」。まるで幻のように、大きな前庭を持つ病院が眼の前に姿を現わした。変わっていなかった。この街じゅうで唯一昔の面影を留める建物がそこにあった。この前庭を通って、私はガッティと病院に入ったのだ。出発直前にキムに会うために通ったのもこの庭である。そこで私たちは絶望的に抱きあい、すべてを忘れて狂おしく口づけを交わし、舌をからませあった。視線を向けたまま、私は無言だった。やがて、自分の口から思いがけない言葉が漏れた。「この街のことはよく知っているんだ」。これ以上通訳にしらを切るわけにはいかなかったし、ある意味で真実を打ち明けるのも悪くないと思われた。この病院で診てもらったことがあるんだと私は言った。私がピョンヤンに来たのはきみが生まれるずっと前のことだ、いやきみのお父さんだって生まれていなかったかもしれない。朝鮮戦争後、初めて北朝鮮によって招待された西側代表団の一員としてこの国を訪れた。その折に何度も最高指導者金日成その人に会い、三度食事をともにした。私の言葉を確かめたかったら、当時の新聞を調べればいい。毎日のように代表団のことが報じられ、私たちの意見や感想が紙面をにぎわせていた……。病院の前に停めたままの車の中で語りながら、私は不可思議な変容の臨場感にとらわれた。私は最高指導者とご飯や塩を分けあったのだ。私は彼と同体だった。聖体の秘跡にも似た本物の実体変化が私の生体内《インヴィヴォ》で起こり、それは通訳を介して私自身の神聖化をもたらすかのようだった。若者は私を見つめようとして眼を伏せ、私に触れ、さすり、その表情には陶酔の色が現われていた。このことをいっときも早く告げたいと急ぐ彼を焦らすのをやめて、私は言った。「バモス〔行こう〕」。なぜスペイン語だったのかはわからないが、彼は完璧に了解した。帰り道、私は北朝鮮に来たことがないと申告した理由を説明した。五十年も前のことを覚えている人はもうほとんどいないはずだ、だとすると、私が中国を発つ前にこの国の官僚主義的調査の結果が判明することはまずありえないだろうと考えたのだ。私は北朝鮮とその栄光の映画を撮りたいと考えている。そのためには、ことを公にする前に、自分の記憶と客観的な今日の状況を引き比べてみる必要がある。上司に報告しなければならない、と通訳は言った。上司は間違いなく私に会いたがるだろうと言う彼に、それなら急いで段取りを整えるように頼んだ。北京への出発は明日に迫っている。出発を延ばすことはできない。実は空腹で苦しめられているのだという本当の理由を彼に言うことはできなかった。

その日の夜、舞踊の夕べのあとホテルにもどると、党の上級幹部でもある観光省の副大臣が待ち受けていた。すらりとした、エレガントで感じのいい四十代の男だった。完璧な英語を話し、間違いなく海外での生活体験があることをうかがわせた。ここでも実体変化が効を奏した。最高指導者についてたっぷりと話し、彼の物腰、彼の権威、彼の英知と政治的勇気、彼と一緒に囲んだ「おとぎの鍋」の美味しさなどを話すと、副大臣は精いっぱいの敬意を表し、私の言うことを微塵も疑う風はなかった。彼のいいところは、私がバーでウィスキーを注文しても嫌な顔をしなかったことだ。鷹揚な紳士は自分自身と私のために二杯目を注文し、合計四杯分をおごってくれた。私は北朝鮮の再訪を促した真の動機は伏せて、その他の、彼にとって説得力のある理由を挙げた。かつてポーランド共産主義政府の官僚たちの説得に成功したのと同じだ。あの時は、真実を見せることこそが彼らの国に正義を回復するための最良の方法なのだと説いて、ポーランドで、あるいはユダヤ人虐殺の現場で、自由に撮影ができるようにしたのだった。副大臣は私の企画に反対するどころか興味を示し、惹かれているようにさえ見えた。彼ほどの地位であれば決定権もあるらしく、上層部にお伺いを立てるとも言わなかった。私はこちらも検討の時間が必要であること、この種の仕事は長い準備期間を必要とし、あと一回あるいは数回は北朝鮮を訪問しなければならないことを伝えた。彼は私に最新の通信手段による連絡方法と必要なすべてのアドレスを教えてくれた。こうして、私たちはきわめて友好的な雰囲気のうちに別れた。彼は私を信用できると踏み、かつ映画が北朝鮮を孤立から脱却させるのに役立つと考え、私は私で状況はそれほど絶望的ではないぞとひとりごちた。ときには一人の男で用が足りることもあるのだ。

私にとっての本当の問題はまだ解決していなかった。何の映画を撮るかだ。自分の「短い逢瀬」は絶対に映画にはならないだろう。私のうちには、フィクションに移行することへの根深い嫌悪感があった。他の監督なら、俳優を使って撮影することを考えるだろう。韓国でも他のアジアの国でもいい、終始張りついている官憲の眼を恐れることなく、撮影チーム用の物資供給に飛行機をチャーターしなくてもいいような環境の川のほとりを探せばいい。そうでなければ、純ハリウッド風のスタジオ撮影だって可能だろう。ユニバーサル、パラマウント、スピルバーグのドリームワークスSKG、どれもそのためにある。彼らなら、要求される機材の膨大さに尻込みすることもなく、再構築して現実を歪めるというアイディアに恐れをなすこともないだろう。結果は素晴らしい映画になるかもしれない。彼らにはその能力があるし、これまでも数限りない成功例を生んできた。私がいつの日かこの実話から脚本執筆にとりかかるということもありえない話ではない。だが、ピョンヤンを発ち、四日間の滞在を振り返ってみると、私の生来の志向と自らの監督としての規範が何か他のことを命じた。実際はとてつもなく常軌を逸した、しかし成功すればドキュメンタリーとフィクションの古典的な二項対立を木端微塵に吹き飛ばすような何かだった。今日の北朝鮮についてのドキュメンタリー映画を作り、この街について、空虚について、記念建造物化、永遠の動員状態、国全体を覆う息切れ感とタバコ、飢餓、恐怖、五十年間にわたる時間の停滞など、すでに述べたような事象を訴求力のある映像で見せ、すべてが変わり、何も変わらず、すべてが悪くなったことを示すのだ。そして現代のピョンヤンの場面では、男優も女優も再現ドラマも使わずに、今の私の声が、前章に記したクロード・ランズマンとキム・クンサンの「短い逢瀬」をボイスオーバーで語る。それはイメージと言葉、静寂と語りを映画の中に散りばめる細心で感性あふれる作業になるだろう。現在の街の中に挿入される物語、不調和と調和が独特の時制のなかで盛りあがりを見せる。そこでは言葉がイメージのように姿を現わし、イメージが言葉のように語りかける。

（1）“Eastern Approaches” 著者の呼びかけに応じて、ヴィヴィアンヌ・アミー出版が新訳版を出している（二〇一五年二月）。帯につけられた紹介文には、「クロード・ランズマンが『パタゴニアの野兎』のなかで熱い賛辞を送っているのを読みこの本の存在を知り……出版を企画した」とある。
（2）原書ではリタ・ヘイワースとなっているが、これは著者の記憶ちがいと思われる。
（3）中国語のタイトルは『浩劫』hào jié。

第15章

アジアから帰ってからの、あれほど栄光に満ちたパリの九月はなかっただろう。カストールとサルトルが痺れを切らして私を待っていたので、本当なら、帰ってすぐに彼らのいるカプリ島に向けて出発するはずであった。二人は私との再会を楽しみにし、土産話を期待しており、そのためにイタリアでのバカンスを十月初旬まで延長することにしていた。だが何かに引き止められるかのように、私は発てなかった。一人になりたかった。パリを気ままに歩いてみたかった。自分のうちに湧き出る新たな力と、まだ知らない自由を楽しみたかった。もう以前の自分ではない。キム・クンサンとの狂おしい一日が私を根底から変えてしまったのだ。そのことを十分に味わうことができる場所は、ショルシェール通りのアトリエしかなかった。出発を延ばすために私が考えつく理由に納得できず、カプリではカストールが気をもんでいた。無理もなかった。最初の到着予定を突然電報でキャンセルした時に私が挙げた理由は、中国関連のインタビューが入ったというものだった。本当は一人の官能的な女性との衝撃的な出会いがあったのだ。二つのドゥ［de］(1)を名前に持つ貴族の女性で、カストールより若かったが、本人が言うほどに若くはなかった。ようやくカプリに到着すると、私は自分の行状を何とか糊塗したが、とても器用にとはいかなかった。中国と朝鮮の旅については、キム・クンサンとのことを除いてすべてを語った。私たちは三人でアマルフィ海岸をラヴェッロまで行き、さらにサレルノを越えてパエストゥムまで足を伸ばし、楽しい日々を過ごした。

カストールとの破綻にいたる期間は辛く長かった。二人が別れるまでに約一年近い時間を要したのは、不可避と思われる事態を予見した上での彼女の寛容があり、理解があってのことだった。パリにもどってからも、私は貴族の美女との関係を続けた。彼女との逢瀬を重ね、次第にショルシェール通りに帰る時間が遅くなった。ある夜、忍び足で中二階にある天井の低い寝室に上った私を、カストールがベッドの上で待ち受けていた。背筋を伸ばして座り、暗い顔に恐ろしくふてくされた表情を浮かべて彼女は言った。「何があったか言ってちょうだい」。これ以上嘘をつくことはできなかった。私は彼女のそばに座ると、腕のなかに抱きしめてすべてを告白した。彼女の顔に大きな安堵の色が浮かんだ。真実こそが彼女の信条だった。その意味で、私が彼女に嘘をついたのは愚かで許しがたい行為だったのだ。彼女はすぐに行動的な楽観主義に転じ、「ライバル」について質問しはじめた。そのライバルが私を愛し、私も彼女を愛していることを完全に理解し認めた上で、カストールは彼女のことを知りたがり、私が彼女のいいところを挙げるとうなずいた。「彼女が苦しむ必要はまったくないのよ」カストールは言った。「あなたが毎晩切りあげて帰ってくる必要もない」。彼女が提案したのは、私の生活を分割共有することだった。三日三晩を一人のもとで過ごし、残りの四日と四晩をもう一人のところで過ごす。翌週はこの配分を逆転する。私はこの提案に驚き、彼女に対する愛と称賛の気持ちで身のすくむ思いだった。こんな巧みな妥協案を聞いたら、もう一方の貴族の方は飛びあがって喜ぶにちがいないと思いこんでいたのだから、私は女性のことを何もわかっていない初心《うぶ》なおめでただったと言わざるをえない。「妥協」こそ、彼女が最も忌み嫌うものだったからである。彼女が望んだのは勝利、完膚なきまでに相手を叩きのめしての大勝利だった。ましてやその相手がシモーヌ・ド・ボーヴォワールとあればなおさらであったろう。私がカストールの提案を告げた時、彼女の顔は無言の怒りと落胆で歪んだ。もちろん彼女はそれを受け入れるよりほかなかった。しかし、彼女に会いたいというカストールの希望に応えるよう促すたびに、彼女は言を左右にするだけだった。カストールは二人の出会いを公然の敵対関係のしるしとして理性的にとらえるつもりだったのである。こうして、地獄のような板挟みの時期が始まった。分割共有は正確さと規則正しさを要求した。たとえば、サルトルと夕べを過ごしたあと夜中の零時にショルシェール通りで私を待つカストールの前に、朝一時に姿を現わすなどということは許されなかった。一方、彼女のライバルの方は、私を少しでも遅らせようとあの手この手を使った。私が彼女のもとを出ようとする――すでに遅刻しているのだが――まさにその時、彼女はあらゆる媚態を示してささやく。「あと五分だけ」。ときにはそれに負けてしまうこともあった。周知の手練手管だ、ここで詳述するまでもない。

この耐えがたい二重生活に勇気をもって終止符を打つまでに、ほぼ一年間を要した。それは美しい貴族の女性にとってもまた私にとっても大きな苦痛を伴う、乱暴な別れだった。その頃、私はすでにショルシェール通りを出ており、カストールとは次のバカンス明けまで会うことはなかった。私たちは新たな友情を育まなければならなかった。レ・タン・モデルヌ誌を取り巻く状況は切迫していた。捜査、検閲、押収の警告、実際の押収、熾烈さを増すアルジェリア戦争の脅威、フランス国内で高まる猜疑心と内乱の予兆、どこに向かおうとしているのかわからないド・ゴール将軍の矛盾した熱狂的な演説、こうした状況は個人的な問題を必然的に後方に押しやることになった。カストールと私のあいだには、いかなる恨みも憎しみも残らなかった。私たちは以前と同様レ・タン・モデルヌの編集に携わり、共に働き、共に闘った。最初の数ヵ月間、私はある老婦人が所有する広々とした住居の一室を借りた。カフェ・ド・フロールの真上にあたる二階の部屋である。毎夜の騒音でほとんど眠ることができなかったから、生活は快適とはいえなかった。結局私はそこからあまり離れていないサン・ペール通り三八番地にアパルトマンを見つけて移った。家主はドイツ人の俳優ペーター・ファン・アイク。美しい青い眼とたっぷりとした銀髪を持ち、上背のあるたくましい体軀で主にプロイセンの将校の役を演じて素晴らしいキャリアを築いた。温厚で、最高に物わかりのいい家主だったが、がんのためにあまりに早い死を迎えた。

一九五四年の春、まだ熱い恋愛の最中、カストールと私はアルジェリアからチュニジアをめぐる旅をしたことがある。愛車シムカ・アロンドとともに、マルセイユからアルジェに渡った。帰りの港は決めていなかった。最終的にはチュニスになったが、この旅行は困難に満ちていた。アロンドはありきたりのセダンで、フランスで国道を走るのには文句のない車だった。私たちは、たとえばエル・ウェッド［アルジェリア］とトズール［チュニジア］のあいだの広大な砂丘の上り下りを夢中になってこの車に強いた。砂に乗りあげて動かなくなることは数知れなかった。長距離の砂丘を走破するには、特別装備の車両と救急救命装置一式、そして長い経験によってのみ身につく特殊な技能を必要とする。だが、彼女も私もスイスの山中同様、アルジェリア南部でもその手のことに関してはまるで無頓着だった。運転を引き受けてくれた現地人がいなかったら、昼は渇きと熱さで、夜は砂漠の寒さで死んでいたことだろう。この運転手でさえ、何度か車輪を砂に取られて立ち往生したほどである。彼と、あるいは彼が引き合わせてくれた人たちと話すうち——会話はスムーズにはいかなかったが——、私はこの国が煮えたぎって爆発寸前にあることを知った。フランスにおけるアルジェリア出身の労働者の状況ならよく知っていたが、それは何の役にも立たないことがわかった。私はビヤンクールにあるルノーの工場の入り口に何時間も張りついて、夜明けに遠い郊外の町から北アフリカ系の労働者——ほとんどがアルジェリア人だった——を積みこんでやってくるバス、あるいは夜中に八時間交替のシフトを終えた彼らを迎えにくるバスを見張ったことがある。貧民街あるいは現代の奴隷用の惨めな宿舎へともどる孤独な男たちの、疲れ果てふさぎこんだ表情に私は茫然とし、憤慨した。だが、私には真実のアルジェリアがどうなっているのか何の知識もなかった。砂漠の美しさや壮大な景観にのみ心奪われるわれわれ観光客のナイーブさは、ビヤンクールと植民地主義的弾圧とのあいだの関係を覆い隠すものだった。セティフおよびゲルマの虐殺については、あとになってようやくわずかな情報が届くくらいなものだった。

アルジェリアの南部にとりつかれていた私は、アロンドを運転してサハラ横断をするのだと意気ごんでいたのだ！　私たちの興味は情けないほどに民族的、風俗的なものだった。カストールはラグアでウル・ナイル族の女のベリーダンスを私に絶対に見せたがった。一生のあいだに稼ぐ宝石や金貨のすべてを身につけた娼婦たちだ。さらに南下して、死のサハラ砂漠横断のかなめ、ムザブ谷の要衝ガルダイアで、私はその不思議さに茫然自失した。この町が特異であるのは、その建築様式ばかりではなく、商魂たくましく不屈の商人をアルジェリア全土に供給してきたことにもよる。ガルダイアの町なかに並ぶ店々の物売り台の前で、私はただ一つの疑問に身悶えした。フタコブラクダやヒトコブラクダがどうやってイワシの缶詰と共存できるのか？　イワシがここまでキャラバンによって運ばれてきたことに、まるで想像がおよばなかったのだ。キャラバンは交通と輸送の中心をなすものだ。だが、イワシはまるで場違いに思えた。イワシの平凡さは、歩くラクダの気品とその克明なイメージ——実際にはきわめて貧弱だった——と両立しなかった。私がこうした類型的な思い込みから脱却して、具体性をもって世界の複雑さに向きあうようになるのには何年もの歳月が必要だった。

それは一九五四年の春のことだった。どんな事情にも通じている私たちの砂丘の運び屋アウメドが、小休止のあいだに、インドシナのディエンビエンフーの戦い［第一次インドシナ戦争中最大の戦闘で、フランスのベトナム撤退のきっかけとなった］が始まったことを教えてくれた。あの盆地地形に築かれた、エリアーヌ、ベアトリス、ユゲット、ドミニクなど美しい女性の名前を冠した拠点は次々と攻撃され包囲された。アルジェリア歩兵連隊が守る「ガブリエル」陣地は凄まじい集中砲撃に続く激しい戦闘ののち陥落したと、アウメドは悔しげに、痛恨の表情で教えてくれた。戦闘は三月から五月まで続いた。ディエンビエンフーは、私たちがパリにもどって一ヵ月後に陥落した。いずれにしても、フランスはもうずいぶん前から負けていたのである。アジアにおける植民地帝国の維持は、政府がはびこらせた無分別な妄想と虚言、幻想、政治的決断力の欠如、利権主義の砂上の楼閣だった。ディエンビエンフーの戦いは、これらすべてが積み重なった末の、常軌を逸した戦略だった。この街の陥落はインドシナ戦争の終結を決定づけた。少なくともフランス側の戦争は終焉へと向かう。それでも、落下傘部隊は敗戦の三日前にも投入されていた。勝利できないことがわかっていながらこのような戦力投入をしたのだとしたら、フランス兵は英雄的な名誉の死を無駄に演じさせられたことになる。当時次々と交代した首相や総司令官たちの空疎で誇張に満ちた演説と、兵士たちに課せられた犠牲、植民地的愚劣さと怠慢とを糊塗するための名誉の死のあいだの乖離は耐えがたいものがあった。すべてが終わった時、私たちはシャンパンを痛飲した。私たちは新首相ピエール・マンデス＝フランスの政治に希望をつないだ。彼のみが敗戦を認め、ジュネーブでのホー・チ・ミンとの和平交渉を三十日以内にまとめることを約束し、一日と遅れることなくそれを実現した。短い在任期間中に、彼はチュニジアに自治を認めた。今やアルジェリアだけが囲いこまれた本物の戦場になろうとしていた。

それがいつどのようにして始まるのか、カストールと私にはわからなかった。だが、この旅行のあいだ、すべての予兆はあった。アルジェリア戦争は、公的にはフランス本土の教師であったギー・モヌロの殺害（妻は重傷）があった一九五四年十一月一日に始まったとされる。[2]私はカストールに言ったものである。「半年ちがいで、われわれがああなっていたかもしれない！」。私たちは無知と無邪気さゆえに守られていたのかもしれなかった。底抜けにというよりは、ばかばかしいほどの観光客気分でいたからかもしれない。あるいはまた運び屋アウメドが、私たちが彼の言うことを理解していることを知り、私たちの眼を開かせてくれたからかもしれない。

実際には、事態の進行は早かった。六年後、私は召集兵の不服従の権利に関する「121人宣言」の公表とジャンソン裁判[3]に同時に関わることになった。これらはいずれも客観的史実であり、ここに詳述するつもりはない。私は宣言に関わった十人の一人として告訴され、ジャンソン裁判の証人としても指名されていた。私の裁判はシェルシュ＝ミディ刑務所の重罪院でおこなわれた。この刑務所はかつてパリのシェルシュ＝ミディ通りとラスパイユ大通りとの角にあったが、その後取り壊されて、現在では社会科学高等研究院の建物が建っている。私はここで二度にわたって長い尋問を受けた。予審判事はブローンシュヴェイグ、完璧な礼儀をわきまえ、動じない表情の判事だった。大言壮語と取られないように注意しながら、私はアルジェリア戦争への徴集を拒否する人々への固い支持を述べた。予審判事室から出たところで、レ・タン・モデルヌの編集者の一人ジャン・プイヨンに会った。彼もまた訴追され、控室で自分の番を待っているところだった。

ジャンソン裁判では、私は同機関のメンバーの一人ジャン＝クロード・ポペールの弁護側証人として指名された。私は彼のことをほとんど知らなかったが、彼は妥協を排し、道徳的選択をおこない、自分の人生を自分の理念に近づけようとした寡黙な青年だった。それに彼は、私の親族みたいなものだった。とりわけ母とモニーのおかげでそういう立場を享受していた。彼の父はガリバルディ大通りのカンブロンヌ広場の角でビストロを営んでいる。私の母ポーレットの住まいは、反対側の七区の高級住宅街にあった。モニーは毎朝大通りを渡って、ポペール父の店にコーヒーを飲みに通った。寡黙の少年は、彼もまた、モニーの美しい言葉のとりことなり、間もなくアレクサンドル＝カバネル通りのアパルトマンに入り浸るようになり、ポーレットとモニーのもう一人の息子のようになった。パリにいなかったために、私がこうした経緯を知ったのは後になってからのことである。彼は父の店ル・メトロを継いでカウンターの後ろに立つことを断固拒否し、学校へ行き、戦争への憎悪を育み、ＦＬＮのための「スーツケースの運び屋」〔ＦＬＮのための資金をスーツケースに詰めて運んだことからこう呼ばれた〕となり、ジャンソン機関のメンバーとなった。彼はこうして逮捕の日まで地下にもぐっていた。周知のとおり、ジャンソン自身は逮捕を免れた数少ない一人となった。

　私は証人控室で何時間も待たされた。ようやく番がきて法廷に呼ばれると、そこでは判事と弁護士のあいだで盛大な言い争いが展開されているところだった。ベルジェはＦＬＮ弁護団の代表として、裁判所の管轄に異議申し立てをおこなっていたのである。そこには、のちに外務大臣、憲法院議長となるローラン・デュマもいた。ヴェルジェは法廷を出る時に両手をもみしだきながらこう言った。「やつはわれわれのアルキだ」〔アルジェリア戦争でフランス側に協力したアルジェリア人、つまり裏切り者を指すアラブ語起源の言葉〕。私はまず裁判長から、次いで弁護団から質問を受け、ジャン＝クロード・ポペールの人生について知るかぎりのことを述べ、最後に彼と彼の活動に対する全面的連帯を表明した。「１２１人宣言」の署名者として、私がいるべき場所はこの証人席ではなく、ポペールとその仲間たちがいる被告席であるべきだとつけ加えた。ル・モンド紙のコラムニスト、ジャン＝マルク・テオレイルは翌日の新聞で私の証言を強調して取りあげた。

当時ブラジルにいたサルトルは長い手紙を裁判所宛てにしたため、たしかヴェルジェ、あるいはローラン・デュマが読みあげたと思う。この声明文を書いたのは、当時レ・タン・モデルヌの編集長だったマルセル・ペジュと私だとする説があり、シモーヌ・ド・ボーヴォワールも『回想録』の中でこの説を認めている。だが、事実は違う形で展開した。サルトルはカストールとともにずいぶん前にパリを発っており、私はさんざん苦労した末にブラジルにいる彼と電話で話すことに成功し、状況を説明した。もちろん彼は、われわれが彼の名において意見表明することを承諾した。だが私はこの手紙の作成にはまったくかかわっておらず、裁判所で読みあげられて公になるまでその内容を知らなかったのである。ペジュが一人で作成し、私は事前に読ませてもらえなかった。というのも、彼は自分が書いた文章のいくつかの点について、私が絶対に同意しないことを知っていたからである。サルトルも私と同意見だったことは、帰国後彼自身から聞かされた。だが、そのような不一致があったことを外に漏らすわけにはいかなかった。私たちは沈黙を守った。ペジュは空疎なレトリックを使って、アルジェリア革命の勝利と近い将来に来るべきフランスの革命の勝利とを結びつけ、あまつさえ彼自身をその預言者として位置づけ、二つの民族の運命を同化してみせたのである。《左翼勢力は無力である。アルジェリアの自由とフランスの自由に敵対する共通の敵に今日実際に闘いを挑んでいる唯一の勢力にその努力を結集しないかぎり、無力でありつづけるだろう。その勢力とはFLNである》。彼は左翼勢力を《唾棄すべき慎重の沼に足を取られている》と告発し、仰々しくこう結んでいる。《彼ら（被告）を裁こうとしている短命政権は、すでに何ものをも代表してはいない！》。サルトルは、正しいと判断した大義であれば徹底的に支持することのできる人であったが、そのために自らの自由を放棄することには決して承服しなかった。彼は急進的だったが、現実主義者だった。無邪気な預言者風のたわごとは口にしなかった。

レ・タン・モデルヌ内部で、ペジュは文字どおりFLN側の人間となり、それはあらゆる形で現われ、編集委員会の全員にとって耐えがたいものとなっていく。アルジェリア独立の直後にサルトルとカストールも出席して開かれた会議で、私たちは彼の除名を投票にかけた。辛い会議だったが、もちろん彼に対する質問のあとに自己弁護の時間を与えた上での決定だった。私たちが彼に提示した証拠は決定的で、もはや弁解の余地はなかった。彼は即刻立ち去った。

ジャンソン機関の被告たちは厳しい懲役刑に処された。後年私は、オディル・ジャコブ出版で経理課長になったポペールに再会したが、彼はもっと寡黙になっていた。話は前後するが、裁判のあと、ペジュは私をチュニスに誘った。そこにはアルジェリア共和国臨時政府の諸機関が置かれ、エル・ムジャイド紙を始め、FLNのすべての外交、宣伝機関が機能していた。私は誘いを受けて現地を訪れたが、迎え入れてくれた関係者の明るさは衝撃的だった。彼らは冗談を飛ばし、フランスでの状況、フランスとアルジェリア両国の政治の立役者について驚くほど正確な知識を有し、とりわけ彼らはこの戦争の勝利と目前に迫った独立に揺るぎない確信を抱いており、楽観的だった。多くの悲惨な戦いを繰り返した六年が経過した今、一年後、二年後、いや数ヵ月後には独立を手にするのだという確信を持っていた。誰もが完璧なフランス語を話した。私の記憶に焼きついているのは、ブリウドの大きな家系の出身で情報大臣の任務を担当していた弁護士ムアメド・ヤジド、エル・ムジャイド紙の編集長でのちにアルジェリア共和国の最初のパリ駐在大使になった太っちょのレダ・マレク、さらに新生国家の外務大臣になるモアメド・ベン・ヤヒヤ、小柄で痩身、ひ弱そうな男だったが、輝くような知性を持ち、いつもチェスの妙手を思いめぐらし、あの手この手を考えては笑いを洩らしていた。彼を襲った突然の死［一九八二年］は、彼を知る者すべてに大きな衝撃を与えたばかりでなく、アルジェリアにとっても計り知れない痛手となった。

だがその出会いによって私を刺戟し、魅了し、感動させ、私の人生に深い影響を与えたのはフランツ・ファノンだった。私と同じ年に西インド諸島マルティニークに生まれ、ヨーロッパで対独抵抗運動に参加し、戦功十字章を受け、サルトルの『ユダヤ人問題に関する省察』に私と同じように、だが違う受け止め方で衝撃を受けた。戦後バカロレア受験のためにマルティニークにもどった彼は、この本に触発されて、自分の黒人としての存在に尖鋭な意識を抱くようになる。再度フランスに渡ると、リヨンで医学を学ぶかたわら、哲学、特にメルロ＝ポンティのそれと心理学を勉強した。処女作『黒い皮膚・白い仮面』は、彼自身による「黒人問題に関する省察」と言えよう。この本の中でファノンは、サルトルの影響と、彼によって飛躍的発想がもたらされたことを認めながらも、あらゆる仮面を剥がそうとする過激な試みによってサルトルとは一線を画そうとする。まず白人の仮面である。理解と善意にあふれながら、黒人にとっての人生の意味をわかろうとしない白人たち。彼らは奴隷制度の廃止と黒人性《ネグリチュード》の承認を、人類和解への歩みにおいて必要かつ良識的なステップであると信じて満足している人たちである。ファノンはより激しく、より要求が多い。私が最初のイスラエル旅行からもどってすぐにサルトルとシモーヌ・ド・ボーヴォワールに指摘したように、ユダヤ人が反ユダヤ主義の創造物ではないとすれば、黒人がその肌に貼りつけられたあらゆる白い仮面を剥ぎとることができるのは、自分自身をおのれの解放の唯一の主体とする闘いによってのみである。一九五三年、ファノンはアルジェリアのブリダ＝ジョアンヴィル精神病院で医療主任に任命される。同僚の医師や監督官庁の敵意に囲まれつつも、彼はそこで真の民族精神医学を実践し、患者を諸症状の集合と見ることを止め、精神疾患を植民地的疎外に関係づけた。アルジェリアの蜂起が始まると、ＡＬＮ（国民解放軍＝ＦＬＮの武装組織）の将校およびＦＬＮ

の政治局が彼に接触を求めてきた。彼は迷うことなく医師の職を辞し、アルジェリア独立運動に参加した。一九五七年一月にアルジェリアから国外追放の処分を受け、チュニスのＦＬＮに合流、エル・ムジャイド紙への協力を開始する。

　最初の午後をともに過ごしたのは、当時彼が妻と息子と住んでいたチュニス郊外のエル・メンザのアパルトマンだった。この時の印象は「裸」のひと言につきる。飾り気のない家、むきだしの壁、家具はなく、ベッドもなく、何もなかった。ファノンは床に敷いた一種のマットの上に横になっていた。私をまずとらえたのは、彼の眼だった。暗く、強烈な、熱っぽい黒い瞳。彼は白血病を病んでおり、ひどく苦しんでいた。彼はこの病が死にいたることを知っていた。この時、彼はガーナの首都アクラからもどったばかりだった。ＧＰＲＡ〔アルジェリア共和国臨時政府〕の命でエンクルマ首相のもとに大使として派遣されたが、アクラで白血病と診断されてチュニスにもどり、ソ連での治療を受けるために待機中だったのである。アパルトマンが空っぽだったのは、実は彼がチュニスにもどったばかりだったからだ。私はペジュとともにファノンが横たわるマットの近くに座って、彼が数時間にわたってアルジェリア革命について語る言葉に聞き入った。ひっきりなしに襲う痛みのために、話は何度となく中断された。そしてそれは、比較的長い時間続くのだった。私は彼の汗まみれの額に手で触れて不器用に汗をぬぐい、あるいは、触れあうことで痛みが和らぐといわんばかりに思いやりを込めて肩を摑んだりした。ファノンは私には未知の熱っぽさで語りつづけた。それはすでにいくつもの死で貫かれていたために、彼の言葉すべてに預言的、遺言的力を与えるのだった。彼は私にサルトルについて、彼の健康状態について尋ねた。そこには彼がサルトルに寄せる友情と親愛の情、そして称賛の気持ちが込められていた。『弁証法的理性批判』は四月初旬に刊行されており、彼はガーナですでにそれを取り寄せて読みはじめていたのである。最近読了したとのことだったが、いかに彼の哲学的精神が輝かしいものであったとしても、白血病に侵された病人にとって、この本を読みとおすことは凄まじい注意力と集中とを要する作業であったにちがいない。

彼はALNについて、ジュヌー（戦士）について語った。彼は「内側」で闘う人たちの方がより真実でより純粋だと言った。この内側と外側の対比的論法をこの時私は垣間見たにすぎず、本当にその意味を理解したのは後年のことである。それはほとんどの国民解放運動に存在する問題だった。内側の闘士を称揚するファノンにとって、彼らは万能の人でなくてはならず、自己犠牲と完璧な純粋さをもって武器を取りフランス人と戦うだけではなく、哲学さえも学ぶ人々だったのだ。彼は反駁を許さない秘密めいた声で、内側では『弁証法的理性批判』を読みはじめているのだと言った。あとで触れるように、それはまるで嘘だった。だがエル・メンザのこの部屋で聞くファノンの熱に浮かされた言葉は、農民ゲリラ哲学者の存在に疑問をはさむことを許さなかった……。彼はまた同じ確信と同じ説得力をもって、アフリカ全体について語り、アフリカ大陸、アフリカの統一、アフリカの連帯を語った。アルジェリア臨時政府により駐ガーナ大使に任命される前、彼は一九五八年末にアクラでおこなわれた第一回「全アフリカ人民会議」に、ドクター・オマールの名でFLN代表団の団長として参加していた。他の代表団のなかには、コンゴのパトリス・ルムンバ、アンゴラ人民同盟のホールデン・ロベルト、UPC（カメルーン人民連合）のフェリクス・ムーミエ、南アフリカのANC（アフリカ民族会議）代表団らがいて、彼らはいずれもファノンの『地に呪われたる者』の出版［一九六一年］後には暴力への選択を明確にした。ルムンバとムーミエはそれぞれこの会議の二年と三年後に暗殺されている。ドクター・オマールの参加は熱い注目を浴びた。エンクルマが提唱した「積極行動」とは逆に、ファノンはあらゆる形の植民地主義にとらわれたアフリカ大陸の解放の唯一の手段を全面的な武力闘争に見出していた。彼は例として、仮借ない戦いの先兵としてのアルジェリアを挙げた。「そして、われわれの自由のための闘いにおいては」と彼は結論する。「帝国主義者の心臓にとどめを刺すほどの効果を期して活動を計画すべきである」

　これらのことを知ったのは後になってからのことだ。エル・メンザのアパルトマンでは、彼が片肘をついて起きあがろうとし、「アフリカ、自分の夢のアフリカは、ヨーロッパのような中世を知ることはないだろう」と占い師のように予言する時、その言葉の吸引力に抗うことはできず、この理想主義的ユートピアに同意するほかはなかった！　パリにもどった時、私はこの人物に文字どおり夢中になっていた。彼は真実の、それも秘密のような真実の保持者に見えた。真実の秘密があり、彼がそれを保持していた。私はこれらのすべてをサルトルに報告した。私の表現はサルトルにファノンと会ってみたいという気持ちを抱かせたほどだった。彼としては稀なことだった。

　この最初の出会い以後、私は一人で何度かファノンと会った。面会場所はいつもチュニスだったが、エル・メンザのアパルトマンとは限らなかった。しばしの小康状態を得て、彼の状態は改善しているかに見えた。彼の親友の一人、オマール・ウスディクはカビール人［カビリアに住むベルベル系の山岳民族］で、彼の前ではファノンは自由に話した。というのも、質問を重ねるうちに、彼のアルジェリア人に対する関係およびアルジェリア人の彼に対する関係は、最初に私が考えたほどに単純なものでないことがわかったからである。彼は彼らの仲間であり、仲間ではなかった。なぜなら彼はマルティニック人であり黒人だったからだ。彼の忠誠心は全幅のものだったが、彼は常にひとよりもそれを明示し、証明しなければならなかった。彼はＦＬＮ内部に派閥や部族間の抗争、しばしば苛烈な権力闘争があることを知っていた。それについて語る時、彼はいつも「秘密」という言葉を添えた。秘密、秘密、と一つの会話のなかで何度繰り返したことか。こうして私は、ファノンもまた恐怖を知る人間であることに気づいた。ＦＬＮでも切れ者の一人といわれたアバンヌ・ラムダンヌはファノンときわめて親しい間柄にあったが、絶大な権力を持つＣＣＥ（統合実行委員会）メンバーであるブスーフ、ベン・トバル、クリム・ベルカセムらが仕掛けた罠に落ちて暗殺されたばかりだった。アバンヌ・ラムダンヌは軍事に対する政治の優位性、国境軍に対するウィラーヤ〔アルジェリア国内の行政区分、県に相当〕の優位性を守ろうとしたのだが、それはＡＬＮの軍首脳の最も忌み嫌うところだった。ＦＬＮが外部に対し、とりわけ支持者向けに発信しようとしていた強い団結と結束を誇る戦線のイメージは見せかけ、ないしはまやかしにすぎなかった。血なまぐさい粛清や残忍な抹殺がおこなわれていた。たとえば、第三ウィラーヤのリーダー、アミルーシュは、フランス諜報機関によって内部の裏切りを信じこまされ、部下を残酷な拷問にかけ処刑することで自分の部隊を文字どおり殲滅させてしまった。この手法は「ブルイット」〔ＦＬＮ内の相互不信を募らせ、内部崩壊を狙った仏軍による秘密工作〕の名で知られている。彼らのあいだでは兄弟と呼びあっていたが、それは同時にサルトルが『弁証法的理性批判』のなかで「恐怖の同胞性」と呼んだものにほかならない。兄弟一人ひとりがその他の者にとっては潜在的な裏切り者なのである。

軍事面だけに限定すれば、フランス軍がきわめて効果的な仕事をしたことは認めなければならない。チュニスとアルジェリアの国境線沿いに敷設されたシャル・ライン〔国境防衛線、シャルは当時の仏軍司令官の名前〕は、内側のウィラーヤとの連絡を完全に遮断していた。同様の封鎖はモロッコ側の国境線でもおこなわれ、外国からの武器や戦略物資の供給の試みはすべて失敗に終わり、ＦＬＮ側に手ひどい損害を与えた。国内に関していえば、情報網はかなり充実していた。多くの人がしゃべった。必ずしも拷問を必要としなかった。フランス側は多くの情報屋を持っていた。恐怖、復讐、権力、金銭と、裏切りの理由はさまざまだった。カビール人対アラブ人の抗争のように、部族間あるいは民族間の対立もあった。非常に白い肌をしたカビール人のウスディクは、ひそひそ声で話すか、口に指を当て暗号じみた言葉でしゃべった。私にはどちらでもいいことだった。私はジャーナリストとして来たわけではなく、大切なことは彼らの信頼感を得て、彼らが語りたいことに耳を傾けることだった。この頃、ファノンは『地に呪われたる者』を書きはじめていた。書くというのは正確ではない、口述と言いなおそう。彼はその一節を読んでくれた。彼の思いはただ一つ、サルトルがこの本を読み、序文を書いてくれることだった。

私の訪問のつど、彼はこう言った。「チュニスに来たってアルジェリア革命の何たるかを理解することはできない。きみがチュニスで見聞きすることは腐っている。向こうへ行かなきゃだめだ」。それはファノンが「内側」と呼んだものだった。『弁証法的理性批判』を読む、純粋な哲学者闘士たちのことだった。だが実のところ、それはまったく「内側」ではなく、真の「内側」が憎んでいた国境軍のことだったのだが、当時の私はそれを知るよしもなかった。この軍隊を構成するのはかつての「内側」の退役軍人たちで、彼らはまずモロッコに移動し、後にチュニスに渡り、そこで強力な組織を作り、実質的な政治権力を握り、臨時政府を次々と作っては壊し、作っては壊している連中である。彼らのほとんどは、何年も前にFLNに合流した上級将校であった。この国境軍は何よりもまず政治的軍隊であった。真に内側にある「内側」、つまりアルジェリア国内のウィラーヤそのものに戦闘力はなく、フランス軍に対して実のある攻撃をしかけることはできなかった。したがって、フランス軍は軍事的には戦争に勝っており、このことがクーデター派の将軍たちにド・ゴールに反対する根拠を与えたのである。

ファノンは私のために、彼が「内側」と呼ぶ場所への旅行をお膳立てしてくれた。出発の前夜、私はエル・メンザの彼の家に夕食に招待された。ベンユセフ・ベン・ケッダが同席した。ブリダ出身の薬剤師、痩せて控えめな男である。彼は臨時政府大統領に任命されたばかりだったが、これは妥協の産物だった。独立と同時に彼は解任された。食事の席で、ファノンは最後のアドバイスをくれた。「絶対にウアリ・ブメディエンヌ大佐（4）と面会するんだ。ああ、きみは何て運がいいんだ！　ぼくもきみと一緒に行きたいくらいだ!」。だが彼は翌々日、医師団が待ち受けるモスクワに向かって発たなければならなかった。

FLNの運転手が朝五時に迎えにきて、チュニスからアルジェリア国境の町ガルディマウに向かった。そこにALNの司令部がある。運転手は私の胆をつぶすためか、私を試すつもりか、あるいは私を殺すためか、ひどい悪路の上を全速力で走ってみせた。明らかに私を怖がらせて楽しんでいるようだった。数時間の後、私たちは大きな兵舎の営庭に到着した。強い日射しの下を、私服の若者たちが散策していた。数人がすぐに私を取り囲み、きわめて流暢なフランス語で話しかけ、非常に友好的な態度で、私を大きな部屋に案内してくれた。かなりの長さと幅のある会議用テーブルが据えられていた。指示されたとおりにその一角に座ると、次々と人が現われ、私の周囲の席に無造作に座った。完全にリラックスした雰囲気のなかで、席は次第に埋まっていった。ほとんどが私服だった。最後に背の高い赤毛の男が来て、残された唯一の席、つまり私の左隣りのいちばん奥まった席に着いた。蒼白い、とても痩せた男だった。彼は会議のあいだじゅうトランジスターラジオを耳に当て、ひと言も発言しなかった。出席者たちは次第にフランスでの最近の出来事について私に質問しはじめた。彼らはよく情報に通じていた。私がこの時点では、リュグランで始まったフランスの密使との事前交渉は打ち切られたばかりだった。私が何者かを知り、私たちが彼らのためにしたこともわかっているのに、彼らは私を含めたフランス人全体を非難した。まるで私に責任があると言わんばかりの口調に私は憤然として、相手を間違えている、それを言う相手は私ではないと言い返した。議論は結構長く続いた。こうして彼らは、フランスにおける状況を詳しく確認していったのである。それが終わると、ようやく私がなぜ彼らに会いたいと考え、何のために来たのかを尋ねられた。私はこう答えた。「ドクター・ファノンによれば、あなた方に会わずしてアルジェリア革命やあなた方が進めている闘争を理解することはできないとのことだった」。彼らは私に対し一連の質問というよりは尋問をおこない、最後に私の希望は何なのかと尋ねた。私は一つだけ挙げた。「ALNの部隊と行動をともにしたい」。私の会話の相手は四人か五人、あとの全員は無言だった。五人のうちの一人が乱暴に尋ねた。「きみは危険なことが好きか?」。危険のための危険は好みではない、と私は返した。「しかし、危険な状況におちいってそれと闘わなければならなかったことはある。私自身大戦を経験し、レジスタンスやマキで活動した」。さらに私はつけ加えた。「ドクター・ファノンからは皆さんのボスであるブメディエンヌ大佐に会うよう強く勧められた」。彼らは大佐が出張中であり、いつもどるかはわからないと言った。そして、私はここに留まらずに午後にでも他の場所に移される予定であることを告げた。質問者たちは私が肉体的に強健かと尋ね、私は短く肯定した。彼らはまた山中を長時間にわたって歩きつづけることができるかと尋ねた。私は少々不安になったが、「大丈夫だと思う」と答えた。質素な食事のあいだも質問は休みなく続き、私はほとんど口にすることができぬままに席を立ったが、念を押すのを忘れなかった。「ブメディエンヌ大佐に会うことはできるだろうか?」。「ああ、かなり難しい」それが答えだった。「大佐は現在視察旅行に出ておられるので、きみがもどった時に検討しよう、ま、あまり可能性はないがね」

その日の午後、私たちは出発した。二十五歳くらいの若い案内役は、険しい坂道をまるでヤギみたいに休むことなく登っていった。この地域の上空を支配するフランスの飛行機の機影を見、エンジンのうなる音を聞きながら、私は八時間にわたって彼のあとをついて歩いた。夜遅く、私は疲れ果てて目的地に到着し、地中深く掘られた防塁の中に案内された。くすんだ明かりの下に、薄気味の悪いたくさんの顔があった。彼らこそが長年対仏闘争を繰り広げてきたＡＬＮの兵士とその上官たちだった。戦闘に慣れた兵士たち、羊と人間の屠殺者。私はここまでやってきた最初のフランス人だった。私は彼らとともに八日間を過ごした。まるまる八日間、フランス空軍の正確で激しい空爆にも耐えて、私は彼らに長時間のインタビューをおこなった。彼らは戦闘や待ち伏せのようす、フランス軍による鎮圧作戦の残酷さや蛮行、むごたらしい出来事などを語った。彼らのなかの一人、二人とほとんど友人に近い関係を結ぶこともできた。彼らは最初のうち、内側のウィラーヤで闘い、後に外側に出た男たちだった。シャル・ラインがいかに難攻不落であったか、武器および物資を運びこもうとする試みがすべて失敗に終わり、いかに凄まじい損失をもたらしたかを語り、私をそこまで連れていってくれた。数百メートル離れたところに身を潜め、私はフランスの恐るべき防御網と精巧な警報システムを見ることができた。私は多くのことをノートに書き留めた。出発の時が来て、私たちは万感の思いで別れを告げた。帰りもまた違う兵士の案内で同じ道を引き返した。兵舎にもどると、私は温かい歓迎を受けた。テストに合格したのだ。ＡＬＮの若い大尉が私の係になった。素晴らしい青い眼をしたこの大尉は、最初の日に私に質問を浴びせた男たちの一人だった。アルジェリア南部での待ち伏せの際に、最初の銃声が上がった時に見た夜明けの美しさと彼自身の混乱を、彼はほとんど詩的な言葉で語ってくれた。私がユダヤ人であることを知った上で、彼は「独立を果たしたら、われわれは代表団をイスラエルに派遣しなければならない」と言った。驚く私に彼は続けた。「ええ、彼らから学ぶべきことがたくさんありますから」。「どんな分野で？」と私は尋ねた。「そう、キブツや灌漑、植林、土壌改良」。残りの滞在期間、絶えず私を引きまわしてくれたこの大尉の名前はアブデルアジズ・ブーテフリカという。彼が現在のアルジェリア共和国の大統領であることは周知のとおりである。

私は司令部で約一週間を過ごした。彼らと生活をともにし、同じテーブルで食事をし、夜遅くまで議論しあった。誰もが驚くような率直さで話しにきてくれた。仲間にも打ち明けられないような個人的な考えや秘密も話してくれた。私は思想的な助産夫の役割を果たしたようであった。何人かは私を外に呼び出し、一夫多妻制の必要性を説いた。この七年間の戦争で、多くの兄弟が殺されたからだ。「姉妹たちを貧困のなかに放置するわけにはいかないということを理解すべきだ。だから、われわれ一人ひとりが複数の妻を持つべきなんだ」。あとになってこの話をシモーヌ・ド・ボーヴォワールに語って聞かせると、彼女は唖然としていた。彼ら全員にとっての大きな希望は、エクス島の獄につながれているベン・ベラだった。誰もが彼の解放を熱望していた。最後の日、出発を翌日に控えて、私は午後いっぱいをリュグランでの対仏交渉に参加した二人の人物とのインタビューに費やした。彼らの一人は、のちに短い期間ではあったが財務大臣を務めた男である。三人目が加わったが、それはトランジスターラジオを聞いていた赤毛の大男だった。アルジェリアの政治体制がどのようなものになるのか？　マルクス主義は？　などについて議論した。彼ら兵士たちの『弁証法的理性批判』に関する勉強は、ファノンが来て講演した一回こっきりで終わりだったことも判明した。夜、彼らは私のために別れの宴を張ってくれた。メシュイ〔羊の丸焼き〕と仔羊の串焼きを囲む野外の宴だった。彼らは三百人。私はアラブ語をひと言も話せない。一人の兵士がアルジェリア風の語りを始めた。身ぶりをまじえてアルジェリアのフランスに対する勝利を語り、彼がフランス人を演じるたびに、三百人が私を注視しどっと笑った。それは強烈だった。

食事のあと、私はブーテフリカ大尉と二人きりで向かいあった。私の滞在中の記録を残すために、彼はこう切りだした。「本日の午後ブメディエンヌ大佐が言われたとおり……」。私は耳を疑った。トランジスターラジオを耳に当てた赤毛の大男、あれが「視察旅行中」のブメディエンヌだったのだ。彼は名乗りでるときではないと判断したのだろう。私は最初の日に彼と会い、山からもどってからは昼も夜も食事のたびに会っていたのだ！

パリにもどると、記事をまとめようと考えたが、どこに出すかを決めていなかった。ル・モンドかレ・タン・モデルヌか。結局、私は書かずに終わった。私が向こうへ行ったことはすぐに知れわたり、サン＝ミシェル大通り一一五番地のマグレブ学生連盟本部——主体はアルジェリア人だった——に招かれ、国境軍を讃える講演を二度おこなった。そこには、後に石油大臣になるアウメド・ゴザリもいた。時をおかずして、首都アルジェを擁する第四ウィラーヤから接触があった。彼らは風のうわさで、私のガルディマウ旅行を知ったらしかった。ある日突然、一人の若い男が現われた。完全な「内側」から来たその男は、眩しいほどの若さと知性を備え、柔らかな物腰で私の眼を開かせようとした。「私たちの話を聞いてください。私たちには、彼らの話とは違うもう一つの物語があります。彼らは政治的理由で私たちを完全に見棄てました。彼らが欲しいのは、自分たちだけの権力なのです」。彼の主張は間違っていなかった。独立が宣言されるや否や、第四ウィラーヤは新生アルジェリア政府に対して反乱を起こしたのである。それは出口のない短い冒険だった。状況がめまぐるしく変わっていくなかで、私は自分がこの内乱のどちらにも肩入れする権利はないのではないかと思った。考える時間が必要だった。彼らが私に見せたものは、内部闘争と深刻な分裂を隠した上での統一戦線だった。もっとも、ＦＬＮの生い立ちを考えれば、それも何ら驚くに当たらないことだとも言える。フランスの弾圧に対抗する大義の唯一の代弁者となるために、彼らはＭＴＬＤ（民主主義的自由の勝利運動）［アルジェリア人民党解党を受けて一九四六年に創設された民族主義政党］に暴力をもって抗争をしかけたからである。しかしながら、私たちの眼に最も憐れな犠牲者として映ったのは、フランス官憲の迫害や拷問を受けた人たち、一九六一年十月パリで起きた虐殺事件とも呼ぶべき弾圧の犠牲者たちだった。あの日彼らは、アルジェリア独立を求めて女性や子供とともに大規模な平和的デモに参加したあと、地下鉄の出口で待ち受けていたＣＲＳ〔共和国機動隊〕と警察によって滅多打ちにされ、護送車に放りこまれ、セーヌ川に捨てられたのだった。その夜、私は何度も恐ろしい光景を目撃した。だから、私たちが彼らを理想化し、純化して見ていたとしても許されるだろう。だが、彼ら「兄弟」のあいだに存在する激しい対立と憎悪の現実を見ることで、私はいきなり沈黙を課せられたのである。したがって、以上の経過を私は自分の胸にしまいこみ、何も書かなかった。

　ファノンはソ連からもどったが、病状は改善するどころか悪化していた。短い余命を告げられたものの、ワシントンのベセスダ病院への入院が決まった。アメリカの最新医療の専門家たちの方がソ連よりはましな治療を施せるはずだった。ファノンに会うようサルトルを説得するのは容易だった。私は自分自身の手で、一九六一年の夏に二人の出会いをローマで実現した。トリポリでＣＮＲＡ（アルジェリア革命全国評議会）の歴史的な会議が開かれている最中だった。フランスとの交渉を継続すべきか否かをめぐって会議は紛糾した。シモーヌ・ド・ボーヴォワールと私は、ローマの空港までファノンを迎えに出た。私たちのホテルに彼の部屋を用意し、最初の晩からサルトルをまじえて夕食の席をともにした。この時、私たちが見たことのない、信じられないようなことが起きた。サルトルは午前中と午後は書き物をする習慣があり、これはどんな状況にあっても、またどんな気象条件であっても変わらなかった（マリのガオで五十度の熱暑の下でも彼は書いていた）。仕事の時間については決して妥協はなかった。どんな例外もなく、例外のための言い訳もなかった。その彼が、三日間ファノンの話を聞くために仕事を休んだのである。シモーヌ・ド・ボーヴォワールも同じだった。彼らは私がエル・メンザで感じたのとまったく同じものを感じ取ったのだ。ファノンは聞く者に抜き差しならぬ切迫感を与えることができた。

なぜなら、彼は文字どおり死にとりつかれていて（白血病はその六ヵ月後に彼の命を奪った）、自分でそれを知っていた。それが彼の内に語りたいという熱をたぎらせ、言葉を炎上させた。同時に彼は優しく繊細な男だった。彼の連帯感は周囲に伝染した。彼はアルジェリア革命とアフリカについて、私に語ったのと同じように同じ言葉で語った。ここでは繰り返さない。彼には聞く者の心をとらえ、説得する力があった。彼に反論することはできなかった。彼の前ではあらゆる反論がみすぼらしく響いた。トランス状態の預言者に誰が反論できよう。今日の私たちは、現実のアフリカがファノンが夢見たアフリカではないことも、アフリカがヨーロッパの中世の暗黒を避けることができなかったことも知っている。アフリカの現実はルワンダであり、ツチの虐殺であり、コンゴ、リベリア、シエラレオネ、ダルフールその他、きりがない。アフリカでは、恐怖の支配が刻々と近づきつつあるかに見える。アルジェリアも例外ではない。フランス人はひょっとすると、アルジェリア人のアイデンティティの一部を成していたのかもしれない。彼らがフランスに敵対して闘っていたとしてもである。だからフランス人が引き揚げてしまうと、彼らの内面では脚のバランスを失った者のような不安定な状態が居座ったのではないか。

いずれにせよ、サルトルは三日間仕事を休んだ。三日間、私たちはファノンの話に耳を傾けた。彼はアンゴラについて語り、ホールデン・ロベルトについて語った。ウニタ〔アンゴラ全面独立民族同盟〕のリーダーであり、後に誰もがCIAの手先、裏切り者と考え、今日政権にあるMPLA（アンゴラ解放人民運動）のアンゴラ人の公然の敵と見なしたホールデン・ロベルトはアメリカの支援を受けていた。だが彼はファノンの友だちで、ファノンは彼のことが好きだった。話はセゼール〔マルティニークの詩人、政治家、一九一三〜二〇〇八〕からカリブの文学に、そしてブリダの精神病院の医療主任としての経験にまでおよんだ。それは肉体的にも感情的にもへとへとになるような三日間だった。サルトルがあれほど一人の男に惹かれ、感動するのを見たのは初めてだった。ファノンが手書き原稿を持参していた『地に呪われたる者』のために、彼が序文を書くことになったのはごく自然の成り行きだった。ファノンは私たちと別れると、直接ワシントンに向かった。

その後も文通を続け、私は彼の病状が改善しないことを知った。私はもう一度彼に会うためにアメリカに行こうと決心し、彼につき添っている妻のジョジーと電話で話した。病状は憂慮すべき段階に進んでいるようだった。輸血に次ぐ輸血にもかかわらず、痛みはひどくなるばかりだった。半狂乱になって、白人の血を輸血して自分の死を早めようとしていると、医師団を非難することもあった。飛行機のチケットを手に入れ、明日の十時に出発というその日の夜、私はジョジーから電話を受けた。「もう来なくていいのよ。彼は亡くなりました」。一九六一年十二月六日のことだった。彼の死を受け入れることができなかったのだと思う、私は予定どおりに発つことにした。ワシントンに着いたのは、忘れがたい寒さの朝だった。私は二日間ジョジーと話した。二日間、全面氷結したポトマック川のほとりを一緒に歩きつづけた。

ファノンの遺体はチュニジアに送られ、死の六日後、ガルディマウとシャル・ライン——私が連れていってもらった場所だ——のあいだの仮の墓所に葬られた。ALNの小隊が栄誉礼をおこなった。以後、事態は急速な展開を見せることになる。間もなくエビアン協定が結ばれ〔一九六二年三月十八日〕、行政の許可があればアルジェリア人の囚人を刑務所に訪れることも可能になった。ある日、私はフレーヌ刑務所にモアメド・ブーディアフを訪れ、午後の時間いっぱいを彼とともに過ごした。彼はフランス軍によってハイジャックされ捕われた「歴史的リーダー」たちの一人だった。[5] 輝くような知性を備えた男だったが、一九九二年に長い亡命生活の後に危機的状況にあった政府に乞われて帰国、同年オラン〔アンナバとも〕で暗殺された。アハメッド・タレブ・イブラヒミにも会った。素晴らしい魅力を持った男だったが、頑固なイスラム教徒だった。のちに国民教育大臣、次いで外務大臣を歴任した。フレーヌ刑務所では、彼らは大幅な自治を享受していた。彼らが釈放された時、とりあえずの数日間、私たちは彼らをそれぞれの家に迎えた。タレブが妹のエヴリーヌのアパルトマンに滞在したことはすでに述べた。他の何人かは私のところに泊った。シモーヌ・ド・ボーヴォワールは彼らに一夫多妻制を諦めさせようと説得を試みたが、彼らは聞き流していた。

独立の式典はラバでおこなわれ、私は招待されて出席した。そこにはアフリカのすべての革命家たちがいた。モザンビークのドス・サントス、アンゴラの代表団、ポルトガル領ギニアのアミルカル・カブラル、もちろんヴェルジェ［FLN弁護団のリーダー］もいた。ベン・ベラとブメディエンヌは閲兵をおこなった。前者は戦士《ジュヌー》に向けて最も簡潔な演説を述べた。「諸君はわれわれの血である」。この傲岸で分裂気味の連帯組織にあって、それぞれがそれぞれを監視していたことは明らかである。そして赤毛の大男ブメディエンヌは、ほどなくベン・ベラを排除する。ベン・ベラは私にとても好意的に接してくれ、私を「兄弟」と呼んでくれた。だがほんの数週間後、彼は国家元首としての最初の演説の一つで、この誕生したばかりのアルジェリアが、パレスチナ解放のため中東に十万の兵士を送ると突然発表したのである！　それは若きアブデルアジズ・ブーテフリカ大尉が述べたような使節団ではなかった。私にとって、すべては終わった。アルジェリアの独立とイスラエル国家の存続を同時に期待することができると思っていた私は間違っていた。

ベン・ベラのこの電撃的な宣言の前に、私はファノンの未亡人ジョジーに会いたくて、それだけのためにアルジェを訪れた。それ以降、独立アルジェリアに足を踏み入れたことはない。ジョジーは友好的に私を迎えてくれた。彼女はアルジェリア治安当局の高官と暮らしていた。恐ろしく嫉妬深い男だったが、彼女はそれを不愉快にも思い、楽しんでもいた。ファノンの長い入院中、彼女はすでに男の愛人になっていた。ガルディマウで説明されたように、「姉妹」を男なしで放っておくことはしないのである。男がいっときとしてアパルトマンを出ないので、私は彼女と内緒話をすることもできなかった。暑い時で、近くにある海の誘惑に勝てずに、私は海水浴に行こうと提案した。私たちはやきもち焼き屋の車に乗った。彼は奥歯を食いしばり、眼からは火を噴き出さんばかりの形相で、殺人的なスピードで運転した。砂浜に着くと、ジョジーが水着に着替えるあいだ私はわざとらしく背を向けていたのだが、それでも彼が同棲相手の白い肌の片鱗をものぞかせまいと、彼女の前に仁王立ちになって鳥人みたいに両腕を広げているのが眼の端から見えた。パリにもどり、私はカストールに短い旅行の報告をし、ジョジー・ファノンがアルジェの愛人によって幽閉同様の生活を送っていることも告げた。もちろん、私たちのつきあいはそれ以上続かなかった。あとになって私は、アルジェリア治安当局の最高責任者が部下の手からジョジーを召し上げ、彼女は新しい愛人が唱えるイスラエル殲滅の必要性に抵抗なく染まっていったことを知った。マスプロ出版が『地に呪われたる者』を再版しようとした時、サルトルがイスラエル支援の請願書に署名したという理由で、彼女はサルトルの序文の削除を要求した。それは、一九六七年六月の六日戦争勃発寸前の煮えたぎるような数週間のあいだに、私のたっての要請に応えてサルトルが署名したものだった。イスラエル軍隊が収めた電光石火の勝利と、シナイ半島でエジプト兵が裸足で逃げ出す映像を見て反イスラエルに大きく舵を切った左翼勢力の大勢に同調しながらも、マスプロ社は出版社としての職業倫理に従ってジョジー・ファノンの最後通牒を拒否した。『地に呪われたる者』は再版されなかった――この出版社によってこの時期には少なくとも。

『ショア』の上映後二、三年たった一九八七年あるいは一九八八年、私は思いがけなくジョジーからの長文の手紙を受け取った。その一行一行が遭難信号を発していた。過去については何も言わず、ただ絶対的な孤独に追いやられ、極度の貧困にあるらしいことがうかがえた。サルトルとカストールについて友情を込めて語り、彼らの本を何度となく読み、また『ショア』を見ることができないのを悔やんでいた——アルジェではもちろん不可能だろう——。彼女が読むことのできる限られたレ・タン・モデルヌのバックナンバーが彼女にとって「鉄の肺」［陰圧による人工呼吸器］になっていると綴り、無料で送ってもらえないだろうかとつけ加えていた（私はすぐに手配した）。最後に、冷静な、それだけに不安をかき立てる追伸があった。《知ってる？　私が五ヵ月前に重大な自殺未遂を起こしたこと》。どうして知ることができよう？　私は返信をしたため、昔の友情を取りもどし、彼女を最大限支援することを約束した。その後二通の手紙を受け取ったと記憶するが、そのいずれも婉曲表現が多用されていることから、彼女がすべてを語っていないのは明らかだった。彼女には書くことの自由が完全には与えられていないにちがいなかった。

　一九九〇年、シモーヌ・ド・ボーヴォワールの死後四年しかたたないうちに、サルトルに宛てた彼女の手紙が養女によって出版された。その多くは、まだ存命の人たちについて実名をあげて語っていた。そのために、カストールは自らそれらを公にしようとしなかったのはもちろん、誰にもそれを許さなかった。私がそのことを知っているのは、彼女が私にそう言ったからであり、一九八三年に彼女自身が出版したサルトルへの手紙の序文にそう書いているからであり、私が彼女と生活をともにしたからである。何か気にくわないことがあったとしても、親しい人を傷つけると考えただけで、彼女には耐えられないことであったはずだ。私は彼女が母親や妹との約束を破ったのを見たことがない。あるいは厄介な相手であってもいったん承諾した場合は同じだったし、過去への誠実さゆえに、はるか昔の生徒の場合でも一緒だった。自分に宛てられたのではない書簡を読んで、一部の人が感じた不可解さや怒りは理解できる。若かった頃のカストールとサルトルが、不遜で共犯的な書簡のやり取りを通して、そのペンで近しい人間をこき下ろしたとしても、それは思いやりと礼儀を欠くことにはならない。これに関しては、私は友人であるミシェル・トゥルニエの「効果的言語」と「非効果的言語」の対比に全面的に賛同する。ある人物を陰で「あいつは間抜けだ」と言っても何の影響も出ない。だが面と向かって「この間抜け、失せろ」と言えば事態は変わる。一九九〇年の『サルトルへの手紙』二巻の発行を受けて、一九六〇年の手紙の中から私が見出した一つで、カストールはいつもの世間話の口調で、私がジョジー・ファノンとその嫉妬深い愛人のもとで過ごした短い滞在について語ったことをサルトルに報告している。そしてこう書く。《アルジェで女のファノンに幽閉された憐れなランズマンがもどってきたわ》(原文のまま)。これには三通りの注釈が必要だろう。その一。まず始めに、すでに述べたことであるが、彼女の神経症的性急さがある。すべてを一気にしゃべり、聞き、物語らなければ気がすまないカストールは、人が話している時にはもう次の予定に進んでいて、こちらの話を聞いていないか、聞いていても的外れな解釈をしている。何度彼女の上の空や歪曲の現場を押さえたことか、数えきれないほどだ。私が語ったのは、「ファノンの妻は嫉妬深いアラブ人に幽閉されている」である。これが、《女のファノンに幽閉された憐れなランズマン》になってしまったのである。その二。私の名前に冠された「憐れな」は効果的言語か非効果的言語のどちらだろう？　私にはどちらとも言えない。ただそれが一九六〇年のことであり、私たちの関係が破綻したばかりで、私へのあらゆる減点査定には正の係数がつけられたにちがいない。私としては、この「憐れな」は同情だと思いたい。二十年後の一九八三年、彼女に宛てたサルトルの書簡集の分厚い二巻を次の献辞とともに受け取った。《私のすべての愛を込めてランズマンへ、シモーヌ・ド・ボーヴォワール》。その三。無遠慮な「女のファノン」の表現と幽閉の被害者の入れ替えはもっと深刻である。ジョジーのか弱さを知り、彼女がサルトル、ボーヴォワール、レ・タン・モデルヌに関することなら何でも読むことを知っていた私は当惑した。この些細なディテールに彼女が気づかないことを期待して黙っているべきだろうか？　あるいは彼女に知らせて、三十年前に書かれた心ない手紙が彼女に与える衝撃を私の言葉で慰めるべきか？　いずれにしても、それは私に重い責任を課すものだった。私は迷った。長すぎるくらいに。何週間か後に、アルジェリアからもどったレ・タン・モデルヌの編集委員の一人が私に尋ねた。彼女が長い沈黙の後に書き送ってきた手紙の文言そのままに、「知ってる？ジョジー・ファノンが自殺したこと」

（1）小辞 de のつく名前は貴族に多い。貴族の出であることを意味する「De のつく名前を有する」という表現があるくらいである。
（2）ギー・モヌロ殺害　アルジェリア内陸部をバスで移動中のフランス人教師モヌロが殺害された事件。フランス人が標的にされたわけではなく、巻き添えを食ったというのが真相のようであるが、その後の戦争においてフランス人犠牲者のシンボルに祭りあげられた。
（3）フランシス・ジャンソン（一九二二〜二〇〇九）は哲学者。ＦＬＮ（アルジェリア民族解放戦線）への支援活動をおこなうジャンソン機関を創設。祖国への裏切りの罪で糾弾されたが、祖国が拠って立つ理念の実現に尽くしたと主張した。「121人宣言」の関係者も彼に協力した。
（4）ウアリ・ブメディエンヌ　後の独立アルジェリアの第二代大統領。
（5）フランス軍によるハイジャック事件　一九五六年十月、ＦＬＮの指導者たちを乗せてモロッコからチュニジアに向けて飛び立った飛行機がフランス軍によって乗っ取られ、五人の有力指導者たちが逮捕された事件。ブーディアフはフランスに移送されてからも獄中から指令を出していたという。

第16章

六十年代は、私生活においてもまた職業生活においても一大転機を画する時期となった。レ・タン・モデルヌのために精力的に働く一方で、私は当時のフランス・ジャーナリズムでトップの座を占めていたラザレフ夫妻ピエールとエレーヌのグループで一種の花形記者になっていた。ダライ・ラマに関する最初の記事以来、エレーヌ・ラザレフは毎月エル誌に国際的あるいは社会的事件に関して掘り下げた記事を書くよう依頼してきた。本や作家、俳優に関する記事もあった。私は完全な自由裁量を与えられ、どの記事に本名で署名し、その他のどれにペンネームを使うかを自分で決めることができた。ある夜、突発的なキリスト教改宗気分にまかせて、即断で決めたペンネームがジャン＝ジャック・ドラクロワである。ジャン＝ジャックは間違いなくレクスプレス誌のセルヴァン＝シュレーベルの名前を拝借したもの。ドラクロワの方は、ジャン・ド・ラ・クロワ［十字架上のヨハネの意］ないしは画家のウジェーヌ・ドラクロワから取った。だが、ドラクロワであれ、ランズマンであれ、私は同じ良心の咎めと同じ意識とをもって書いた。ＪＪＤ［ジャン＝ジャック・ドラクロワ］と署名した記事のどれをとっても、決して恥ずかしいものはない。たいがいの場合、署名はどちらと入れ替えても差し支えなかった。ただし例外はあった。一般的には愛とセックスに関する社会心理学的報告――キンゼイ報告のような――に関するコメントは、それが私たち、つまり私と私のクローンにとってどれほどの仕事になったとしても、ドラクロワでなければならなかった。また、エルから注文を受けたテーマが同誌の平均的読者には難しすぎると判断された場合には、一度ならずフランス・オプセルヴァトゥール誌にまわされ、私の同意のもとにカットされた記事が最終ページ全面に掲載されたりもした。たとえば、アンドレ・マルローのアクロポリスに関する演説の件を思い出す。自分ではこの作家にきわめて高い評価を与えていたにもかかわらず、私はかなり手厳しい記事を書いた。そのなかで私は、パルテノン神殿のソン・エ・リュミエール〔ライトアップと音響による壮大なイベント〕という奇抜なアイディアをからかい、躍りあがるような巫女の声を模す語り手はド・ゴール将軍とピエロ・デッラ・フランチェスカ〔イタリアルネッサンス初期の画家〕とを同時代に混ぜあわせたようだと書いた。エール・フランスが運航していたカラベル機で私をアテネまで連れていってくれたのは、エレーヌ・ラザレフ自身だった。到着早々私を驚かせたのは、美しく愛想のいい若い娘たちの出迎えだった。いずれもフランスの高位の貴族の子女ばかりである。彼女たちは、大公の称号を恐ろしく大時代がかった畏敬の表情でささやくと、すぐに私を大公のもとに連れていった。待ち受けていたのは本物の大公、太って恰幅のいいジャン・ド・ブログリ〔大貴族出身の政治家、一九二一〜七六〕その人だった。まぎれもない利権屋。ソン・エ・リュミエールは、いかがわしいマフィア的氷山の一角にすぎなかった。数年後、公は白昼パリの街なかで殺害され、大スキャンダルになった。

やはりフランス・オプセルヴァトゥールの最終ページを飾った『アガディールは終わりだ』もまた、私だけの原則に従った例である。一九六〇年二月二十九日の早朝、三時頃に電話が鳴った。エレーヌ・ラザレフの切迫した声が私をベッドから引きはがした。「クロード、アガディール〔モロッコ南西部の都市〕ですごい地震が起きたらしいの。数万人の死者が出ているらしい。朝一番の飛行機で飛んでちょうだい」。私は午前中には飛行機でカサブランカに着いた。初めてのモロッコだった。レンタカーを借り、大西洋岸沿いの見知らぬ道を猛スピードで走った。六百キロメートルの距離を走破してアガディールに着くと、余震が続き、大地はまだ揺れていた。凄まじい状況だった。街全体が崩壊し、近隣の村々は瓦礫の山と化し、日中の熱暑で異臭も漂いはじめていた。私は護衛艦ラ・ベーズのフランス哨戒部隊に加わって歩いた。彼らは接舷用の鉤や間に合わせの道具を使って、瓦礫の下から何名かの生存者を救い出した。王太子ハッサン二世は、あらゆる建造物から離れた野原に王室の大きなテントを設営し、モロッコ軍部隊に対し果敢な指示を出していた。一方フランスの軍人たちは、政治と自然の両方から挟撃されて、言葉もなく嘆くばかりだった。政治的には、マダガスカルに亡命していたスルタンの帰国によりフランス保護領の夢のような時代は終わりを告げようとしていたし、自然的には目前の地震がとどめを刺そうとしていた。「アガディールは終わりだ」、それは王太子のテントに向けて彼らが発した雄たけびの声か、嘆きのつぶやきか、あるいは叫び声だった。私は三日後にアガディールを離れ、北に向かった。廃墟となった街から三十キロメートルほどにある海べりで車を停めた。身体と衣服に染みついた異臭に耐えきれず、全裸になると、身を清めるために海の中でいたずらに動きまわった。結局、カサブランカまでほとんど裸で運転を続けた。ホテルの部屋に着くと、風呂があり、石鹸とシャンプーがあり、衣服を買うことができた。パリにもどり、私は『アガディールは終わりだ』をエルのために書いた。だが、記事が掲載されたのはフランス・オプセルヴァトゥールだった。エレーヌは惜しんだが、小心な編集長のあまりに政治的すぎるというばかげた判断に従わざるをえなかったのだ。

その地震の一週間前に、サルトルとシモーヌ・ド・ボーヴォワールはキューバに向けて発っていた。

キューバで最大の発行部数を誇る日刊紙レボルシオンの編集主幹カルロス・フランキの招待だった。彼らは三月二十日まで滞在した。カストロと鬚面の男たち《バルブドス》が、独裁者フルヘンシオ・バティスタを放逐し政権を奪取してから一年と少しが過ぎていた。当時のキューバを好きにならない者はいなかった。キューバに旅した者は男女を問わず、ベルナール・クシュネル〔国境なき医師団と世界の医療団の創設者の一人、一九三九～〕からアニア・フランコ〔ジャーナリスト、作家、一九三八～八八〕にいたるまでが、同じように自身の熱狂ぶりを表明した。サルトルもまた例外ではなかった。帰国した時の彼の真剣さ、向こうで出会った二十五歳の大臣からサトウキビを刈る無学な農民たちにいたるキューバの人々への友情、あるいはカストロ自身への友情の表明を、私はいまだに忘れることができない。カストロについて語った言葉は、その四年後にノーベル賞を辞退した『言葉』の中で自分自身について語ったのと似ていた。《ひとりの人間は、あらゆる人間からできており、みんなと同じ価値があり、どんな人間にも同じ価値がある》〔澤田直訳〕。だが、私の記憶により鮮明に残るのは、サルトルの明晰さである。向こうで進行している事態の承認と、キューバの人々への賞讃と友情は彼の眼を曇らせはしなかった。彼は否定するカストロに対し、「恐怖はあなた方の前にある」と何度も繰り返したと私に語った。この彼にとっての非常に重要な年、一九六〇年（「121人宣言」、ジャンソン訴訟、ファノンとの出会い、八月のブラジル旅行、直後の二度目のキューバ訪問十月に帰国）に、『弁証法的理性批判』が刊行されていることを忘れるわけにはいかない。そのなかで彼は、あらゆる革命における束の間の解放のとき――彼が「溶融集団」と呼ぶ段階――、不可避的に続く「恐怖の同胞性」と、それがさらに退廃して定着する猜疑の官僚制と独裁制に関する徹底した分析をおこなった。それでもサルトルはキューバ革命を支援し、なるべく多くの人に知らせようと努めた。そのために彼は、自分の雑誌ではなく、また知識階級によって読まれる雑誌やエリート向け刊行物ではなく、発行部数の多い大衆向け日刊紙に書くことを決めた。彼はフランス・スワール紙を選び、私がピエール・ラザレフとの交渉に当たった。これまで、フランス・ソワールはサルトルに紙面を割くことなど考えたこともないような新聞だった。だが今回はそれを見事に実行してみせた。いかなる検閲をしようともせず、ただ冒頭に、弊紙は執筆者のすべての意見に必ずしも同意するものではないと述べるにとどめ、同時に「偉大な作家」によって選ばれたことを誇りとすると記した。優れた新聞人であったピエール・ラザレフは、これほどの力のある文章にはめったに出会ったことがないと言い、そのことが彼の決断を促した。彼の同意とサルトルの承諾を得て、『砂糖の上のハリケーン』（サルトルによるタイトル）を十六の記事に分割し、一九六〇年六月二十八日から七月十五日までのあいだ、毎日一ページ、ときには二ページ全面にわたって掲載した。毎回の見出しと中見出しは、そのつどサルトルとフランス・スワールの編集長の同意を得て私がつけた。このような礼節と協力、そしてこのような自由が果たして今日可能であろうかと私は思う。レ・タン・モデルヌ六四九―六五〇号（二〇〇八年四・五・六月）に私自身が述べた理由で、このルポルタージュは本にまとめられることなく、一人の研究者が国立図書館に保存されていたマイクロフィルムから掘り起こすまで埋もれたままになっていた。読み返して、その文学的美しさと深さ、彼の知性と真摯さとに打たれ、私は再版する決心をした。

この年月のあいだに、女性雑誌エルで私が取りあげた男女の俳優に関する記事はうんざりするほど多い。だが、その内容となれば、うんざりとは言わせない。手っ取り早く記事の多くを読みなおして、いつかそれらをまとめる日が来るかもしれない。ソフィア・ローレン、本名ソフィア・シコローネ。彼女とは朝六時にローマの彼女のアパルトマンのキッチンで会った。夜明けのこの時間帯だけが彼女の助言者《メントール》にしてピュグマリオン、間もなく夫となるカルロ・ポンティの嫉妬と詮索好きに邪魔されずにすむチャンスだったからだ。ロロブリジーダとその輝くような微笑に接したのは、アッピア旧街道にある彼女の美しい屋敷でだった。そしてポー川沿いの水田地帯を歩きまわることを承知し、イタリア半島で最も獰猛な蚊の攻撃に耐えてくれたシルヴァーナ・マンガーノ。私はイタリア女性を讃美した。もちろん、アメリカのスターとすべてのフランス人女優も同様である。

毎日曜日、ラザレフ夫妻はルーヴシエンヌの広大な屋敷にジェットセット、政治家、グループ内の新聞の幹部たちを招いて昼食会を催した。エレーヌもピエールも、こと事件に関しては本物の猟犬だった。おかげで、私は食事のあいだに、何とも奇妙な仕事のため一度ならず急遽席を立つ破目になった。ピエールは食卓でもオフィスでもほとんど上着を着用しなかったために、「ピエール・サスペンダー」とあだ名されていた。両手の親指をサスペンダーの下に通し、他の指で薄い胸を軽く叩き、禿げあがった額に眼鏡を乗せ、誰かが何らかの情報を彼の耳にささやくと、悪魔のように椅子から立ちあがりテーブルを離れ、間もなく貪欲な顔をしてもどってくる彼の姿が今でも眼に浮かぶ。いのいちばんにニュースを入手し、それを皆に告げることこそが彼の最高の喜びであったのだ。ある日、彼は子供じみた深刻な表情を作ってもどってくると、高い声でこう告げた。「ロシア人が地球を回っている」。私の右側の隣人が冷たく返した。「プロパガンダにすぎん」。彼の名はジョルジュ・ポンピドゥー、後の首相であり、共和国大統領となる人物である。当時彼はロスチャイルド銀行の企業代理人、今日でいえば頭取の職にあった。

ある日、ルーヴシエンヌでの昼食がすむと、エレーヌが私のところにやってきてこう言った。「クロード、こんなことができるのはあなただけしかいないの、すぐに発ってサン＝ポール＝ド＝ヴァンスに行ってちょうだい。シモーヌ・シニョレが一人でラ・コロンブ・ドールに泊って助けを求めているのよ。落ち着かせてやってちょうだい。ハリウッドのモンタンとマリリンのあいだには何もない、純粋な友情だけ、仕事の上でお互いに褒めあっているだけなんだということをわからせてやって」。何とも荒っぽい指令内容だった。命がけの任務。ラ・コロンブ・ドールを再訪できるのはありがたいが、とてもその喜びで帳消しになるような仕事ではなかった。少し前にやはりエレーヌの指示でこのオーベルジュ［レストランを備えた地方のホテル］に行き、天国のような絵画コレクションの存在を知ったばかりだった。ピカソ、ミロ、ブラック、レジェら巨匠たちの、値をつけられないような絵画が一晩のうちにごっそりこの高名なオーベルジュから盗まれた事件のためだった。それは、ホテルとしての営業時間帯や使用状況を熟知した完璧なプロの仕業だった。この独創的なコレクションを作ったのは、オーベルジュの創始者ポール・ルーである。画家たちの友人であり、彼自身も画家だった。彼は腹を空かせた無名の天才たちをもてなし、画家たちはお礼にカンバスを置いていった。こうした贈与や購入、交換などによってコレクションは充実した。私が初めてここを訪れた時にはポール・ルーはすでに亡くなっていたので、彼に会うことはできなかったが、非常に年老いた妻のティティヌがいた。彼女はシシリアの寡婦みたいに黒い喪服で身を包み、入り口の暖房室に座ってすべてを監視していた。私を出迎えてくれたのは、彼らの息子フランシスだった。人間の徳性の花束《ブーケ》のような人だった。賢く、美しく、開放的で抜け目がなかった。名家としての優れた責任感を持ち、比類のない交渉人として犯人たちと渡りあい絵画を取りもどしただけではなく、このオーベルジュを拡張し、もともとの魅力を損なうことなく現代風に一新し、発展させることに成功した。家系は連綿と続く。今や彼の息子フランソワが父の偉業に彼自身の趣向を加えて、同じ親切さと一見無造作に見えながら完璧に機能する組織をもって、外柔内剛の手腕で経営に当たっている。家族に不幸が起きた時も、彼はストイックな微笑みを絶やさなかった。これほど長い歳月を経た今でも、私はあそこにもどることに非常な喜びを感じる。理由は簡単明瞭、しかし稀有な事情による。経営者と多数の従業員とのあいだに何らの相違も感じさせないからだ。全員一丸となっての親切心は、まるで家族のモットーのようである。

私はそこでシモーヌ・シニョレとともに二日間を過ごし、夜は原稿をひと晩中書きつづけた。彼女は荒みきった顔で平然と私に嘘を言ったが、私は彼女にサン＝ポールの電話局の係員から、ロサンゼルスのビバリー・ヒルズ・ホテルのバンガロー二〇号とラ・コロンブ・ドールの三号室とのあいだの通信は時差のおかげで昼も夜もほとんど途切れることなく続き、回線が熱を帯びるほどだと聞いたことを告げた。とにかく、私はできるかぎりのことをして事態の収拾に努めた。彼女が面子を失わないように、私も嘘をついた。彼女は私に友情を感じてくれ、以後彼女のお気に入りのライターになった。帰途、エレーヌが私をマリリンとモンタンがいるハリウッドまで飛ばす計画を立てていることを知って、こればかりは断固辞退した。十年のあいだに、私はシニョレに関する記事を十本以上書いたが、忘れられないのはロンドンのホテル、ザ・サボイとロイヤル・コート・シアターで彼女につき添って過ごした一週間のことである。いちばん気難しく格式を重んじる観衆の前でマクベス夫人を英語で演じるよう彼女を説得したのはアレック・ギネスだった。私には予想できていたことだが、稽古の初日から彼女はパニック状態だった。直そうとすればするほどひどくなるフランス語なまりの英語のことは言うまい。それより何より、彼女にはシェークスピアを演じる資質が欠けていた。悪い胸騒ぎがすることを訴え、私はあきらめるよう説得した。だが彼女は勇敢だったし、強情だった。舞台は失敗に終わった。あれほどの酷評もなかった。再起には時間を要した。

私はあらゆる女優と男優を見、記事にしてきた。そして、彼ら、彼女らの何人かのキャリアに質的な飛躍をもたらすことができたと自負している。バルドー〔ブリジット・〕は新しい恋人ができるたびに、彼だけ、彼が最高、に始まる情熱の言葉を私に打ち明け、モンロー〔マリリン・〕はメキシコのクエルナバカのグリーンの水をたたえる長いプールの脇で、熱狂的なアメリカのレスビアンの恋人が毎日新鮮なバラの花弁をまき散らしてくれたと語った。マドリードで『北京の55日』の撮影中だったエヴァ・ガードナーは、まだ気品を漂わせていたが、すでに酒におぼれていた。サルデーニャでジョゼフ・ロージーの映画の撮影中だったリチャード・バートンとリズ・テイラーは、夜、停泊中のヨットの上に隠れ、酔っ払い、追いかけあい、夜明けまで殺すの殺さないのと船内中響くような大声をあげ、両方がもう生きていられないとシェークスピア顔負けの大立ち回りを演じた。ゲイリー・クーパーはベル・エアの邸宅を訪れた。長身の美丈夫、しわを刻んだ顔は感動的で、すでにがんに蝕まれていてほとんどしゃべらなかった。もちろん、マルティーヌ・キャロル、ミシェル・モルガン、ジュリエット・グレコ、マドレーヌ・ルノー、エドウィジュ・フィエール、デルフィーヌ・セイリグらも忘れられない。男性では？　グレコとの結婚の際に私が証人を務めたピコリ〔ミシェル・〕、サミー・フレー、フランソワ・ペリエ、クルト・ユルゲンス、ルルーシュ〔クロード・〕、アズナヴール、ギャバン〔ジャン・〕、ベルモンド〔ジャン＝ポール・〕、アントワーヌ、ゲンスブールなど、挙げはじめたらきりがない。

私はほとんど何についても書いた。法王の初めての聖地訪問も書いた。アメリカとオランダの考古学者チームが、忘れられていた聖書の町ザレタン〔またはザルタン〕をヨルダン渓谷で発見し、女王の宝飾品や冠が発掘された時には、私は記事をこう書きはじめた。《三千年のあいだ待ちつづけた女王のために、私は一時間を惜しみ飛行機で向かった》。ツタンカーメンの財宝の謎について書き、アルプス大登攀の悲劇、マルソー〔マルセル・〕――しゃべりはじめたら止まらなかった――のパントマイムについて書いた。レーモン・ドゥヴォス〔ベルギー生まれのコメディアン〕の息切れしそうな幅広い胸は、バター切り用の針金を頻繁に使って鍛えたというエピソードも伝えた。両腕を後方に振り、ぐいと広げ、大きなカーブを描きながら待ち受けるバターの塊まで振り下ろす、この仕草は彼の最初の職業から学び取ったものだという。誰も知るとおり、彼は乳製品を扱う仕事をしていた。

　ある日私はピエール・ラザレフに呼ばれて、レオミュール通りにある彼の広いオフィスに出向いた。有名なクストー船長がマルセイユ沖で実施しようとしている海底居住実験に関する記録作成を補佐してくれないかという依頼だった。もちろん執筆者はクストーのみ、私の名は出ない。私は完全な守秘義務を課せられ、著作権料は一銭も入らない。仕事が終わった暁には給料に特別手当が加算されることになっていたが、それもわずかな金額だったと記憶する。私はすべての条件を呑み、マルセイユで初代カリプソ号に乗りこんだ。初代のクストー夫人に迎えられ、潜水夫たちを紹介された。いずれも身も心も艇長に捧げているプロたちである。最後にクストーが、カメラマンやテレビのレポーターの群れをひきつれて現われた。彼らが去ったあと、私は自己紹介をした。彼は愛想がよく冷静だった。実験は明日から始まると言い、実験居住棟はすでに海中三十メートルの深さに沈められており、リーダーのファルコが指揮する潜水夫たちがすでに何回か往復を繰り返し、一週間ないしは二週間の滞在に必要な物資を運んでいると説明した。長時間の自由呼吸ができるように酸素ボンベも補給しているという。最後に、クストーは私にダイビングをしたことがあるかと尋ねた。私は「いや、無呼吸潜水《フリーダイビング》だけだ」と答え、しかしぜひやってみたいと希望した。私はファルコに預けられた。気のいい南仏人、彼はすでに酸素以外のガスやきわめて特殊な混合ガスを使って大深度まで潜った経験を持っていた。翌日、私たちは約二十メートルの深さまで潜った。潜る前に、彼は私に浮上の際には必ず減圧手順を守り、停止するよう念を押した。潜水は容易に思えた。初回でもう深海に吸いこまれるような魅力を味わったからかもしれないが、少し陶酔させるような経験だった。ところが浮上の際に、私はファルコの注意を忘れ、停止せずに矢のように水面まで上がってしまった。結果は鼻と耳からの出血。幸いにしてクストーは船上にいなかったが、私は真剣に減圧表の勉強を始めた。水中棟で丸一日と二晩を過ごした。クストーは私たちのもとを二度足早に訪れたが、ほとんどの時間をカリプソ号のデッキ上で過ごしていた。ビデオカメラとマイクに取り囲まれ、あらゆるアングルから撮影され、大衆向けの科学の普及についてファルコと対話をおこなったりした。彼はまた私たちの生活の快適性にも留意した。これらすべての実験の目的は、人間が一定圧力のもとで生きることができ、気閘《エアロック》システムを使って住居の中に入り、酸素ボンベを装着せずに内部を移動できることを証明することにあった。私に関していえば、この海中天国で過ごした二晩というもの、ついに眠ることができなかった。大気中にもどった時には、疲れはて、激しい頭痛に襲われた。クストーによれば異論の余地のない結論をもって実験は終了し、いよいよ多くのコミュニケとメッセージを出す段になり、私は文章の作成にかからなければならなかった。クストーがサナリーに所有する家で、小さな寝室兼仕事場ひと部屋が私にあてがわれた。一人だった。私は夢中で書いた。専門書に囲まれて朝から晩まで書きつづけた。減圧表、時間区分、各種のガスに関して、私はもはや無敵の知識を有していた。その上、私には天性の叙事詩的文体の才があったので、この一連のストーリーを約束に満ち、血たぎるような英雄的冒険譚に仕上げた。クストーは近くに所有する何軒かの家の一つに住み、常時目を光らせていた。毎晩仕事の進捗状況を見にきて、私に書き終えたものを読みあげさせた。「それはできすぎだ」と彼は言った。「私のスタイルじゃない」。私はこういう文章なら彼の人気はさらに高まると説得した。幽閉生活に耐えられず、ある晩私は一階の窓から脱出して、サントロペで待っていたシモーヌ・ド・ボーヴォワールと一夜を過ごし、早朝にもどった。海底居住実験の報告はフランス・スワールとの共同掲載となり、それきり私はこの一件を忘れてしまった。何度かクストーとすれちがうこともあったが、彼は一度として私に挨拶をすることはなかった。いつも遠くを見ているような彼の長い顔は私を見てはいなかった。私はピエール・ラザレフの提案を承知した時、クストー船長がナチ協力者クストー〔ピエール＝アントワーヌ・〕の弟だということを知らなかった。兄クストーは解放時に裁判にかけられ、辛うじて処刑を免れた男だった。いずれにせよ、兄弟は同じ精神をわかちあっていたことを私が知ったのは、数年前、アカデミー・フランセーズでの会合のあとのことだった。クストー船長の死亡〔一九九七年〕により空席となった椅子(1)にエリック・オルセナが選出され、私は彼に招待されていた。しきたりにより、彼は自分自身への賛辞を受ける前に、これまでこの椅子に座っていた故人への賞讃の演説をおこなった。この午後、称賛の言葉は会場を支配し、疑いの言葉を発する者は誰もいなかった。誰も余分な口出しをしようとはしなかった。アカデミーを出ると、新聞売りが大声をあげていたので、私はフランス・スワールを買った。そこにはクストーが一九四二年春に妻に宛てた、醜悪きわまりない手紙が掲載されていた。そのなかで彼は妻に、生々しくも下劣な表現で次のようなことを言っていたのである。「アパルトマンに関しては心配いらない。ユダヤ人の一斉検挙がすすめば、あとはどれを選ぶかで頭を悩ませるだけだ」

私は作家についても書いた。まずサルトル、『言葉』のサルトル、そして『エリーズまたは真の人生』のクレール・エチエレリ、サガン〔フランソワーズ・〕は何度か登場した。アルベール・コーエンはまず『選ばれた女』、後に『勇者たち』。アルベールとは強い友情に結ばれ、月に一度はジュネーブ行きの飛行機に乗り、彼が最後の妻ベラとともに暮らすクリーグ大通り七番地を訪れたものだった。彼のアパルトマンはベラ用と彼用の二つに分かれており、そのあいだに大きなリビングがあり、食堂とサロンを兼ねていた。朝十時頃に到着する私を、彼はガウン姿で迎え入れ、手にした琥珀の数珠を絶えずつまぐりながら、家具とスチールキャビネットだけのまるで飾り気のない書斎に通した。キャビネットの大きな引出しはレールの上を滑って開閉し、自動的にロックされるようになっていた。彼は七十四歳だった。「タバコをくれ」、会うとすぐにタバコを無心した。気管支炎を患う彼には、タバコは厳禁だった。私が訪問予定を告げるたびに、ベラは電話をかけなおしてきて、タバコが夫を殺すと繰り返した。したがって、私は断固として彼の要求を断わることから始めなければならなかった。だが私自身は吸っていた。吸いこまないから、一本だけでやめるからと彼はしつこく約束し、結局二人で吸った。いかに多くの有名人が電話や手紙で称賛の意を伝えてくるかを彼は語った。「フランソワ・ミッテランが、私をノーベル賞候補に推すための委員会を作りたがっている」あるいは「ブリジット・バルドーがアリアーヌ役をやりたがっているのに、カトリーヌ・ドヌーヴが同じことを要求して電話をかけてきた……」。最初の訪問の際に、突然彼が震えはじめたことがあった。私が許しがたい過ちを起こしたことは明らかだった。私は灰皿の使用を間違えたのだ。そこには二つの灰皿が置かれていた。一つは形も大きさも普通のもの、もう一つの方は脚がついた落としこみ式のものだった。前者は純粋に灰だけのためである。ユダヤ人に起きた災厄を考えれば、灰はわれわれにとって高貴な、あるいはそれ以上の物質だと彼は説明した。それに対して吸いがらは不快さと同義語であって、やたらと灰皿で揉み消すものではない、落としこみ容器の中に完全に消し去らなければならない。それ以外にこの灰皿の用はないというのだった。以後、私はこの冒瀆的行為を繰り返さなかった。それでも毎回、到着早々彼の懇願に負け、私が彼を殺すはずのタバコを手渡さなければならない事情に変わりはなかった。彼が非常に孤独だったことを斟酌しなければならない。パリの文壇とは没交渉で、十年に一冊本を出すだけだった彼には、自分の才能を確認するための証言が必要だったのだ。彼は自分を褒めたたえる文章や称賛の記事を読んで聞かせた。あるいは私に朗読させた。私は彼を才能ある作家と認めていたから、それは私にとりあたりまえのこと、正当なこと、感動的なことであった。次いで私たちはベラが美味しい昼食を用意して待つ食堂へと移動する。メニューはいつもスモークサーモンの軽いものだった。食卓では、アルベールが私の生活について尋ねた。彼は私の生活の経済的な側面を気遣ってくれ、年老いた時の生活費は十分にあるのかと心配してくれた。

彼の書斎にもどると、彼はスチールキャビネットの中から、フロイトや後にイスラエル国家の初代大統領になるハイム・ヴァイツマンからの手紙を取り出し、私に読ませてくれた。ヴァイツマンは、第二次大戦中のロンドンで、ド・ゴールに対しイスラエルの代表としてふるまった男である。彼はそのヴァイツマンのために、多くの困難の末にカールトン庭園でド・ゴールとの会見を実現した顚末を語ってくれた。その日ド・ゴールは遅刻し、ヴァイツマンと彼は長時間待たされた。それは、前者にとっては長すぎる時間だった。ヴァイツマンはいらだち、腕時計を見て、突然言い放った。「もし十分以内に面会できなかったら、帰る！」。コーエンは彼にこの会見の実現にどれほどの困難が伴ったかを語って諫めたが、ヴァイツマンは聞かなかった。十分後、彼は立ちあがり、こう言った。「ユダヤ人はもう十分に苦しんできたというのに、そのユダヤ人を待たせるとはどういうことだ」。ド・ゴールどころか、いったい誰がこんな傲慢さを理解しえただろうか。だがこの時、アルベールは、私が最初の日に灰皿を取り違えた時と同様に震えはじめたのだ。書類や手紙が一秒でも必要以上に空にさまよっていることに耐えられない人だったことを理解していただきたい。どんな書類もしかるべきファイルの中のしかるべき場所に収められ、大きなスチールキャビネットの中にもどされなければ承知できない性格だった。彼自身

『選ばれた女』の中の一節で、この神経症の定義をしている《幸福を踏みつけにする整理魔》。

飛行機の最終便までに残された午後の時間、私たちは奇妙な過ごし方をした。私が彼の作品を読んで聞かせたのだ。それは知的怠慢を意味しなかった。あらゆる注釈は作品の完成度を損ない、回りくどい説明に堕することを私たちは了解していた。それに私は記憶力に恵まれていたので、彼の本のどの部分であろうと、彼に読み聞かせたものであれば、頭に入った一節全部を朗唱することができた。読んでほしい小説の部分を私に指示しながら、彼はうれしげだった。琥珀の数珠をつまぐる手の動きが次第に活発になって、彼が幸福感に浸っていることがわかった。

彼がアカデミー・フランセーズ文学賞受賞［一九六八年、『選ばれた女』］――もっともこのためにゴンクール賞を逃したのだが――のためにパリに来た時、私はシモーヌ・ド・ボーヴォワールに彼に会うよう熱心に勧めた。『選ばれた女』を読むように言い、彼女も私と同様この本に惚れこんだ。二週間ほど前に彼の記事を書いていただけで、当時私は彼のことをほとんど知らなかった。面会の場所は、彼が宿泊しているホテル、ジョルジュ・サンクだった。彼は数珠を手にし、豪華なガウンをまとって現われた。カストールは心からの賞讃の言葉を述べたが、彼の方はどうやら彼女の作品をまったく読んでいないらしかった。私たちはシャンパンを開けた。いよいよ暇乞いをしようとしたその時、彼がバスルームのドアを開けた。私たちはそこに夫人のベラが禁足令を受けて閉じこめられていたことを知った。アルジェリア人たちが一夫多妻を主張した時と同じくらいに唖然としているシモーヌ・ド・ボーヴォワールの前に来て、彼女はうやうやしくお辞儀をした。

後年、彼が八十歳になろうとする頃、二人はユダヤ人の富豪が所有するとても立派な美術館で金婚式を祝った。コーエンはベラと一緒に最前列に座り、数珠をつまぐりながら、出席者が彼に捧げる祝辞の一言ひとことを味わうべく待ちかまえていた。まず、アカデミー会員の二人、マルセイユの子供時代からの友人マルセル・パニョル［作家、劇作家、映画監督、一八九五～一九七四］と『シベルマン』の著者ジャック・ラクルテル。次いで、気鋭の評論家ジャン・スタロバンスキー、親しい友人ジャン・ブロ、本名アレクサンドル・ブロクと続いた。彼はロシア生まれのユダヤ人作家で、ユネスコ主席通訳として多くの言語をあやつった。あとは名前を忘れたがスイス人が一人、最後に私だった。パニョルは子供時代の共通の思い出をいきいきと面白おかしく話した。その他の人たちは私よりジュネーブのユダヤ人上流社会の穏やかなしきたりに通じていて、仲間内の当たり障りのない言葉を完璧にあやつり、アルベール・コーエンの作品のなかではみ出したものをきれいに削り落とし、私が知らないような彼の側面を語った。私は最後に挨拶に立った。書いたものを用意していたのだが、それを読むのをやめ、話のとっかかりにその内容に触れた。「私は『選ばれた女』における便所の役割と機能についてお話ししたい。今日なおWCと呼ばれているもののことです」。室内に不安げな動揺が広がり、私の真ん前にいるアルベールの眼にいたずらっぽい喜びの色が浮かんだ。私は正確にこのテーマに沿って話を進めた。本には多くのしおりを挟み、自分が語る内容を参照したり、自分の言葉の裏づけを示せるようにしておいた。数多くの例証のなかでも、国際連盟のB級メンバー用の便所で、アドリアン・ドゥームはいつの日かA級メンバー用の大理石質の男子用小便器にたどり着くのを夢見る場面がある。また、彼が自分の不運に気づいて心を引き裂かれるのも、家の便座に座っている時である。そして本の最後で、無慈悲な残酷さが大いなる憐みに結びつく数ページでは、コート・ダジュールの高級ホテルに閉じこもった恋人たちにはそれぞれ個別の便所が与えられ、彼らは恥ずべき病気のように自分の物質主義から眼をそむけ、それぞれが相手のために香《かぐわ》しい理想主義を体現しようと努めるのである。アルベールが何よりも理想主義を憎んでいたことを私は知っていた。翌日、一部の新聞は私を名指しで批判し、一紙か二紙が賛意を示した。コーエンは私に言った。「私が望んだとおりに話してくれたのはきみだけだった」

クレール・エチェレリの『エリーズまたは真の人生』は私の心を打った。エル誌に掲載した記事の冒頭で、私は《クレール・エチェレリは異世界からやってきた》と書いた。大きな自動車工場の流れ作業で働く労働者の話である。アルジェリア戦争中の、フランス人女性とアルジェリア人労働者のあいだの成就しえない恋の物語だ。これもまたシモーヌ・ド・ボーヴォワールに読むように勧め、私たちはあらゆるところで話題にし、宣伝した。作品は早々にフェミナ賞を受賞した［一九六七年］。エチェレリは根っからの作家だった。彼女は女工として二人の息子を養いながらシャトー通りの一部屋で暮らしていたが、私が初めて訪れた時には暖房の燃料にもこと欠くありさまだった。映画監督のミシェル・ドラックはすぐに映画化を企画し、妻マリー・ジョゼ・ナットをヒーローに想定した。私は彼から脚本の執筆を依頼されたが、難しそうなので、じっくり考えさせてほしいと答えた。物語は強い力を持ち、完璧に構築され、観客の涙を絞ることは間違いなかった。しかし私には、この作品の価値は他にあると思われた。流れ作業の単調さに飼いならされた一人の女工がどうやって作家になったのか、同僚の男女がそれぞれの境遇を当然のことと受け容れ、彼女と同じような怒りを共有しないなかで、真実を語るためにどうやってある意味での偽証をしなければならなかったのか。この社会的立場の変化こそが、物語に負けず劣らず、この本の、したがって映画の真のテーマであるように思われた。だがドラックは急いでいた。「国立映画センターの助成金委員会の次の会議予定は一ヵ月後だ」と彼は言った。「脚本をひと月で書いてくれれば、そのあとでいくらでも手直しができる」。私は要求された期限内に、原作にできるだけ忠実に脚本を仕上げた。だがドラックには最初から約束を守るつもりはなかったらしく、撮影は補助金受領後すぐに開始された。才能ある女優を得て、できあがった映画はよかったし、感動的でもあったが、大切なものが失われていた。封切り［一九七〇年］直前にドラックが私のために設けてくれた試写会で、私は自分の名前をクレジットから外すよう要求したが容れられなかった。私たちは仲たがいをしたが、私の名前はまだクレジットのなかに入っていると思う。レ・タン・モデルヌの秘書が退職した時、私たちはクレールにその後任を依頼した。彼女はこの中心的な仕事を有能にしかも如才なくこなし、そのかたわら創作活動を続けた。私たちは彼女を編集委員会に加えたが、彼女は私たちを闘争の指導者側と見る傾向が強く、労働者階級に再び合流するために単純な秘書職にもどった。こうした出入りを通して、彼女は私たちを外からも中からも知ることになり、それが彼女に不遜な態度を取らせることになった。不信感がない時の彼女は素晴らしい女性だった。しかし、疑惑を招くようなひどい混乱が起きて、私たちは彼女を永久に馘首《かくしゅ》せざるをえなかった。

　この頃私は、まるで麻薬に溺れるように演劇に溺れた。演劇はいつも私を惹きつけてきたが、耽溺というほどのものではなかった。それが、毎晩同じ主演女優の同じ演目を観にいくようになったのである。それは公演期間中ずうっと続く。そのあいだは他の何も見たいと思わない。つまり、私はここで再びジュディット・マーグルについて語らなければならない。私の初恋の相手であることはすでに述べた。消息を絶って十五年、サン＝ペール通りで彼女に再会したのは、私がドイツ出身の俳優ペーター・ファン・アイクのアパルトマンを借りて生活していた頃だった。その時、私はエレーヌ・ラザレフの指示で急遽マドリードに発とうとしていた。数日間、エヴァ・ガードナーに張りつくためである。ジュディットは一緒に連れていけと要求し、結局私たちはスペイン的情熱の一週間をともにした。それが過ぎると、彼女は私に一週間以内に身辺整理をするよう要求、そうでなければ二度と一緒に暮らさないと言った

——過激さと最後通牒は彼女の人間関係における究極の作法だった——。私は言うとおりにしたが、それは別れた女性にとってもまた私にとっても生易しいことではなかった。ジュディットとの生活はこうして後悔の重荷とともに始まり、私はそれを彼女の舞台に毎日通いつめることによって軽減していった。当時彼女が演じていたのはほとんどTNP〔国立民衆劇場〕だったが、私はこの巨大で寒々とした内部空間の複雑にからみあう階段や廊下を通って、深奥部にある彼女の楽屋に入った。ジャン・ヴィラールのあとを継いでTNP支配人となった演出家ジョルジュ・ウィルソンに途中で出会うと、彼は決まって舞台も客席も大きすぎるとこぼし、早いとこ辞めると宣言していた。にもかかわらず、彼は何年にもわたって壮麗な舞台を成功させていた。私はジュディットの化粧から衣装に立ちあい、彼女が緊張と不安を高めていくようすを見守った。それは舞台に上がる直前に自分を奮い立たせるための彼女なりのやり方だった。総稽古の夜は客席で、心臓の高鳴りを抑えながら彼女の登場を待ち受けた。そこには演目の命運を決するパリの一流の評論家たちが居並んでいた。俳優たちのキャリアを開くのも閉ざすのも彼らである。私は女優としてのジュディットに感嘆していた。その力ある所作、完璧なせりふ回し、声音と動作の突然の破綻、皮肉、悲劇的なパワー、後に三度にわたってモリエール賞を受賞し、フランスの最も優れた俳優にまで押しあげた彼女独特のバランス感覚。私は彼女のことを愛の対象として見ると同時に、職業的な眼でも見ていた。というのも、私は彼女がせりふを覚えるのを手伝い、彼女のために、また彼女と一緒にその解釈をおこなっていたからである。高等師範受験準備二年次の時、私はフランス流テキストの解釈——構造主義によって主体的思考が失われる以前の話である——が好きだったから、ジュディットに自分の知識を伝授した。大成功を収めた夜、観客席を揺り動かすほどの喝采に合わせてブラヴォーを叫んだあと楽屋に行くと、彼女は決まって暗い顔をして決定的な「私最悪だったでしょう?」をつぶやいた。この有無を言わさない言葉は、彼女が本当に見事な演技をした舞台のあとに限って必ず聞かされた。『ミスター・プンティラと召使いマッティ』や『リア王』、そしてエウリピデスの戯曲を私のたっての頼みでサルトルが彼女のために翻案した『トロイアの女たち』、さらには『トゥーランドット』、『ニコメデス』、『太陽の子供たち』などがそれだ。ジュディットはまた、テレビでも感動的な演技を見せていたように思う。『バジャゼ』でのログザーヌ役、『二重の浮気』や『クレオパトラとアントニウス』あるいは『傍聴禁止』など。

私は自分への問いかけに答えているだろうか？ あの耽溺はなぜだったのか？ なぜ毎晩彼女の舞台に通ったのか？ なぜ前夜より冴えない演技をする時、幕間に彼女のもとに駆けつけたのか？ なぜ常に正しい批評をぶつけて彼女に鞭を入れつづけたのか？ もちろん、彼女は次の舞台ではそれを修正し、あの偉大さに到達する能力があることを私は知っていた。同じ作品でも、舞台は毎晩変わる。その変化に気づくのは、役者以外ではほぼ私一人だった。このことに私はかなり神経質になった。所作や声の響きのほんのわずかな違いも途方もなく重要なことに思われ、やがて気づかぬうちに、私はその瞬間を明瞭な意識のうちに厳しくしかも陶酔のうちに待ちかまえるようになった。これはもう耽溺そのものだった。私は毎晩繰り広げられる演劇の世界と、男女の俳優たちが好きだった。人はジュディットについて歩く私の存在にすっかり慣れっこになり、私のコメントや考え方を受け容れるようになり、演出家と私のあいだには意見交換や好意的な一種の助け合いの雰囲気が生まれるようになった。私はあるいはこの時期、のちに異国の地で異なった形で自分の職業となる仕事の初歩を学んでいたのかもしれない。

アヴィニョン演劇祭［前述のジャン・ヴィラールが提案し実現した］で味わった至福の時のことは忘れられない。ジュディットは『オレステイアとトロイア人』のカッサンドラ役を得意としたが、この時は同じ役をジャン・ヴィラールの演出によるジロードゥーの『トロイ戦争は起こらないだろう』で演じる機会に恵まれた。満天の星を戴く教皇庁の前庭、クローディーヌ・オージェのとびきりの太腿に感激して幕間にお祝いを述べに訪れた女優たちの楽屋、美味なアンチョビペースト、プロヴァンスのロゼ、ローヌ川の対岸にあるヴィルヌーヴで逗留したプロヴァンスの伝統建築の農家、勢いに乗ってこの旅のために買ったトライアンフ・コンバーチブルのエンジンの爽快な爆発音、これらはすべて一つの思い出に凝縮し、どれ一つとっても他のすべてが絡まった糸みたいに手繰り出されてくるのである。

ジュディットとの結婚は、私にとって本当のフランス的家族への同化を意味した。私はいつも他人の家族を羨ましく思ってきた。きちんと構成された家族というものは私にとり、秩序と美しさ、贅沢さ、静けさ、喜びの器として映った。ジュディットと私の結婚式は大慌てで、ほとんど内密のうちに六区の市役所でおこなわれた。いずれ私は彼女の家族に挨拶に行かなければならなかったのである。デュピュイ家はオート＝マルヌの企業家の一族で、農業機械を発明し、大規模な工場を経営し、先祖代々のカトリック教徒、子供は娘四人と息子二人の計六人。この一族が三十八歳の若き花婿を迎えるために、日曜日の昼食のテーブルを囲んでくれた。長身でほっそりとした母親のクロチルドは敬虔な信徒で、ほとんど愉快なくらいに死と睦まじく生きており、同時に並ぶ者のない料理人でもあった。贅を凝らした、しかしこれ見よがしではない結婚式の料理を用意してくれた。始めのうち、私は婿の役を演じようと努力したが、時間の経過とともに募ってくる一人ひとりへの好感が、そんな演技を必要としなくなっていった。モンチエ＝アン＝デール、それが館の名前だった。義父のルネが工場を案内してくれた。これはきみのものだ言わんばかりで、私のために口座を開かんばかりの勢いだった。私を工員や幹部に紹介し、今後の事業計画や付随する困難について語ってくれた。家にはビリヤードルームがあり、驚くべき腕前のルネは、際限もなく勝負を挑む私をいなしながら手ほどきをしてくれた。四季を通じてのビリヤード、秋から冬にかけてはコロンベ＝レ＝ドゥー＝ゼグリーズ近辺の広大な森林領地での狩り、夏にはシャモニー登山、彼はすでにすべての峰々を征服していたが、当時もなお登りつづけていた。結局ビリヤードについては何も覚えられなかったが、それ以外でも、私は彼に感謝しなければならないことがたくさんある。凍りついてアイスバーン状になった小道で、「森に腹を向けて」［狩猟で狩場に向かって待機する態勢を指す言葉］イノシシの群れが突進してくるのを待つ時間の幸せと切迫感、しかも狩猟で使われる無限の語彙、その的確さ――「子連れの」雌イノシシを絶対に撃つな――、その詩情は私を楽しませてくれた。四十を過ぎて初めて懸垂下降に挑み、書物のなかだけのアルピニズムからガイヤンのゲレンデ――クライマー初心者の訓練用には絶好の高さのある岩場――へと連れ出してくれたのも彼だった。私にはピッチ五や六は相当にきつかった。また何度かの夏のシーズンには、ルネとその息子、私にとっての義弟フランソワ・デュピュイにつき添われて、シャモニーでも最も易しい針峰《エギーユ》［針のように尖った岩峰］のいくつかに登ることができた。まず最初は、二つの峰を持つところからM《エム》と呼ばれる針峰だった。早朝、ミディ針峰の眼もくらむような高さのロープウェーの中間駅から徒歩でエムの足下まで近づき、すでに朝日を浴びている岩に触れ、これから征服しようとする鋭い峰を見あげた時の興奮を思い出す。実はその征服は楽しく、あっけないと思われるほどの容易さで実現した。頂上の稜線の突起部分まで来ると、ルネは谷を望みながら、針峰から針峰をたどる曲がりくねった石の壁面で彼がなしとげたことに比べれば、私がしたばかりのことがどれほど何でもないことかを説明した。彼は山をよく知る者の敬意を込めながら、眼前に展開する峰々の名前を挙げ、プティ・シャルモ、グラン・シャルモ、グレポン、シャルモ－グレポンのトラバース、ペーニュなど、その一つひとつがクライマーに課す困難について語った。それでも、私の勝利の興奮はいささかも治まらず、おかげで下る途中で額を割るような怪我を負った。英雄は傷を負うものだ。とはいえ、私の旺盛な運動エネルギーはときに過剰なほどである。それを示す出来事がその数ヵ月後に起きた。

ジュディットにねだられて、私はフランソワ＝プルミエ通りの店で高価なガウンを買う破目になった。彼女が私のアドバイスや意見——主に私の懐具合に照らして——を聞きながら試着している時に、警察の車両が急ブレーキをかけ、違反切符の手帳を手にした数人の警察官が獲物、すなわち私の車目がけて駆けよるのが見えた。それを止めようと私はドアに向かった。走りはしなかった、歩いただけだ。店と道路を隔てるドアは巨大な透明のガラスだった。そしてそれは開いていた、と私は信じていた。私は歩いてガラス戸を通った。ガラスが粉々に砕け散り、鋭い破片の一つが私の腸骨動脈を切ったために血が勢いよく噴き出した。ジュディットが叫び声をあげて駆けよってきた。警官は私を縛りあげるとサイレンを鳴らして病院に運びこんだ。妻へのプレゼントに警察官の職務熱心が重なり、それに私の過剰な運動エネルギーが加わって、私は悲惨な代償を払わされた。四十日間の入院を余儀なくされ、左脚は現在でも右脚より弱いままである。

エム針峰登頂の翌年、ルネ・デュピュイは私の前で登山との決別を宣言した。この年、彼はガイドとともに有名なペーニュに向かった。すでに彼は何度も登頂に成功していたが、そこには非常に危険な場所がいくつもあった。それも、気力と筋力を集中させて一気に踏破する以外に成功はおぼつかないような難所である。帰還までに予定よりかなり時間がかかり、帰り着いた彼はこう言った。「ガイドなしでは絶対に登れなかった。何度も引っ張りあげてもらったんだ。もう登山は無理だ。歳をとりすぎたよ」。彼は静かに、毅然として決断し、長いあいだ彼が雇ってきたガイドもうなずいて同意した。その後も私は彼とともに高所にある山小屋まで長時間をかけて登ったが、それはもはや以前とは違うものだった。

全国高山ガイド組合のトップを務めたクロード・ジャックーとは、クラシックルート登攀に挑戦した。一部はコスミック岩稜のように初心者向けのものもあったが、ラ・トゥール・ロンドやADつまり「かなり困難」と格付けされたミディ－プラン縦走のような難所もあった。この雪と氷と岩の、体力を消耗させるコースには、塔状氷塊《セラック》の難関が待ち受けていて、私たちは彼に叱咤されて踵を打ちこむようにして駆けおりた。転げ落ちるようにと言った方が当たっている。考えたり、ひと息つくひまも許されなかった。すでに高く上った陽の光は氷塊に直角に降りそそぎ、バランスを失ったセラックが背後で轟音とともに崩壊しはじめ、私たちは追われるように前方に走りつづけるよりほかなかったのである。ミディ－プラン縦走路はミディ針峰から出てルカン山小屋にいたるルートである。私は前夜遅く車でパリから着いたばかりだった。夜中近くに駅のバーでジャックーと落ちあった。私は彼のことが大好きだった。彼を知ったのは、山でというよりは文学とレ・タン・モデルヌを通じてだった。彼は文学の教師をやめて、冬はスキー、夏はアルプスまたはヒマラヤ登山に打ちこんだ。颯爽とした美丈夫だったから、女性の客がみな彼に殺到した。一日が終わって、カールしたブロンドの髪と端正な顔立ちの彼が、ロープとピトン、カラビナを身に着けてもどってくるさまは見ものだった。女性のファンたちが押しかけた。「明日の夜明けにはアメリカ人の客を案内してミディ－プランに出かけるんだが、きみさえよければ一緒に連れていくよ」。バーで彼はそう言った。私はミディ－プランが何なのかも知らずに行くと答えた。何の訓練も受けていないことも彼には言わなかった。私の頭にあったのは、金持ちのアメリカ人、ジェレミーが費用を持つということだけだった。翌日、ルカンにたどり着くのに、休憩なしで七時間を要した。ジャックーは食事もそこそこに私たちと別れた。モンタンヴェールからラ・ヴァレ・ブランシュを登ってきた他の客たちがいて、彼はその客をロッククライミングに連れていき、その夜は岩壁でビバーグさせる予定だと言った。夏のハイシーズンである。ジャックーは引っ張りだこだった。ジェレミーと私は山小屋を出た。ラ・ヴァレ・ブランシュを何キロも下り、モンタンヴェールの険しい斜面をよじ登ったのちに、間に合えばモンタンヴェール鉄道でシャモニーにもどる予定である。そうでなければ、さらに七キロの道を歩かなければならない。私たちは行く手に待ち受ける困難にまるで気づいていなかった。ルカンでの休憩で疲れが出て関節がこわばった私たちが、ラ・ヴァレ・ブランシュのクレバスのあいだを縫うように進みはじめた時、凄まじい雷雨が襲ってきた。神の怒りが地獄の底を抜いたような豪雨、四方八方にジグザグに走る稲妻、耳を聾さんばかりに響きわたる雷鳴。ずぶ濡れになり、豪雨の厚い壁に視界を遮られ、稲妻に包囲された時、私はふと自分たちのピッケルに雷が落ちる危険性に気づいた。私はジェレミーに向かって「アルペンストック、アルペンストック！」と大声で叫び、彼が理解できるように自分のピッケルをありったけ遠くに投げ捨て、彼もまた同じようにするよう促した。モンタンヴェールに着いたのは夜も更けてのことだった。そこから私が泊るモンブラン・ホテルまでは、さらに三時間を要した。ここで私は、翌日もそのまた次の日も起きあがれずに過ごした。激しい疲労によって、身体じゅうの節々が凄まじいほどの痛みに襲われ、かつての機動性を取りもどすのにまるまる一週間が必要だった。私はほとんど一日中をベッドの中で過ごした。天気は最高だった。開け放った窓からモンブランのきらめく山容を眺めることができた。読書をした。この長い強制的休息の時間からは、肉体的、精神的な大きな幸せの思い出しか残っていない。だがそれも、ソ連軍のチェコ侵攻によって台無しにされた。テレビに映し出されるソ連の戦車が、無残にもプラハの春の終焉を告げていた。一九六八年八月のことである。

一年後の一九六九年七月、夜、ブルターニュの深い河口アベール＝ヴラックの快適とはいえないホテルの一室で、私はエル誌のためにジャックーの記事を書いていた。私の提案だった。朝までには書き終えて編集部に口述で送ったあと、シャモニーに向けて出発の予定だった。そこにはデュピュイの大家族が勢ぞろいして待っており、ジャックーもまた私をさらなる冒険に誘おうと待ちかまえていた。だが、この夜は特別な夜だった。部屋に置かれた雑音まじりの小型テレビで、私は人類史上初の月面着陸のようすに見入ってしまった。画像はほとんど不明瞭だったが、私はエルのこともジャックーのことも地上のあらゆる峰々のことも忘れて、無限の宇宙空間から信じられないような存在感をもって聞こえてくるニール・アームストロングの声とフロリダ、ケープ・カナベラルにあるNASAの管制センター長の声とが交わしあう、感情を削ぎ落として完全に無味乾燥でテクニカルな対話、数字やコード、位置情報のやり取りにわれを忘れ、地上の仕事のことなどすっかり投げ出してしまっていた。

しなやかな鋼線みたいな細い四本脚の奇妙なトリが、二人の人類のパイオニアを未知の世界へと運び、静かの海と呼ばれた場所に近づくにつれ、緊張感はいやがうえにも高まっていった。一分ごとに緊張は現実のものとなり耐えがたくなっていく。静けさを打ち消すような切迫感、ほとんど無関心にも聞こえるただ二つの声のやり取り。アームストロングとコパイロットが減速のための逆噴射をおこない、月の微弱な重力を限りなくゼロに近づけ、最高度の軟着陸に挑む。彼らが月面までの距離をカウントしはじめた。事態の切迫に心臓が鼓動を止める。私には無限にも思われる時間が経過し、画面は着陸船に固定されたまま長時間にわたって動きがない。突然、宇宙服のアームストロングが私たちの前に姿を現わした。短いはしごを降り、ついにこの死せる衛星の地殻に足をつけた時、彼はアメリカ的な明瞭な声で有名な言葉を発した。「これは一人の人間にとっては小さな一歩だが、人類にとっては偉大な飛躍である」。私は人類の英知に対し敬意の涙を流した。部屋を出ると、海岸の金色の砂浜に出て、海の中に身を躍らせた。力のかぎり泳いだ。ジャックーと高峰に関する私の記事は間に合った。

（1） 椅子　会員数が四十人に限定されているアカデミー・フランセーズでは、会員それぞれに一から四十までの番号を付した椅子が与えられ、終生変わらない。

第17章

書き終えたばかりの楽しい前章を読み返し、この新たな章を始めようとして私は気づく。イスラエルに最初に渡った一九五二年からアルジェリア戦争が終わりを告げた一九六二年までのまる十年のあいだ、イスラエルは私の関心外にあった、あるいは、まったく二義的な位置づけでしかなかった。シモーヌ・ド・ボーヴォワールとの生活、旅、世界の発見、生活のための仕事、反植民地闘争、レ・タン・モデルヌ、これらが私の全生活を占めていた。どの政党にも属さなかったが――党の委員会や職業的ミリタンティズムの義務などは私には退屈きわまりなかった――、私はフランスの政治に情熱を燃やした。本来的な意味での政治、テクノクラートが勝利し、わがもの顔の専門性がすべてを覆い、人間の物質主義の過酷な現実を覆い隠す今日では、古ぼけたとも時代遅れともいわれるであろう意味での政治である。当時階級闘争は存在していた。私自身子供の頃から、列から外れたが最後すべての友達から見放されてしまう、誰も助けてくれない時がやってくる、空腹で、寒さで、孤独で死ぬこともあることを知り、むきだしの欲望と人間関係の根底にある暴力の解明に関わることすべてにひどく敏感だった。ジュリアン・ソレル［スタンダール『赤と黒』の主人公］は断頭台の露と消える数時間前に、恐怖を抑えこみ、感情を鎮めようとする。絶え間なく自分の生と死について納得させようとし、次のようなひどく簡潔な言葉をつぶやく。《サロンのやつらは朝起きて、「今晩、どうやって飯にありつこうか?」などと切羽詰まった気持ちになる必要はないんだ》。そしてスタンダールは数行先で次のコメントを彼のために用意する。《自然法など、絶対にあるものか。……法というのは、これこれのことを禁じる、それを破ったら罰するという法律があって、初めて成り立つのだろう。そういう法律ができる以前には、自然なものといったらライオンの力か、それとも腹がへったり寒かったりする人間の欲求があるばかり》［野崎歓訳］（強調はスタンダール）

一九五五年六月、サン＝ナゼールのアトランティック造船所で労働者の蜂起があり、過酷な弾圧を受け多数のけが人が出た。私は雑誌に記事を書くために現地に飛ぼうと決め、結局パリにもどらずにまるまる一ヵ月をそこで過ごした。首謀者と見なされていた組合員や労働者との絆は日に日に深まり、やがて連帯感にまで発展した。典型的な抑圧的経営陣は彼らを解雇し、仲間たちから引き離し、孤立無援の状態に追いこんだ。サン＝ナゼールは戦争中に徹底的に破壊され、貧弱な復興プランに従って大急ぎで復旧された暗い街だった。だが私には居心地がよかった。彼らが好きだった。私は質素な生活に甘んじた。アトランティック造船所の歴史を学び、労働者や職長、技術者たちに尋ね、造船に関わるあらゆる知識の吸収に努めた。巨大なドックの中で大型の海洋船が日に日に形造られていくのにも、また何層ものデッキ上に散らばって作業をする数百人の労働者のようすにも眼をみはった。ここでの雇用の不安定さも理解した。それは一般労働者のみならず、自分の腕に誇りを持つ熟練工たちも同じだった。すでにアジア諸国の攻勢にさらされていた造船業界では、受注の減少による人員整理と失業は避けられない問題となっていたからである。造船所では、何度もの約束にもかかわらず、労働者の賃金はかなり以前から据え置かれたままだった。失望を重ねた底辺の労働者たちは、組合組織の枠から逸脱して経営本部を占拠した。組合はこの動きに追従して統一ゼネストを構えると宣言。一ヵ月後、政府は問答無用でこの動きをつぶす決定をし、見事な結束を見せていた組合は粉砕された。機動隊相手に勇敢に闘った何人かの労働者が、妻や子供たちとともに私を自宅に迎え入れてくれた。彼らは自分たちが一生汚名を着せられて生きていかなければならないことを知っており、彼らの挫折ははかり知れない悲しみとなって、私の心に響いた。

サン＝ナゼールへの出発は、レ・タン・モデルヌの最新特別号の発行と重なった。五月に発行された「左翼」と題されたその号で、シモーヌ・ド・ボーヴォワールの「今日の右翼の思考」のあとに、私は「左翼の男」と題する非常に長い文章を書いた。このために、私はリヨンの絹織物工の暴動と一八三四年蜂起について猛勉強をした。私にとって衝撃だったのは、人間の欲望の力の驚くような表出の一方で、労働者の臆病な要求の仕方だった。どれほど切羽詰まった要求であったとしても、それを表明するまでの紆余曲折、闘う側の労働者が制圧者ないしはその代理人に対して抱くあきれるような敬意を見ればわかることである。彼らはわずかな成果を与えられただけで、「知事万歳！　われらが父よ万歳！」と叫んだのである。だが、権力側が差し出すそんな譲歩は、労働者たちの動機を弱め、油断させるためのアメにすぎない。そのあとにやってくるのは、神授権を持つ雇い主たちが彼らを蹴散らすために送ってくる制圧部隊である。プロレタリアとしての意識の覚醒と労働者組織の構築のための長い歩みは、半世紀前には厳然たる具体性を帯びたテーマであった。サン＝ナゼールの事例が示すとおり、それは時事問題だったのだ。たとえそこに、人間対人間の非人道的無関心が当然のこととして受け容れられ、弱者を歴史の忘却のなかに打ち捨てることもあたりまえと見なされる、奇妙で不吉な今日のわれわれの世界の萌芽が見られたとしても。

現実の共産主義の暗く血にまみれた側面について私が知りえたこと、あるいは今日知っていることのすべてにもかかわらず、また対独レジスタンス闘争時代に私自身が経験したフランス共産党の臆面もない背信行為にもかかわらず、そしてモスクワ裁判やプラハの裁判に対する私の憎しみにもかかわらず、ソビエト連邦は長いあいだ私が頭上にいただく空だった。同年代の多くの人にとってそうだった。その元をたどれば、一九四一年のドイツによる侵攻、ソ連の全人民がこぞって受け容れた前代未聞の犠牲、そして戦争の趨勢に一大転機をもたらした赤軍によるスターリングラードの勝利がある。フランス解放はソ連に負うところが大きかったし、何があろうと、ソ連は私たちの心のなかで人間解放の祖国であり、可能性であり、保証でもあった。一九四五年、私たちは真剣に、情熱をもってマルクスを学んだ。歴史には意味がなければならなかった。でなければ何のために生きているというのか？　サルトルは『言葉』の中で自らの無神論について《長い苛酷な骨の折れる仕事》と書いている。私なりにこれを「頭上にいただく空」に当てはめてみたい。私もこのユートピアと決別するのに時間がかかった。私はスターリンの死に涙ぐんだことを告白する。それは心胆を寒からしめた血なまぐさい独裁者の死を悼む涙ではなかった。フランス・ソワール紙に掲載された葬儀の記事の、延々と続く追悼と哀悼の辞のなかにあった一節が私を感動させたのである。《ソ連の水兵は彼らの戦闘旗を傾ける……》。私の感動はひょっとすると修辞法によるものかもしれない、あるいは戦闘旗によるものか。いずれにせよそれは一瞬の現実だった。

ベン・ベラの驚くべき好戦的な宣言は、私があれほどの希望と連帯と和解を託してきた国アルジェリアとの関係を絶ち切っただけでなく、イスラエルが長いこと向きあってきた危険を私の意識の前景に押しだす効果をもたらした。多くの人がアラブ側の主張を常套句、レトリックと決めつけようとするなかで、私は逆に投げつけられる言葉や脅迫を真剣に受け止めた。彼らが喧伝するユダヤ人国家の破壊という目的が達成されないかぎり、怨恨や失地回復運動は終わらないと思えたからである。私がそれまで見ないようにしてきたこの忌まわしい現実、しかも驚くことに、十年前に初めてこの国を訪れた時には気づかなかった事実がそこにあった。ありえないようなイスラエル国家の存在が投げかけた形而上的、あるいはもっとましなところで存在論的諸問題が私のうちですべてに優先し、新生国家が実際に直面しているまさに存在論的危険性を覆い隠してしまっていたのだった。それが今全エネルギーをもって姿を現わしたということである。レ・タン・モデルヌ誌上でのイスラエル・アラブ紛争特集のアイディアは、シムハ・フラパンが私に示唆したものだった。彼はガンシュムエル・キブツ出身のイスラエル人で、ハショメル・ハツァイール〔シオニスト青年運動〕に所属し、左派シオニストの象徴的な人物だった。無類の温厚さで知られるシムハはポーランド生まれ、第二次世界大戦前にパレスチナに移住し、以来イスラエル人とパレスチナ人の和解に全力を尽くしてきた。一九四八年五月のイスラエル建国宣言に伴うパレスチナのアラブ人の脱出、アラブ諸国の攻撃、独立戦争と続く一連の出来事は彼を深く傷つけた。彼は双方の大義も過誤も実によく理解していた。天性の温厚さを武器に、文章やイスラエルの国技であるファンドレイジング〔資金集め〕に手腕を発揮し、目的達成のための善意の収集と資金の調達に奔走した。彼はフランスのハショメル・ハツァイール総代表に指名されたばかりで、たとえばベルナール＝ラザール・サークルのような親イスラエルの左派ユダヤ人グループの再活性化を図り、縦横に旅をし、アラブ側ジャーナリストと関係を結んだ。シムハ・フラパンこそは、真に影響力の人と呼ぶにふさわしい人物だった。エジプトの新聞の通信員アリ・エル・サマンを紹介してくれたのも彼だった。アリのバイタリティ、鋭いユーモア、稀有の政治的知性、そして私に示してくれた友情に魅了されて、私は彼ときわめて親しいあいだがらになった。レ・タン・モデルヌの編集方針が決まり、サルトルの承認が得られると、フラパンはイスラエルへの下調べ旅行を企画し、私がイスラエル側の寄稿者を選定することになった。もし私がフラパンの意向に従っていたら、それはイスラエル左派、あるいはハショメル・ハツァイールないしは彼の党マパムに所属する人たちだけになってしまったことだろう。彼はそれ以外の論者についてはまったく不案内だったからだ。私はフラパンと彼の一派はイスラエルの一握りの意見を代表しているにすぎないことに気づいた。このような企画、このようなテーマにあっては、右派を含むあらゆる勢力が意見表明ができるべきだというのが私の考えだった。いずれにしても、ことイスラエルに関しては、私は常に、イスラエル人を分裂させることよりも統一させることの方に、不一致よりも合意の方により強い関心を抱いてきた。

二度目の訪問で、私はまだ知らなかったイスラエルを発見し、フラパンに対して私の方針を納得させることに成功した。アラブ側はアリが担当した。長く詳細にわたる交渉の末、レ・タン・モデルヌは討論の場を提供するのではなく、純粋な入れ物に徹することで合意した。アラブ側はこうして初めて同じ刊行物の中でイスラエルと同席することになったのである。ただし、寄稿者および扱うテーマの選択に関しては彼らに全面的な権限が与えられ、誰も質疑応答はしないという条件だった。誌上ではアラブ編とイスラエル編とが完全に分離して編集され、サルトルは序文のなかでこれを「消極的隣接」と呼んだ。私は前書きのなかで。この隣りあわせが汗と涙のたまものであることを述べた。その詳述は避けるが、たとえばアルジェリア人作家ラザク・アブデル・カデールは素晴らしい原稿を自発的に送ってくれたが、あまりに「敵方」の視点に寄りすぎているという理由で、アリとアラブ陣営によって退けられた。採用するか没にするか、私たちはその作業を続けた。同様に、ポーランドのブンド［ユダヤ人労働者総同盟］出身のユダヤ系フランス人のイスラム学者、マクシム・ロダンソンは、共産主義者で理論的にも体質的にも反シオニストであったが、彼はアラブ側に『イスラエル、植民地主義的現実？』と題する八十ページにおよぶ長文の攻撃文書を提供した。アラブ側はそれを彼らの記事全体の冒頭に持ってくるよう要求した。ということは、アラブ編を前半に持ってくることに同意していたために、この記事は特集号の冒頭に置かれることになったのである。

この前例のない企画は、完成までに二年間を要した。『イスラエル・アラブ紛争』という簡潔なタイトルを付されたこの特集号は、何本かの記事を除き、実質的には一九六七年初頭には準備ができていた。一千ページにおよぶ大冊だったが、私は何とか両陣営間の記事の本数とページ数に関して巧みなバランスを取ることに成功した。ロダンソンを除けば、アラブ側（パレスチナ、エジプト、モロッコ、アルジェリア）の記事はイスラエル側の記事よりはるかに短かった。

この共同作業を通じて予感していたことが、この頃には確信に変わっていた。アリもまた影響力の強い男である。この企画の始動と実現への彼の関与は、エジプト政府が彼に託した政治的使命の遂行のように感じられたのである。彼は遅れている自分自身の原稿は印刷直前までには上げると約束し、この特集号の来たるべき発行を祝って、カイロ最大の日刊紙アル＝アフラムの編集主幹モハメド・ハサネイン・ヘイカルが私たち三人、すなわちサルトルとシモーヌ・ド・ボーヴォワールそして私をエジプトに招待すると告げた。ヘイカルはガマール・アブドゥル＝ナセル大統領の忠実な親友だった。二週間の訪問は三月に予定が組まれた。それは実際のところ公式訪問のようなものであり、こんな招待はナセルその人の承諾なしには実現不可能であることからしても、アリの仲介者としての実力をうかがい知ることができた。私は大いに楽しんだが、この招待は次なる招待を呼んだ。イスラエルである。違いは、イスラエルにはナセルがおらず、サルトルはイスラエル左派、つまりフラパンとその盟友たちからの招待しか受けようとしなかった。

　観光と政治の両方の色彩を帯びたエジプト旅行については、たしかシモーヌ・ド・ボーヴォワールも語っているはずだが、ここでは思い出すままに記憶の断片のみを記すにとどめよう。カイロ博物館の雑然とした無法状態、死者の町、めくるめくようなルクソールと王家の谷、普段は閉じられているがサルトルのために特別に開けられた貴重な墓、アスワンと瀑布《カタラクト》、ソ連の支援によって建設された壮大なダム、高さも幅も巨大な土と石の壁、美的ではないが破壊不能の「ロックフィルダム」〔土砂と岩石を主材料に建設されるダム〕――専門家はこれに「アーチ式ダム」を対置するが、その優美さは設計段階でのわずかな誤差が命取りになる危険性を秘めている――。大統領から提供された四人乗りのセスナ機でダムの上空を飛び、その背後で南エジプトの強烈な日射しに焼かれてきらめく広大な貯水湖の水面を見た時には、飛びこんで泳いでみたいという誘惑に引きずりこまれそうになった。この湖はナセル湖と呼ばれていた。パイロットによれば、ビルハルツ住血吸虫によって汚染されたここでの水浴は全面的に禁止されているという。飛行機はスーダン国境近くのアブ・シンベルに着陸した。そこでは、ダム建設に伴いアスワンから移転した遺跡が再構築されている最中だった。カイロにもどり、ナイル河の岸辺に係留されたフェラッカ船のレストランで、アル＝アフラム紙の主幹ヘイカルとともに食卓を囲んだ時、エジプトで最も有名なベリーダンサーが私たちのテーブルをぐるりと回り、私の手を取って舞台の中央まで導いた。サルトルとカストール、そしてアリの見ている前で電信柱のように立ち尽くしたまま、私は彼女の踊りの妖艶さに耐えなければならなかった。狂乱のように腰を振り、恥丘を唐突に上げ下げし、大胆に私を挑発するかと思えば遠ざかり、彼女のダンスは長く続いた。踊り終わると、彼女はヘイカルに向かってお辞儀をし、

「エファンディ（先生）」と呼んだ。それは私の耳に清冽な詩句のように響いた。

ナセル大統領との会見は、警備担当者たちが右往左往し、私たちにドアを開け大統領の執務室まで案内してくれた者たちが慌ただしく行きかい、ささやきあうなかで、数時間にわたっておこなわれた。ファルーク国王を追放し、スエズ運河を国営化し、一九五六年の仏英イスラエル軍を敵に回しての敗戦を政治的勝利に変え、シリアとともにアラブ連合共和国樹立を宣言し、エジプトのユダヤ人のほとんどを国外に退去させた自由将校ナセル［ナセルは「自由将校団」を結成し革命を遂行した］。長身の彼は内向的に見えたが、その優しい声と深々とした美しく黒い瞳が印象的だった。会話の相手を見つめると同時に自分の内奥までも探るような眼。言い方を変えれば、彼は話しながら考え、自問する人だった。彼の話のなかには既成の考えや繰返しは何もなかった。真の政治家を見誤ることはない。明らかに彼もその一人だった。彼が現状分析をして見せた時のことをよく覚えている。紛争の終結を検討し、そのための各種の方法を挙げてゆき、その一つひとつが不可能であることを示し、ついに短い疑問形で提示した最後の仮定、「で、戦争は？」。その問いに自分自身が答える。「だが、戦争、それはきわめて困難だ……」。彼はレ・タン・モデルヌの特集号について私たちを祝福した。アリはもともとの濃褐色の顔をさらに赤らめて誇らしげだった。彼のキャリアがこれで一歩前進したことを私は理解した。大統領には予めあらゆる情報が上げられていて、彼は私が何者かを熟知し、私とイスラエルとの関係を承知した上で、私を見つめ、私個人に向けてきわめて率直な質問をした。

エジプト旅行中、サルトルは見るからに矛盾した緊張感にとらわれていた。きわめてタイトなスケジュールをこなすことが求められ――カイロ大学での全学生を対象にした講演、記者会見、インタビュー、作家たちとの面談など――、夜は飲みすぎるくらいに飲んだ。私たちが泊っていたのは歴史ある有名な英国のシェファード・ホテルだったが、アリと私は一度ならず千鳥足の彼をスイートまで送り届けなければならなかった。こうして私たちの世話になることを嫌がった彼は、ある夜いつもよりさらに深酔いして、彼を支えている私たちにくぐもった声でののしりはじめた。私たちをホモだと言い、紛争解決にはもってこいの方法だとほのめかした。サルトルの気難しい性格や酔態のすべてを許していたアリもこれには眼を丸くし、耳を疑った。私は慣れていたので、彼に明日になれば何も残らない、本人は何も覚えていないのだからと言い含めた。とはいうものの、私も言われたことが気になってカストールに打ち明けた。彼女もまた私同様、サルトルの心を引き裂いている矛盾を見抜いていた。一方には私たちを歓迎してくれる魅力あふれるエジプトの人々への好意、敷衍すればアラブの大義があり、他方には、次に訪れる予定のイスラエルが彼のうちに引き起こす不安がある。彼の眼に私がその不安を象徴するイスラエルの守護者のように映っていることを私は理解した。そのために、彼はアラブの魅力を十全に楽しむことができず、また最低限の公平さを保つよう私に見張られているみたいに感じたのである。

この隠れた不一致が露呈したのは、当時エジプトの行政下にあったガザ地区を訪れた日だった。ナセルは私たちのために飛行機の定期便を用意してくれた。役人やジャーナリストたちが同行し、この訪問の目的であるパレスチナ難民キャンプの惨状に対する私たちの反応やコメントを逐一書き留めていた。飛行機はシナイ半島の地中海沿岸にあるエル・アリシュ基地に立ち寄った。飛行機はカイロからガザまでの十分な航続距離を有していたので、この着陸には何の正当な理由もなかった。私たちはエル・アリシュ基地で三十分間は待たされ、その間にエジプト空軍のミグ21戦闘機の訓練を見物させられた。予め私たちのために準備されていたことは明らかだった。勇敢で優れた技術のデモンストレーションだった。私はパイロットの背の高さと貴族的なたたずまいに驚かされた。この時、三ヵ月後には、この同じ空港が、同じ滑走路と同じ飛行機が、イスラエル空軍の急襲を受けて数分のうちに破壊されるなどということを誰が想像しえただろうか。電撃的攻撃により、六日間にわたる戦争の火ぶたが切って落とされ、シナイ半島とナイル渓谷のすべての基地とエジプト空軍のほとんど全所有機が破壊された。「六日」の名前で歴史に刻まれることになる戦争は、中東の地図も書き換えた。

ガザでは、パレスチナの高官たち全員の出迎えを受けた。指導者はまだヤセル・アラファトではなく、アフマド・シュケイリだったが、六日戦争で彼は面子と一緒に権力も失うことになる。私たちは二つの難民収容所の小ぎれいにされた路地を、ビデオとマイクの集中砲火を受けながら案内された。ソフト帽をかぶった政治委員のブリーフィングと、黒衣に身を包んだパレスチナ女性たちがあげる甲高いユーユー［アラブの女性たちが儀式などで発する叫び］の声を同時に聞きながら、私たちは歩いた。それに続く宴席はサルトルの気分を損ねるのに十分だった。エジプトとパレスチナの招待客の多さ――名士、大地主、ガザのあらゆる富裕層が同席した――と出された料理の多さに、私たちは圧倒された。アルコール抜きのこの真正の饗宴は、先刻聞かされたばかりの不幸なユーユーの叫びにはそぐわなかった。挨拶のやり取りがあった。パレスチナ側の演説はどれも軍歌だった。難民問題に関しては、不本意な調停や解決よりも戦い――世界規模であろうと――を望むといった調子が鮮明だった。これに対して、サルトルの答礼の言葉は並はずれた真剣さを帯びていた。それは、難民収容所、饗宴、演説が彼にもたらした憤りから生まれたものだった。彼はアラブ諸国の領土の広大さと一部の国の途方もない豊かさに触れ、なのになぜ難民をジャバリヤやダル・エル・ベイラに放置しておくのか、また、紛争の結果がどうであれ、今こそアラブの連帯を物質に還元し、このがんに決着をつけるべきときであるのに、彼らが嫌悪すると称するアメリカ帝国主義の純粋な産物にすぎないＵＮＲＲＡ（連合国救済復興機関）の援助に任せておくのか、その理由がわからないと述べた。私はサルトルの演説の内容に全面的に賛成だったが、そのことを公の場で表明したり、個人的に彼に賛意を伝えることを控えた。私からの連帯表明が私たちの関係を鎮めるどころか、より緊張したものにすることを恐れたからである。アフマド・シュケイリのソフト帽をかぶった部下たちは、私たちに敵の近くまで行くよう提案した。演説と宴が終わると、彼らは私たちを一九四八年の休戦協定ライン上まで連れていき、イスラエルの監視所を見せた。ここで私は奇妙な合わせ鏡の感覚を味わった。というのも、ほんの少し以前に、私はその監視所にいてガザをこの眼で見ていたからである。この場所を知っているのは私だけだった。私は思わず遠くに見える境界線のキブツを指差して、名前を言い、説明した。今でもこの時の貴重な写真を自宅に持っている。一生懸命にガイド役を務めるシュケイリの部下たちに取り囲まれたサルトルとカストールのちょうど後ろ、アリの横に私が写っている。

だが、私たちが次に訪れるべき場所はそこからわずか六十キロメートル余りだというのに、この境界線を渡ってテルアビブに行く方法はなかった。イスラエルに行くためには、アテネを経由する以外に方法はなかったのである。カイロにもどると、私たちは夕食を取り、そこで一泊した。サルトルが持参したイスラエルに関する本は、労働を専門とする社会学者ジョルジュ・フリードマンが十八ヵ月前に書いた徹底した反シオニズム的な本『ユダヤ民族の終焉？』一冊だけだった。カストールと私が憤慨して制止するのも聞かずに、彼はその本を食事のあいだじゅう夢中になって読みつづけた。イスラエルはユダヤ性を捨て去ったというのがその中心的主張であり、ユダヤ性はディアスポラ〔民族離散〕によってのみ表現され開花するというのがその根拠である。少なくともこの時点でわかったことは、サルトルは、この原則的には和解のための大旅行の後半をきわめて敵対的な偏見から始めようとしているということだった。彼の嗜好の天秤は公平ではなかった。私はそれを彼に言い、カストールもまた私に完全に同意した。私はイスラエルで彼らとともに過ごす時間を最小限にとどめることを決めた。

イスラエルで私たちを出迎えたのは、愉快で民主的で友好的な混乱だった。私たちを招待したイスラエル人たちは最善を尽くしたにちがいないが、彼らが有する手段はエジプトの国家権力が持つそれとは比べものにならなかった。フラパンが私たちに滞在予定を述べた時、私はサルトルの態度に怒りをぶつけた。左派という意味では一点の曇りもないこの男がアレンジしたのは、軍幹部との会談、軍事基地の訪問、将兵との面談だった。サルトルはそのすべてを拒否した。制服と会うなど、たとえそれが女性であろうと、論外だというのだった。それはイスラエルを何も理解しようとしないのと一緒だった。このような国において徴兵制に基づく軍隊が果たす重大な役割、世界中からやってくる移民の坩堝《るつぼ》における教育、国家のアイデンティティの生成、もちろんその第一にして不可欠な使命、すなわち国防は言わずもがな。それではきわめて片手落ちな見方しか認めないのと同じではないか。私はそう言って、彼の判断基準が何なのか、何を恐れているのかを尋ねた。だが彼は牡蠣みたいに殻を閉じたまま、頑として応じようとしなかった。私は混乱した。多くの将校たちも落胆していた。彼らは軍人であると同時に知識人であり、彼の著作の読者でもあった。翌日はワイツマン科学研究所の訪問と学者たちとの昼食会が予定されていた。私たちが生物学部の大きな研究室に入った時、部長のマイケル・フェルドマンがサルトルを迎えこう言った。「サルトルさん、この部屋にはノーベル賞を拒否しない者が少なくとも十人はいます」。ここでも雰囲気はほぐれなかった。軍人ではなかったが、彼らはみな英語で話し、サルトルによれば、あまりに完璧なアメリカ英語のアクセントは帝国主義に同化しているしるしなのだった。

私はフランスにもどり、サルトルとカストールは彼らの好きなように旅行を続けた。ガイドにはリヨンのユダヤ系フランス人エリ・ベン＝ガルがついた。彼はバラム・キブツに所属し、ハショメル・ハツァイールのために活動していたが、私が発ったあとは二人に意見を言うことができる助言者《メントール》的立場でもあった。時はすでに一九六七年三月末で、レ・タン・モデルヌの特集号の仕上げに入る時期だった。一方、現実の情勢は切迫しつつあった。双方の論調は日に日に脅迫的色合いを強くし、私たちの前で「で、戦争は？　だが戦争、それはきわめて困難だ……」と自問自答してみせたナセルは、困難を忘れてしまったかのように危うい賭けの連鎖へと舵を切った。一九五六年のスエズ動乱以降、エジプトとイスラエルのあいだの緩衝軍としてシナイ半島に配置されていた国連緊急軍を突然撤退させ、次いでチラン海峡を封鎖した。これは、イスラエルにとって死命を制する航路の一つである紅海への通行が閉ざされることを意味し、あからさまな敵対行為であった。いったんエスカレートを始めてしまうと、ナセルは本気であることを認めさせるまで続けざるをえなかった。状況は止めようもなく悪化していくかに見えた。もはや誰にも制動不能な歯車同然だった。シリアとヨルダンの防衛協定、特に軍隊の招集とシナイ半島への展開は、ほとんどイスラエル国境に接するほどだった。イスラエルは危機的状況に置かれ、私たちのうちでは警鐘が鳴り響いた。向こうから届くニュースは日に日に緊迫の度合いを深め、多くのイスラエルの友人たちは恐怖におちいっていた。彼らの心配は私たちの不安になった。ヨーロッパのユダヤ人共同体が動いた。とりわけフランスでは、普段は敵対しているグループを糾合し、掟のような親密さを保ってきた個人集団を巻きこんで、一種の神聖同盟が結ばれた。急遽決められたミーティングがパリのサン＝ジェルマン＝デ＝プレ広場で開かれた時、そこにピエール・ヴィダル＝ナケ［歴史家。一九三〇〜二〇〇六］が姿を見せたことに私は驚いた。シオンの愛［イスラエルへの回帰運動の総称］は彼の得意とするところではなかったはずだ。しかし彼は私たちと同様イスラエルが直面している重大な危機感を共有し、看過できない事態ととらえたのだ。フランス政府の政治的姿勢は私たちの不安を高めた。ド・ゴールはイスラエルの外相アバ・エバンとの会談を受け入れた。エバンの目的は、正統な防衛権を持つイスラエルがアラブ包囲網を解くために先手を取る、つまり最初に攻撃をしかけた時にフランスがどういう態度に出るかを知ることだった。ド・ゴールは、イスラエルは自国の問題を独力で解決するにはまだ十分には「樹立」されておらず、打開策の模索は大国の手にゆだねるべきだと反論し、武器輸出禁止措置の発動を示唆した上でこう言い渡した。「何があっても、先に撃つべきではない」。イスラエルにとって最大の武器供給国であるフランスの警告は空脅しではなかった。一九六七年六月二日、ド・ゴールは恐らく三日後には戦争の火ぶたが切って落とされると踏んで、輸出禁止措置に踏み切った。サン゠ジェルマン゠デ゠プレでの集会で、私は火を噴くような言葉を述べた。アウシュヴィッツのあと再びイスラエルを破壊するようなことはあってはならず、そんな事態が万が一にも起きれば私はそれ以上生きつづけることはできないだろうと述べ、最後に「ユダヤ主義国際義勇軍または国際ユダヤ主義」の結成を呼びかけ、万雷の拍手を受けた。

　断わっておくが、私は決してイスラエルをショアの贖《あがな》いと考えたことはない。六百万のユダヤ人の命がイスラエル建国の礎《いしずえ》となった——こういう合目的的な言説はそれが明示的であれ潜在的であれ、ばかげているし冒瀆的に思われるからである。ニューヨークのビルトモア・ホテルに集まったシオニズムの指導者たちが、ヨーロッパのユダヤ人を救う手立てを考えられぬままに、ユダヤ民族郷土〔一九一七年のバルフォア宣言で提示された概念〕および将来のイスラエル国家を唯一の救済手段——災厄から生まれる果実——と指定したのが一九四二年のことであったとしても〔ビルトモア綱領を指す〕、政治的シオニズムはすでに第二次世界大戦以前から存在したのである。スティーヴン・スピルバーグ監督の『シンドラーのリスト』の最後に、イスラエルで、シンドラーによって助けられた生存者たちが列を作り、ユダヤのしきたりにのっとって小石を恩人の墓に置く場面がある。これに対して『ショア』のラストシーンは、ポーランドの農村地帯を走りつづける際限もない長さの貨物列車の車列で終わる。贖罪または救済の目的性を信じたからといって、二十五年の間隔を置いて同じ民族に血なまぐさい行為がおこなわれないという保証はない。なぜなら、イスラエル国家がショアから生まれたこともまた真実であり、二十世紀の歴史において、複雑で根深い因果関係がこの二つの出来事を結んでいること、さらにはイスラエル国民の核を構成するものが収容所から息も絶え絶えにたどり着いた生還者や難民であることもまた真実だからである。

この苦悩の何週間のあいだに、エジプトに留まったアリから特集号用の記事が送られてきた。この問題に率直に向きあうことを避けている態度が読みとれ、私は彼に腹を立てた。友人に裏切られた思いだった。少なくとも事態は明らかだった。たとえはるか遠くにあるものだとしても、和平を見据えたこの特集号において、彼の文章は最終的には戦争を呼びかける無味乾燥な反シオニズム的呪詛の言葉で終わっていた。《終わるにあたり、**私がユダヤとアラブを引き離すこのシオニズムをいかに憎むか**を言葉にすることができるだろうか?》(強調はアリ自身による)。イスラエル支持を求める請願書がまわってきて、サルトルに署名してもらうようにとの依頼を受けた。私はラスパイユ大通りの彼の住まいの前の歩道でそれを手渡した。彼はそれを受け取り、すでに述べた事情で熱意は見せなかったが、とにかく署名はしてくれた。印刷直前に彼の序文が上がってきた。最後の文章は《たとえ血が流れようとも……》で始まっていた。同じ文章のなかで彼はこう記した。《これらのイスラエル人もまたユダヤ人であることを忘れるわけにはいかない……》。ジョルジュ・フリードマンは彼を完全に堕落させたわけではなかったということだ。私はすぐに前書きを書きあげ、サルトルの激賞を受けた。特集号は一九六七年六月五日に発行された。同じ日、六日戦争の戦端が切って落とされた。攻撃したのはイスラエルだった。特集号『イスラエル・アラブ紛争』は、書店における雑誌の歴史のなかでも前例のない売上げを記録した。重版に次ぐ重版、千ページの分厚い雑誌が五万部も売れたのである。そして今日でもなお参照されることが多い資料として残っている。一部の記事はいまだに時事性を失わず、他の記事のいくつかはこの紛争がどれほど暗い深淵のなかに根ざしているか、和平への道があるとして、それがいかに困難で険しい道のりであるかをわからせてくれる。

四十年前とは異なり、六日戦争は銃口に花を飾った兵士の行進にはならなかった。[1] ツァハル［イスラエル国防軍］は多くの死傷者を出し、戦争を余儀なくされた国民はこの損害を激しい痛みとともに感じとった。それは勝利の成果によっても埋めあわせることのできないものだった。イスラエルの将軍たちは並びない戦略的才能を示したし、戦闘に参加したユダヤ人たちは勇気と犠牲的精神とを発揮した。それは、国が直面する存亡の危機を一人ひとりが先鋭的に意識したのでなければ得られないものだった。三師団によるシナイ半島全域の制圧、エジプトの防御部隊に対する息継ぐ間もない攻撃。戦車の砲塔に直立する車長たちは、敵の弾丸によって首を吹き飛ばされた。ゴラン高原の地雷原では、装甲車を先頭に立ててキャタピラで地雷を踏みつぶし爆発させ、第一線部隊に道を開いた。こうして進軍する歩兵部隊は、シリア軍との肉弾戦を制して潰走させた。エルサレムの奪取は困難をきわめ犠牲も大きかった。ここに立ちはだかったのは、グラブ・パシャ率いるアラブ軍団だった。イスラムに改宗した英国の軍人であるグラブ・パシャは、自ら創設し鍛えあげたアラブ軍団を指揮して、銃眼を施したスレイマン大帝の城壁の背後に陣取っていた。すべての戦闘の舞台は、同時に英雄的行為の舞台でもあった。イスラエルの名で知られることになる東地中海のこの狭隘な帯状の土地について、世界が以後抱く認識を、よきにつけあしきにつけ、長いあいだにわたって変化させることになる戦闘が繰り広げられたのだ。

イスラエルがその作戦を極秘裏に進めたために、フランスのユダヤ人のあいだでは最後の瞬間まで不安が消えなかった。勝利が確実になり、その圧倒的な戦果が知れわたると、不安は安堵と喜びと誇りの爆発に変わった。今日では想像もつかないような狂騒だった。それまでイスラエルに無関心だったり何の興味も示さなかった人たちが、猛然とこの国に興味をそそられるようになり、住んでみたい、手伝ってみたい、イスラエルの大学で勉強したい、または教えたいという人が増えた。ピエール・ノラ〔歴史学者、一九三一〜〕の家に昼食に招かれた時のことを思い出す。彼は同席したフランソワ・フュレ〔歴史学者、一九二七〜九七〕とともにイスラエル再認識のための旅行をするのだと私の前で宣言した。二人とも私の大変親しい友人だったが、彼らの話を聞きながら私は懐疑的だった。イスラエルの現実のさまざまな側面は、彼らを魅了するどころか戸惑わせ、最終的には彼らの大学人としての冷徹な判断基準が優先するだろうと確信したからである。そしてそのとおりになった。足早の探検旅行を終えた二人は好感を抱いて帰ってきたが、イスラエルの高等教育はフランスの水準にはおよばず、パリが優れた文化の中心であることに変わりはないというのが彼らの結論だった。

ともあれ、歓喜のときと圧倒的勝利がもたらした楽観的な雰囲気――スエズ運河のエル・フェルダン橋近くに一番乗りを果たし、戦争が終わったと思いこんで服のまま水中に飛びこんだ若い将校ヨシ・ベン・ハナンの輝くばかりの笑顔がアメリカの雑誌ライフの表紙を飾ったように――は長くは続かなかった。エジプト国民の誇りと冷戦真っ只中にあったソ連の面子《めんつ》が、このような敗北に甘んじるはずもなかった。海上輸送に加えて空路によるピストン輸送がおこなわれ、エジプトはきわめて迅速に再軍備を整えていった。赤軍は指導のための顧問団、ミサイル砲兵中隊、全面的に更新された新兵器システムを送りこんだ。このシステムは一九七三年十月の戦争にその効果を見せつけることになるのだが、エジプトはリベンジの機会を六年間先送りしたわけではない。イスラエルがスエズ運河の全長を制圧してからわずか一年後の一九六八年、駐留部隊援護のために十キロから二十キロ間隔で急造された要塞《マオチム》に向けて、対岸のエジプト軍が戦火を開いた。のちに「消耗戦争」と呼ばれることになる砲撃戦の始まりだった。この戦いは二年近く続き、信じられないほどの犠牲を伴った。私はオリヴィエ・トッドが製作するフランスのテレビ番組「パノラマ」のために派遣され、少人数のチーム編成でシナイ半島を東西に横断したのちに現地にたどり着いた。スエズ運河からほんの一キロメートルの距離にある一種の集結キャンプのようなところで——私には混乱をきわめているように見えた——、ツァハルの将校が出迎えてくれた。彼の若さと冷静さ、そしてエレガントな物腰は印象的だった。「私はアミ・フェデルマン中尉です」。彼の名前は私の記憶に刻みこまれた。というのも、彼が名前を名乗ったその瞬間に、エジプト空軍のツポレフ三機が黒い機影を現わし、きわめて低い高度からキャンプ目がけて機銃射撃をおこない、爆弾を投下したからである。高所に設置されたイスラエル側の対空防御兵器は旧式なもので、配置されていたのは予備役軍人だけだったので、敵の爆撃機は何の痛痒も感じることなく去っていった。「いつものことです」とアミ・フェデルマン中尉、「突然現われて一回だけ攻撃したら、もうもどってきません」。それでも死傷者は出た。間もなくトラックベースの野戦用救急車両が出動してきた。キッパをかぶっただけのドライバーたちもまた恐れ知らずだった。フェデルマン——彼が由緒ある家系の出自であることはあとで知った——は私に、あのキッパの修道士たちは自分の運命が全能の神の手にゆだねられていることを知っており、独特の勇気を備えているのだと説明してくれた。

私たちは運河沿いの要塞に向かった。かなりな高さを持つ土台の上に巨大な石を積みあげて、撚りあわせた有刺鉄線で固縛した同心円状の壁をめぐらし、中心のスペースには交通壕が張りめぐらされ、地中深くに相当な集中爆撃にも耐えられるように構築された地下室へと通じている。これらの要塞は、エジプトがイスラエル人に運河のほとりで観光をさせたり、平和に水浴びなどさせるつもりがないとわかった時点からすぐに大まかな設計と建造が始まり、時間とともに改良を加えられ、当時は現代の城塞ともいえる堅固な構造物になっていた。高く掲げたイスラエル国旗は挑戦的に風にひるがえり、対岸に砲火を浴びせるための砲眼が擁壁の各所に設けられていた。数日間、私はあちこちの要塞を移動し、地下数メートルの掩体の下で夜を過ごした。中心部に着弾した大口径の砲弾が炸裂し、破壊的な振動で目を覚ましたことも何度かあった。インタビューのあいだも、鈍い爆撃音がほとんどいつも聞こえていた。

イスラエル側も攻撃されるばかりではなかった。彼らも反撃した。ある日、とある掩蔽壕の砲眼を通して、イスラエル爆撃機による反攻を目撃した。フランス製のボートゥールの旧型で、足の遅いきわめて脆弱な爆撃機だった。彼らもまた非常に低い高度からエジプトの陣地に爆弾を投下した。私がいた地点の運河の幅は百メートルもなかったために、こうして見ている自分も味方の恐ろしい砲撃にさらされているような気分に襲われるほどだった。イスラエル軍のベテランのなかにも、この消耗戦争をそれまでに戦ってきたなかで最も厳しい戦いだと言う者がいた。常に注意力を研ぎ澄ましていなければならず、警戒レベルを下げることができなかったからだ。壕に閉じこめられているために閉所恐怖症になる者もいたが、外の空気を吸おうと壕を出たが最後、敵方のスナイパーに狙い撃ちされる危険を覚悟しなければならなかった。私がいた比較的短い期間のあいだにも、こうして殺された兵士を何人か見た。すでに他の章で触れたが、新聞は毎朝、前日犠牲になった兵士の写真を掲載し、国中が不吉な重苦しい雰囲気に包まれていった。「パノラマ」用に撮影したフィルムも、運河の兵士たちのインタビューと銃後にいる彼らの母、許婚、子供たちへのインタビューをまじえながら、その雰囲気を胸の痛むような正確さで伝えた。パリ駐在のイスラエル軍事アタッシェのドヴ・シオンは、ダヤン将軍の娘ヤエル・ダヤンの夫であるが、彼は私にジャッファ・オレンジの詰まった大きなケースを送ってくれた。パリにもどると、私はこのフィルムの構成から編集までを自分自身の手でやりたいと思ったが、性急なテレビの世界ではかなわぬことだった。最初から最後までのあらゆるプロセスを私が掌握できていたら、もっといい作品になっていたと思う。

はっきりそうとは気づかなかったが、私はすでに似たような思いを経験していた。もちろんテレビの仕事は初めてではなかった。この頃、テレビの第一チャンネル——当時は二チャンネルしかなかった——で、優れたジャーナリストや監督を登場させる「ディン・ダン・ドン」という素晴らしい番組があり、そのプロデューサーがエル誌の編集長デジー・ド・ガラールだった。この番組のために、私は記念すべきインタビューをしていた。たとえば、私の質問に喜んでしかし知性をもって応えてくれた五人の修道女、警視庁の承諾のもとに集まってくれた五人の警察官、普通の街なかのお巡りさんから高位の警察官にいたるまでが私がしかける巧みな問答によって揺さぶられ、訳のわからぬままに興奮し、ついには場面が放映禁止になるような発言まで飛び出した。その場面は内務省の上層部によって仔細に三度にわたって見直しがなされ、カットするよう要求されたが私は拒否した。デジーは私を本気で支持してくれた。彼女は貴族の出で勇気のある女性だった。このインタビューは大きな話題になった。「ディン・ダン・ドン」では、女優やスポーツ選手、歌手、ときの有名人などもインタビューしたが、そのたびに自分が製作全体を担当できないことに歯がゆさを感じた。私はまた偉大なデザイナーであるピエール・カルダンへのインタビューもおこなった。「ブランド」をテーマにした長時間にわたる遠慮のないインタビューだった。彼がどうやって財産を築いたのか？　私のしつこい質問に彼は次第に落ち着きを失っていった。私は彼に出生から子供時代、ヴィシー政権下での活動までを根ほり葉ほり尋ねた。対談はヴォルテール河岸の彼の屋敷でおこなわれたが、終了した時、彼は本当にほっとしたようすを隠さなかった。放映は一九六八年五月十日に予定されたが、彼も私も番組の試写を見てなかった。放映予定の日、カルダンはヴォルテール河岸の私邸にデジー・ド・ガラールとディレクターのギー・セリグマンそして私の三人を夕食に招いてくれた。彼の店の責任者マリアーヌ・アルファンとフランス大使である彼女の夫も同席した。番組の内容がカルダンにとってかなり辛辣だったので、私は出席を遠慮したいほどだったが、彼の友人たちがあまりに熱烈な賛辞を送ったために、彼は私に対して満足の意を示し、私の才能を褒めたたえながら謝辞を述べた。だが、私にはそこに留まることをためらわせるもう一つの理由があった。繰り返すが、それは一九六八年五月十日であった。番組の前のニュースで、大規模な警察の部隊と無数のデモ参加者たちがサン＝ミシェル大通りのエドモン＝ロスタン広場およびリュクサンブール公園周辺一帯で対峙し、今にも衝突しそうな気配であることを伝えていた。私は早々に夕食の席を離れると、元老院〔リュクサンブール宮殿〕へと走った（当時私はジュディットとトゥールノン通り〔リュルクサンブール宮殿正面の通り〕に住んでいた）。こうして一九六八年五月の長い夜が始まった。

　私は実に多くのデモに参加し、警棒で殴打された。サルトルがソルボンヌ大学の階段教室の学生集会に姿を現わし、若きフーキエ＝タンヴィル〔冷酷で知られたフランス革命の革命裁判所検事〕たちから誰何を受け、おまえ呼ばわりをされて悦に入っている時も私はそのかたわらにいた。私は現場から逃げない、ほとんどいつも最も熱い場所にいる。占拠されたソルボンヌ大学の構内で何日も過ごし、オデオン劇場で発言者の饒舌に耳を傾け、ルノーのフラン工場近くで命を落としたジル・トータン〔六月十日に機動憲兵から逃れようとして死んだ高校生〕に同情し、装甲した集団の光景全般をほとんど遺伝的に嫌い、警棒をふりあげ、ときに至近距離から催涙ガスを発射してパリの街を霧の底に沈める彼らを憎む――こんなことをいくら並べても仕方ない。実を言えばこの時、つまり一九六八年の五月革命を私は外から見ていたのである。まるで当事者意識のない野次馬みたいに、創造的で詩的、ときに衝撃的なスローガンによって約束された、人類史上かつてないパルーシア〔キリスト再臨〕の到来を信じることもできずに傍観していた。私は違う世代だった。若い時には違う戦いに身も心も捧げた。大人になってからは違う大義のために闘った。仕事においては、私は誰からも制約を受けなかった。本当の一匹狼だった。騒動の発端となった大学制度改革の闘争にはあまり関心はなかった。だが何よりも大きな理由は、私のうちにその他のすべてを後方に押しやるような何かが生まれつつあったことだ。ジュディットとの関係が危機に瀕していた。その一方で、映画のプロデューサーを名乗る大富豪の娘から、イスラエルに関する映画を私自身の手で作ってほしいという依頼が寄せられていた。私のスエズ運河のフィルムを見てからというもの、すぐに腰を上げるよう促す脅迫的なメッセージが雨あられと降り注ぐようになった。

それは私にとり、人生の荒波のなかに確信もなく飛びこむきっかけとなった。十八年前と同様、私はマルセイユで船に乗り、イスラエルに向かった。一九七〇年十一月のうら寂しい夕暮れ時のことだった。考えなければならないことはたくさんあった。この映画を本当に作りたいのか、そして映画学校に足も踏み入れたことのない私に映画製作などできるのか。さらに、そうと認めることはあまりに辛かったが、私はサルトルとの距離感が開いたと感じていた。十年後に訪れる死の時まで、彼に対する友情、崇敬の念は変わらなかった。とりわけレ・タン・モデルヌの指揮を取るようになって以降は、きわめて現実的な誠実さ——この雑誌のなかで今は「非不誠実のかじ取り」(2)と呼んでいる——で、それを信じている。ただ、一九六八年以降は、私は彼の人生の信頼できる証人ではなくなったことを認めなければならない。サルトルの「毛沢東」の時代を私は知らない。彼の新しい友人たちについてはまったく知らないか、遠くから眺めていただけだった。そしてサルトルとカストールが街頭に立って「ラ・コーズ・デュ・ププル」［人民の大義］を大声をあげて売ったり、フラッシュを浴びながら囚人護送車に乗せられたり、サルトルがのめりこんだ「タブラ・ラサ」［白紙］の結果、スーツとネクタイを捨て、色褪せたカーデガンとブルゾンを着用し、十五歳のガキどもに悪態を浴びせられているのを見るのは耐えがたいことだった。

ラ・コーズ・デュ・ププルとリベラシオンの両方を束ねていたサルトルは、次第に自分自身の雑誌であるレ・タン・モデルヌから遠ざかり、せいぜいそれを新しい関心の対象である二紙の宣伝に使おうとしはじめた。彼はレ・タン・モデルヌに、ブリュエ＝アン＝ナルトワ事件(3)に関連してフィリップ・ガヴィ［ジャーナリスト、リベラシオンの創設者］の長々しい記事を載せることにこだわった。ガヴィは炭鉱夫の娘ブリジット・ドヴェーヴルの殺害容疑を「階級闘争」のイデオロギーだけを足がかりに、何の証拠もなしに裕福な公証人ピエール・ルロイとその愛人にかけた。一九七二年のことで、私はちょうど『なぜイスラエルか』の編集に忙殺されている時期だった。それでも私は、ジャン・プイヨンとともにレ・タン・モデルヌの運営に当たっていた。私の番だったので、ガヴィの記事を読んで仰天した。「ブルジョワ一人でこれができただろうか？」というタイトルもさることながら、そこに並べられた糾弾の理由はいずれも裁判で棄却されそうなものばかりだった。私はその文章を手に、問題となる箇所を指し示しながらサルトルに訴えた。彼は納得し、いつもの無頓着さで「きみが手を入れて」と言った。私はそうした。怒り狂ったガヴィはサルトルのもとに駆けこんだが、サルトルは動じなかった。結局誰が炭鉱夫の娘を殺害したのかはわからぬままに迷宮入りとなり、時効が成立した。

一九七四年、『反逆は正しい』という三人の共著者による本が出版された。著者は同じガヴィとピエール・ヴィクトール、そしてジャン＝ポール・サルトル。サルトルはガヴィとヴィクトールの質問に答えている。だが、彼らはサルトルからフローベールに関する仕事［『家の馬鹿息子』を指す］——ブルジョワのためにブルジョワによって書かれた本——を継続する時間を奪っていることに気づいていない。サルトルは自分に対して発せられたすべての反論に同意することから始める。だがそこには、頑固さ、手練手管、そして諧謔《おかしさ》がまぶされているのだが、ユーモア感覚があまりない聞き手たちはそれを感じ取っていない。そしてサルトルは巧みに自説にもどってくる。「だが、ぼくができるただ一つのことをやらせてほしい。ぼくはもうデモで歩くこともできないんだ。そのぼくに何をさせようというんだ？　ぼくを祭りあげようというのか？　もう歳だよ、変わるには歳をとりすぎた。もしぼくが革命小説を書いたとしたら、駄作になるだろうね云々」。若い検察官に盾つくサルトルのおかげで、『反逆は正しい』はおかしいだけの本ではなく、おかしな本にもなった。そこでは、自分に押しつけられようとしている若い毛沢東主義者《マオイスト》の治療に抵抗する作家が、年老いたボアズの信じがたい拒絶の姿勢を私に否応なく思い出させるのだ。夢が降りて若さと子孫を予言するのに対し、ボアズは自分が《やもめの身、孤独の身、私の上に黄昏が落ちかかり、／私は魂を、おお　神よ！　墓穴の方へとかがめるばかり、／渇いた牡牛がその額を水の方へと傾けるように》［ヴィクトル・ユゴー『眠るボアズ』安藤元雄訳］。サルトルは『ボヴァリー夫人』の分析に充てるはずだった『家の馬鹿息子』第四巻の完成のために不撓《ふとう》の闘いを続けていた［第四巻は未完に終わった］。解釈が反論を受け、続行をあきらめることを余儀なくされ、孤独な執筆作業を自らに禁じる時まで。

　私の方は『なぜイスラエルか』にかかりきりだった。映画がもたらす驚くほどの可能性を発見したばかりだったし、すぐに続いた『ショア』の膨大な準備作業に追われて、私は「人民の大義」を読まなかったし、書くことの無力を言葉によって補おうとしてサルトルが手がけた数多くのインタビューにも注意を払わなかった。したがって、私はミュンヘン・オリンピックでのイスラエル人アスリートの殺害事件について彼が書いた声明文も、それが出された時点では読んでいなかった。《この戦争でパレスチナ人が持つ唯一の武器はテロリズムである。それは恐るべき武器だが、抑圧された貧しい者には他に方法はない。……テロリズムの原則は殺すことである》。誰も私に声をかけようとしなかった。カストールも同様だった。後になって彼女は、憤りのあまり、自分の記憶の穴深くに埋めこんでしまったと語った。よく考えてみれば、そして今振り返ってみれば、サルトルの言葉は驚くに当たらないともいえる。アルジェリア戦争も、そうやって民間人への攻撃から始まったのだ。その行為を遺憾に思ったとしても、私たちはアルジェリアのテロリズムに反対する抗議の声をあげはしなかった。私たちはそれを、一世紀にわたる抑圧的な植民地支配、制度化された拷問、「コルヴェ・ド・ボワ」と呼ばれた軍による裁判なしの死刑執行、数学者モーリス・オーダンの死［アルジェリア戦争中にフランス落下傘部隊によって拷問の後殺害］、アンリ・アレグが『ラ・ケスチオン[4]』に記した自らが受けた非人道的な拷問の数々、フランス本国とアルジェリアの刑務所で休みなく稼働したギロチン――こういったものに対する被抑圧側からの回答だととらえたのだ。まさしくこれこそが、サルトルが一九五八年に『ラ・ケスチオン』に寄せた勇気と説得力のある見事な序文の中で「勝利」と呼んだものだったのである。

私が責任を感じているもう一つに『地に呪われたる者』の序文がある。フランツ・ファノンとサルトルの会談をお膳立てしたのは私である。ファノンが彼の前に姿を現わした時、サルトルはすでに精神的に承諾せざるをえない状況に置かれていた。サルトル、ファノン、シモーヌ・ド・ボーヴォワールそして私がともに過ごした三日間、そして告知された死を前に興奮の度合いを高めるファノンの熱気に巻きこまれた時のことは既述した。この序文をめぐって、サルトルは激しく非難された。四十五年の歳月を経て読み返してみると、これを書くことは、サルトルにとって自由意思による決定ではなかったという気がしてくるのである。彼はすでに述べたあらゆる理由による制約を受けていた。自分なりの情報源をもたない仕事を受けるたびに、彼は最も簡便な方法、つまり自分の修辞法に頼った。文章が長すぎる上に、ときに仰々しく、ときに退屈である。暴力への呼びかけと讃美は嘘っぽい。「ナイフの執念」、あるいはその他の耐えがたいほどに過剰で無責任な言葉によって、彼は明らかにファノンに迎合している。独立アルジェリアでいまだに続く「長いナイフの夜」〔一九三四年ナチ党が起こした粛清事件〕によって、無実の者たちの血が求められている現実を想起しつつ読めばそれがよくわかる。ファノンと話す機会はなかったが、彼がサルトルの序文に感激したという確信は私にはない。彼が序文を望んだのは、『弁証法的理性批判』の最後にサルトルがおこなった植民地主義の分析を読んだからである。具体的かつ明晰にして誇張のない素晴らしい哲学の章である。そこでは、この大著のなかで生成されたすべての概念が操作可能な概念となり、それぞれが秘める奥深い真実を証ししているからだ。

そして、サルトルにおいては、必要とあればペンがナイフを代替した。イタリアやドイツのように、フランスが過激な小集団による暴力的覇権へと進まずにすんだその多くは彼に帰すべきであろう。サルトルはこれら過激派の支持者であり、同時に抑止者であった。アラン・ジェスマール〔五月革命の大学側のリーダー、のちに教育視学官など政府の要職を歴任〕自身が私に教えてくれた彼の言葉を引用しよう。「ぼくはきみたちと一緒だ、だがある限度までだ。羽目を外すな、限界はある、それを超えるな」。たしかに彼は弁護士クラウス・クロワサンの要請に負けて、ドイツテロリズムの中心人物アンドレアス・バーダーをマンハイムの刑務所に訪ねた。彼はこの行動を人道的動機によって釈明している。独房での監禁生活、静寂、四六時中の白色光の照明などを拷問そのものと考えたという。とはいえ、そのあとの記者会見では、自分がここに来たのはバーダーとその一味の血なまぐさい犯罪を容認することを意味しない、とつけ加えている。『地に呪われたる者』の序文を支配するロジックそのままに、彼がパレスチナ人によるテロを支持したとしても不思議はない。イスラエル人アスリートを人質に取り殺害した事件は、そのあとに続く長い一連のテロ活動のほんの入り口にすぎなかった。定期便の飛行機のハイジャックと爆破は、エンテベ空港事件で頂点に達した。この時は、ユダヤ人人質の選別をパレスチナの旗のもとに参加したドイツ人がおこなうというパロディーめいたおまけがついた。サルトルの声明文が公表された時に自分がそれを知ったとして、私がどうしていたかはわからない。どうか信じてほしいのだが、私がそれを知ったのは後になってからだった。私の反応が意味を持つためには遅すぎるタイミングだった。いずれにしても、私はまったく別の世界にいた。私は自分の諸派協調主義《イレニスム》を悔やむ。レ・タン・モデルヌのイスラエル・アラブ紛争特集号で、ロダンソンの記事『イスラエル、植民地主義的現実？』を冒頭に持ってくるべきではなかったのだ。そうとも、植民地主義的現実のイスラエルなど存在したことはなかったのだ。私は自分の映画を通じて絶えずイスラエルの複雑な現実の諸相を伝えようと努力してきた。ロダンソンによる「科学的」と称する単純化は、サルトルの場合を始めとして多くの弊害をもたらし――すでにエジプト旅行の時にその兆しはあった――、ときに最悪の事態の正当化に使われた。

　だが、一九七〇年十一月、マルセイユからハイファに向かう船の上で、あまり上機嫌とはいえない気分のなかで私が考えていたのは、ミュンヘン・オリンピックでもなければエンテベ空港でもなかった。まだちゃんと撮れるかどうかもわからない『なぜイスラエルか』でさえなかった。私は航海中誰とも話さなかった。客の数はいたって少なかった。私はラジオでド・ゴールの死を知った。動脈瘤の破裂によりコロンベで急死したという。ナラの大木[5]が倒れたのだ。私は彼を讃美し、彼と闘い、彼を無視した。彼の死は一つの世界の終焉、一つの時代の終末を意味した。三年前にド・ゴールが記者会見で述べたように「自信過剰の支配者たるエリートの民」の国へと向かう船の中で、私は深い悲しみに襲われた。だがそれも公海に出る頃には、レクスプレス誌に掲載されたティム[6]の有名な戯画《カリカチュア》を思い出して愉快な気持ちに変わった。それは一人の選民がアウシュヴィッツの格子縞のパジャマを着て縁なし帽をかぶり、収容所の有刺鉄線に肘をもたれさせて偉そうなポーズを取っているデッサンだった。私はまたシェルブールの舟艇事件も思い出した。まだあれから一年もたっていない。一九六九年のクリスマス・イブ、ド・ゴールによって六日戦争直前に発令された禁輸措置を、前代未聞の奇策と大胆さをもってまんまと裏をかいた舟艇があった。イスラエルが現金前払いの条件でシェルブールの造船所に発注した哨戒艇［小型ミサイル艇仕様］十二隻のうち、禁輸令前に引き渡しを受けていた七隻がイスラエルのメンテナンス要員とともにシェルブール港を脱出、[7]フランス海軍の探索を逃れるために無線を切ったまま全速力で航行を続け、六日と六夜ののちにハイファにたどり着いた事件である。実のところ、これほどの作戦の遂行はフランス海軍の支援なしではおぼつかなかっただろう。この侮辱に対する報復措置として、ド・ゴールは武器買付けの責任者として禁輸後もフランスに留まっていたモルドシャイ・リモン提督に対し、ペルソナ・ノン・グラータ［好ましからざる人物］として国外退去を求めた。退去前日に提督が自宅で開いたパーティーに招待された私は、同席したフランス軍の高級幹部や企業家たちが共犯者の笑みを交わしあうのを目撃した。シャンパンが開けられた。リモンの退去は、実のところきわめて痛快な出来事だったのである。

十一月のある夜、私はエルサレムに着いた。天候は最悪だった。黒々とした重い雲が屋根を覆わんばかりに垂れこめ、骨まで滲みそうな冷たい雨と風に、中も外も寒かった。私は市のアラブ側にあるホテル、アメリカン・コロニーに泊った。うら寂しいホテルは私の精神状態そのものだった。いったい自分は何をしにきたのだろうかと考えた。この旅行の言い訳にしてきた映画も、その意味が見出せないでいる。翌日、私は寝こんでしまった。熱と咳は風邪の症状だった。冬空の一角にのぞく青空も、ひと筋の日の光も望めなかった。私はベッドにしがみつくのをやめて、ユダヤ人街にあるフィンクに夕食に出かけた。何脚かのテーブルを置いたレストラン・バーで、壁はドイツ語の卑猥で下品な、ほとんど猥褻に近い俗諺《ぞくげん》や格言のたぐいで埋めつくされている。「ここではフロイリヒア・フルツ［愉快なおなら］だけを許可します」といった調子である。ワインとポテトのソテー、赤い肉があった。ウェストファリア出身で子供の頃にイスラエルに渡ってきたというユダヤ人の店主は、デイヴという名の背の高い男で、フランクフルトの銀行家とは何の血縁関係もないロスチャイルドという苗字が自慢のタネだった。ここには、レ・タン・モデルヌ特集号の準備で来た折に連れてきてもらったのだが、店構えがわかりづらく、見つけるのに苦労した。ドアを押すと、一つだけふさがったテーブルにウリ・アヴネリがいた。国会議員《クネセト》で、週刊誌ハーオラン・ハーゼの社主である彼とは一九五二年以来の知己である。ドイツ系ユダヤ人の彼は独立戦争の折に負傷したが、イスラエル・アラブ和解のために闘いつづけ、歴代のイスラエル政府に常に対立してきた筋金入りの闘士である。アヴネリは一人の女性を伴っていた。彼女に私のことをドイツ語で紹介したあと、彼はすぐに英語にもどり、私に同席するよう促した。風邪と咳と赤い鼻を詫びながらも、私は好意を受けることにした。アヴネリがささやいた愛人と思しき女性の名前は聞き洩らしたが、ひと目見た時から私は彼女に魅惑されてしまった。こんな美しい女性がイスラエルに、エルサレムに、いや、このフィンクにいること自体が私にはまったくの謎だった。こんな美人がここにいるわけがない、それを言うなら、フランスにも、またその他のどこにもいるはずがなかった。何ものにも比べようがなかった。それまでに知りあうことのできた美しいユダヤの女たちも、また他のいずれかの国ですれちがった美女たちも、比較にならなかった。名前も出身も経歴も不明のままのまったく謎めいたこの女性の前で、私は近づくための何の手がかりも与えられずに未知の領域《テラ・インコグニータ》に放り出されたも同然だった。彼女は少ししかしゃべらなかったが、しびれるような嗄れ声で時々ドイツ語をまじえながら、完璧な英語を話した。この夜はアヴネリと議論を交わせるような状態ではなかった。私は彼に高い敬意を抱いていたが、彼が自分の国を徹底的にこきおろし、根こそぎひっくり返すかのような嘲笑的批判を弄するのにはいつも辟易させられていた。とりわけ彼にとってそれは、ここで生活しつづけるための存在論的戦略でもあったのだろう。自分自身の不幸を喜ぶ、ヘーゲルの「不幸な意識」の発作的表現。イスラエルにはこの手のトリックが得意な人が多い。ウリはその名人だったが、私には彼が最初ではなかった。他にも何人も知っていたし、そもそもイスラエルに関する映画を準備しなければならない現時点で、それは私が必要とする最優先事項ではなかった。二人と別れたあと、私はあの未知の女性の謎を解き明かしてやろうと心に誓った。硬質の気品ある顔と、垣間見た軽快な身体の線を思い出して、私は輾転反側して一夜を明かした。何としてももう一度会いたい。食事の時に漏れ聞いた唯一の手がかりは、彼女が今のところはエルサレムに住んでいるということだった。どうやって調査を進めるべきかを考えたが、名前も知らない女性を探し出すというのは、当たり番号を知らずに買う宝くじと一緒だった。そして当然のことに気づいた。力になってくれるのはアヴネリしかいない。私は彼に電話をかけ、食事のお礼を言い、あとは単刀直入にあの謎の女性が忘れられず、彼女ともう一度会いたいのだと告げた。彼は親切にその場で女性の名前と電話番号、そして彼女に関するいくつかの情報を教えてくれた。彼女はベルリンの女性で、ユダヤ人の母とプロイセンの名門ブルジョワの父を持ち、建築家を職業とするバイエルンの男爵と数年間一緒に住んだのち、最近投げやりな結婚をしたばかりで、結婚式の翌日には夫のもとを離れてエルサレムに来たのだという。ここには子供の頃の彼女を知る母親の友人たちがいる。一九三六年から三八年にかけてドイツを脱出することができた人たちである。彼女の名前はアンジェリカ・シュロプスドルフ、作家。男について容赦ない小説『この殿方たち』を書き、大成功を収め、ドイツで最も美しい女性と評されていた。風邪が治るのを待って、私は彼女に電話をかけ再会した。そして私は乱暴に彼女をさらった。最初の出会いから募らせてきた情熱の真剣さと濃密さの前に、彼女の防御は崩れ去った。それは衝撃的なひと目惚れだったが、同時に双方向性のものでもあった。私は彼女もまた二人の愛情の初期において、それまでなかったような幸せを味わったと信じる。彼女は結婚したばかりの男爵に宛てて、二人の関係を公的なものにしたのは間違っていた、離婚したい旨書き送った。

映画の可能性について考えるという課題はもはや問題にならなかった。やるよりほかなかったからである。イスラエルに一ヵ月近く滞在し、あるときは一人で、あるときは、そしてなるべく多く、彼女と一緒に国中を駆けまわった。彼女の紹介によってベルリン生まれのユダヤ人たちと知りあえたことは貴重だった。実際には彼女の母親の友人であった人々だが、彼女のことを実の娘のように見なし、接していた。彼女の美貌、彼女の美しいドイツ語、そしてヒトラー以前のドイツの批判精神、創造性、辛辣さを彼女のうちに認めて彼女を称賛した。彼らが抱く癒しがたいノスタルジーを、彼女はその身にまとっていた。ゲーテ、シラー、ヘルダーリン、ヘーゲル、カントらの全集、すでに触れた閑静な住宅街レシャヴィアにあるイェッケ――イスラエルではドイツ系ユダヤ人をこう呼んだ――のアパルトマンで書棚を飾るこれらの美しい装丁本を見た時、なぜかはわからないが私の眼に抑えようもなく涙が浮かんだ。イスラエル、ドイツ、そこで過ごした二年間、ショア、そしてアンジェリカ、それらが私のうちで思いもかけない深さで結びあっていることを感じたのである。こうして知りあった銀行家、医師、弁護士、教師、イスラエル最高裁判所判事の多数派を構成する枝葉末節好きの法律家たちに関して、私は好意的な印象を持つようになった。それは感嘆の情といってもよく、ハショメル・ハツァイールのキブツ入植者やフラパンの仲間たちへの友情も後方に押しやるほどのものだった。ゲルショム・ショーレムの図書室が、偉大なユダヤ文化の宝窟としてどれほど私を感動させたかはすでに述べた。だが、私が最初の出会いから好きになったのは、ショーレムその人だった。彼は夫人のファニアとともにアンジェリカと私を食事に招待してくれた。この偉大な学者には衒学的なところが少しもなく、自分の知識を出し惜しみすることもなかった。ただしそれは、相手が正統な興味を抱いていると認めた場合に限られた。開拓者であり、草分けであり、何にでも興味を示した。思想家、哲学者、論客、話は自由闊達できわめつきのユーモアの持ち主だった。彼の顔も好きだった。その力強い鼻、そして子供のような光を宿す明るいブルーの瞳。ベルリン出身の彼は、同郷のアンジェリカを可愛がってくれ、私たち二人をその庇護下に置いてくれた。四年後の十月のまだ暑い日に、エルサレムでゴットホルト師の司式により天蓋《フッパー》の下でユダヤ式結婚式を挙げた時、証人を引き受けてくれたのも彼だった。周知のとおり、イスラエルには民事婚は存在しない。だが一時は敗戦を覚悟した前年十月のヨム＝キプール戦争〔第四次中東戦争一九七三年〕を思うと、こうしてユダヤ式の結婚式を挙げることは、彼女にとってもまた私にとっても、二人が愛するこの国への奉献の意味を持つものだった。

　四年前に話をもどそう。私はプロデューサーであるマドモワゼルC・Wに映画製作を引き受ける旨の報告をするためにパリにもどった。私の頭にはアンジェリカに再会するためにいっときも早くイスラエルにもどることしかなかったのだが、マドモワゼルC・Wには先を急ぐようすはなかった。資産家であるにもかかわらず、彼女はこの企画を自らの資金で遂行するつもりはまったくなかったのである。もちろん、プロデューサーが個人的に資金的リスクを負うことは稀である。プロデューサーを自負する彼女は、皆と同じやり方でその職を全うしたいと考え、出資者を募るためと称して百ページくらいの梗概――私には最も苦手な言葉であり仕事である――を要求してきた。そんなことをしていたら、アンジェリカに会う日が遠のくばかりだ。彼女だって寂しい思いをしているにちがいない。私たちは毎日長い手紙のやりとりをした。彼女がフランス語を覚えるまでの数年間、二人の共通言語は英語だった。私は彼女の皮肉で捨て鉢な文体が好きだった。間違いなく最悪の心境にあったにもかかわらず、決して泣き言は並べなかった。私の方は、脚本を書くという義務感に恐慌をきたしていた。シーンからシーンへ、セリフを入れて、「屋外、日中」とか「屋内、夜」とかのト書きを入れていく作業……。それでも私は七十ページの企画書を書きあげた。ショットとシークエンスの指示を添えながら、私には異常としか映らないイスラエルの常態に関する基本的な考えを提示した。マドモワゼルC・Wと彼女のアシスタントは満足の意を表し、数日後にこう通知してきた。すなわち、彼女たちの計算によれば、私は四十八日間と八夜、夜明け四回、夕暮れ時三回撮影できることになる――私は異様なアマチュアを相手にしていることを悟った。私はそれでも、C・Wとともにイスラエルに向かうことを承諾した。彼女は私の企画書で向こうで資金源を見つけると意気ごみ、私は一直線にアンジェリカの腕のなかに飛びこみ、滞在期間中の夜という夜を彼女と過ごすことしか頭になかった。結局、C・Wの意志の欠如と優柔不断にうんざりした私は彼女との関係を絶ち、自分自身で映画の資金を集めることになる。乏しい資金、『なぜイスラエルか』の予算はいたってつましいものだった。複数の出資者からわずかずつ寄せられた資金を持参金に、クロード・ベリ〔映画監督・プロデューサー・俳優〕に紹介されたプロの映画製作会社に企画を持ちこんだ。こんな話をくどくどするのは、一人の女性への愛が一つの作品製作のばねになったことを明らかにしたいからである。そもそも、『なぜイスラエルか』はアンジェリカ・シュロブスドルフに捧げられている。彼女を通して知りあったドイツ系ユダヤ人たちは主要なシーンの主役を務めてくれた。アンジェリカの親しい友人ゲルト・グラナッハは、アコーディオンで伴奏をつけながらスパルタクス団の感動的な歌で映画の幕を開け、途中で何度となく場面転換を促し、エンディングを飾ってくれた。アンジェリカ自身も、長い右から左へのパンの最後に一瞬だけ顔をのぞかせている。さらに、エルサレムの石のバルコニーのへりに彼女の美しいペルシャ猫ボニーが写っている。ボニーの死後デボラが跡を継いだが、パリの住居でこのデボラを追いかけようとして庭で足を骨折した経緯はすでに述べたとおりである。

私がアンジェリカと会った時、彼女が執筆活動をやめてから数年がたっていた。それは彼女の家族の痛ましい過去のせいだった。作家としての自由を取りもどすためには、それに向きあい、追体験することは避けられなかった。私は彼女の物語を切れ切れに聞きだした。彼女がそれを自分の本に書き綴るようになったのは、交わしあう愛情をよすがに、私が彼女に執筆活動を再開させることに成功したからであった。彼女を追いつめてやまない抑うつ状態を克服するためには、最も困難な問題に向きあうほかないのだと説いた。彼女が私に差し出した手紙の束を読み終え時、彼女が語った話の断片がようやく首尾一貫した物語となって私の前に立ち現われた。それは異父の兄ペーター・シュヴィーフェルトが母親に宛てた胸迫る一連の手紙だった。歴史によって引き裂かれた彼らの悲劇的な人生の特異さがよく理解できた。最初の日からアンジェリカが私に感じさせた謎に対する唯一の回答がそこにあった。謎は彼女の人生そのものだったのである。ペーター・シュヴィーフェルトの手紙を読んだあと、私はどういう質問をどうやって提起すべきかを知った。

一九二〇年代の活気あふれる自由ベルリンで、美しく、軽薄なユダヤ人の母エルゼは漠とした不安を抱えながらも、さし迫った何の憂いもなく気ままに暮らしていた。三人の非ユダヤ人の男とのあいだにできた三人の子供がいたが、彼女が結婚したのは最後の男だけだった。最初の男とのあいだにできた女の子はベッティーナ、二番目の男、流行の劇作家フリッツ・シュヴィーフェルトとのあいだに生まれたのがペーターだった。末娘のアンジェリカの父親はベルリンの大地主の息子エリック・シュロブスドルフ。彼の家はベルリンに多くの不動産を持ち、不動産業を営んでいた。彼は家族の大反対を押し切ってエルゼと結婚したものの、母親はヒトラーが政権を取ると、ナチ党に党員登録をしてエリックに離婚を迫る。ユダヤ人との結婚は一大スキャンダルだった。だがエルゼは、友人たちがそうしたように、まだそれが可能なあいだにパレスチナに逃れることをせず、ただ最後のときを待ちつづけたのである。ベルリンが好きなエルゼにとり、よそで暮らすことなど論外だった。彼女はナチズムの脅威を真剣に取りあおうとせず、気づいた時にはすでに遅すぎた。エリックは彼女への愛を保ちつづけ、物質的に彼女を支えた。彼は金銭と引き換えに性交渉のない結婚を承諾するブルガリア人を見出した。ただし結婚は東方正教会への改宗を伴った。エルゼは二人の娘ベッティーナとアンジェリカとともにソフィアに落ち着き、大戦中を通して不安のない生活を送った。ブルガリアは枢軸国と同盟を結んだものの、反ユダヤ主義を受け入れず、国王ボリス三世のおかげでむしろユダヤ人が保護された、バルカン半島では珍しい国である。ここでの亡命生活のあいだ、国防軍《ヴェーアマハト》の制服に身を包んだエリック・シュロブスドルフが妻と娘のもとを訪れ、その生活を支援しつづけたことも付言しなければ公平さを欠くだろう。

だが、息子のペーターは？　ナチズムは彼には脅威だった。非ユダヤ人の父の保護も、留まるように訴えつづける母の哀願も振りきって、二十歳にもならない歳で彼はベルリンとドイツをあとにした。水晶の夜（一九三八年十一月九～十日）の数日前のことである。無一文でポルトガルに渡り、極貧のなかで言葉を習い、教え、母親との膨大な手紙のやりとりを始める。母親は彼女が祖国と呼ぶ場所にしがみつづけていたのに対し、息子の方は決然として自らのユダヤ人としての半分の属性を選び、リスボンにあるドイツ領事館に出頭すると、ユダヤ人であることを宣言してドイツ領土にもどる可能性を自ら閉ざしてしまった。息子は次々と手紙をしたためて、多くの場合コード化された言語で、ユダヤ人である母親に自分の出自を認め、その結果を受け容れるよう説得を繰り返した。立ちあがるように命じ、先祖たちのユダヤ主義に恥じない行動を取るよう慫慂《しょうよう》する。一方で息子は、母親に悪戦苦闘を強いている困難や障害にも理解を示した。そして彼のいちずさはいつも息子としての寛容さに負けるのだった。母親を熱愛していたのだ。彼女が比較的安全なソフィアに逃れたことを知った時、彼はギリシャから会いにいくためのあれこれの大胆な方策を講じては失敗を繰り返した。以後彼はギリシャに住みつづけた。一九四一年、文通は突然途絶える。この年、ペーター・シュヴィーフェルトはエジプトに渡り、ド・ゴール将軍の自由フランス軍に参加したのである。シリアにおいてヴィシー政権軍と戦火をまじえ、リビア東部のキレナイカでは英国第八軍とともに戦い、ビル・アケムの戦いでは英雄の一人となった。イタリア半島を南から北まで縦断し、ローマ南東のモンテ・カッシーノで二度目の負傷、サントロペに上陸したのちはヴォージュ山地まで戦闘を続け、ようやくそこから三年半ぶりに母親に手紙を書いている。ソフィアが赤軍によって解放されたことを知った上でだった。このなかで彼は、長いあいだに書くことを、いやしゃべることさえも忘れてしまったと記している。《今では、鳥は羽根を失ってしまいました》と彼は書く。長文の手紙は見事というほかない。最後までヒトラーを支持しつづけ、いまだに彼に従っているドイツ人への容赦ない非難の言葉が続く。彼はベルリンに入城し、ドイツと彼自身の家族に対して決着をつけると約束した。彼は母と姉妹たちに、彼女たちの国が犯した計りしれない罪を教えている。この手紙は、彼が書き送ったすべての手紙と同様、明晰さ、実直さ、気高い思考、繊細な独特の感性にあふれていて、感嘆と涙なしには読むことができない。だが、ペーターはベルリンに入ることができなかった。一九四五年一月五日、「アルデンヌの攻勢」として知られるフォン・ルントシュテット元帥率いるドイツ軍最後の攻勢で彼は戦死した。母のエルゼが息子の最後の手紙をソフィアで受け取った時には、彼の死後六ヵ月が経過していた。彼はストラスブール・クローネンブールの軍用墓地に埋葬された。私がアンジェリカとともに訪れた時、彼の墓には十字架が立てられていた。修理が必要だったので、私は必要な手配をした。ペーターの手紙は一九七四年ガリマール出版から『羽根を失った鳥』のタイトルで、私の友人ピエール・ノラが編纂していた優れた「証言」叢書の一巻として出版された。私は序文を書いた。文章の関連づけをおこない、翻訳の監修をし、校正も手がけた。『羽根を失った鳥』は良書としての一致した評価を与えられ、内容にふさわしい成功を収めた。これは私からアンジェリカへの結婚プレゼントだった。すでに『ショア』を手がけて一年がたっていた。

（1）第一次世界大戦勃発時、動員された若者たちが花で飾られた銃を手に国歌を歌い勇んでドイツ戦線へと向かった、大戦初期の楽観的な雰囲気を指している。
（2）非不誠実のかじ取り　あるインタビューのなかで、著者はこの言葉をこう説明している。「私はサルトルが考え、言い、おこなったことすべてに同意しているわけではない。だが、墓の中の彼を振り返らせるような記事だけは絶対にこの雑誌に載せたことはない」
（3）ブリュエ＝アン＝ナルトワ事件　ブリュエ＝アン＝ナルトワ〔現在はブリュエ＝ラ＝ビュイシエール〕で起きた殺人事件の容疑者がブルジョワ階級の出であったことから、極左勢力がこれを階級闘争のシンボルに祭りあげてメディア化した事件（一九七二）。
（4）『ラ・ケスチオン』　友人のモーリス・オーダンの家から拘引されたジャーナリスト、アンリ・アレグが、フランス軍による拷問の実態を告発した本（一九五八）。フランスでは即刻発売禁止になったが、二週間後にはスイスで発売された。発禁になったフランスで非合法に出回った部数は十五万部といわれ、アルジェリア戦争の実態への世論喚起に大きな役割を果たした。

（5）ナラの大木　古代ローマでもケルトでもナラの木は特別視された。

（6）ド・ゴールのユダヤ人観を皮肉ったこの戯画はあまりに過激であったために、レクスプレスは掲載を見送り、ル・モンドが目立たない紙面の片隅に掲載した。後にル・ヌーヴェル・オプセルヴァトゥール誌がこれを取りあげ、最終的にはレクスプレスも追随した。描かれている人物は死人である。

（7）引き渡された船は禁輸措置の対象となり出航禁止となった。このうち二隻は試運転で沖合に出たまま帰投せず、残りの五隻はノルウェー船主への転売話を餌に港外に停泊させ、夜陰に乗じて出航した。

第18章

『なぜイスラエルか』は数奇な運命をたどった。ある日突然、非情な女性プロデューサーが撮影打ち切りを宣告してきたことがあった。彼女は私がすでに映画製作に十分な材料を集めたと考え、私が必要としていた追加フィルムの購入を拒否したのである。私の映画の知識を補完し磨きあげてくれたチーフカメラマン、ウィリアム・リュプチャンスキーも私同様あきれ果てていた。同じプロデューサーが編集途中でも同じことを繰り返した。作業用試写に招いた何人かの招待客が、私にとっては新しい種類の賛辞で熱狂的な評価を与えてくれた。「これは作家の映画だ、作家の映画だ」[1]。翌朝二人の女性編集助手、フランソワーズ・ブルーとジヴァ・ポステックとともに喜び勇んでヌイイ地区の奥まった場所まで出かけると、編集室代わりの狭い小部屋は入室禁止になっていた。プロダクションが資金繰りに行き詰まったために、編集は無期限延期になったと聞かされた。私が自分で金策をしなければならない状況は明らかだった。プロデューサーにとっては安全な賭けだった。これが私にとって最初の映画であることを知っている彼女は、完成させるためなら私がどんな犠牲もいとわないだろうと踏んでいた。そのとおりだった。私はお金を工面して彼女に届け、編集室は再開された。三年がかりになった『なぜイスラエルか』に没頭するために、私はピエール・ラザレフに無給休職を申し入れ認められた。映画製作には素人だった私は、ただ映画を作りたい一心で、しかもアンジェリカに心を奪われたままのうわの空で、ろくに内容も読みもせずに契約書にサインしてしまったのだ。いや、どんな契約書であろうとサインしていたにちがいない。資金の一部を負担し、しかも完成までの運転資金までも工面したというのに、私が受け取った金額はわずかだった。それ以前の収入に比べると落差は大きかった。『なぜイスラエルか』を完成させた時、自分の将来への不安が完成の喜びを打ち消すほどに深刻な貧困状態にあったのである。

　すでに述べたとおり、この映画は一九七三年十月のニューヨーク映画祭に選ばれた。条件としてリチャード・ラウド［同映画祭の創始者の一人、映画評論家］は長さを十分短縮するよう求めてきた。一分でも超過してはならないという要求は、間違いなく彼の絶対的権力を誇示するためであったにちがいない。正直なところ、私は意向に沿うべく努力をしたができなかった。一分も超過しないどころか、一分も短縮できなかった。女性プロデューサーは落胆していた。だが私はラウドが絶対に気づくはずはないと見て、仰せのとおり短縮したと報告した。結果は思ったとおりだった。

　イスラエルでは、映画のタイトルを見ただけでどこの配給会社もそっぽを向いた。あたりまえなことをなぜあえて疑問提起しなければならないのか――ちなみに『なぜイスラエルか』には疑問符はついていない――誰にも理解できなかったのだ。ましてやそれに答えることなど不可能だった。そして、映画の長さがとどめを刺した。そこで私は私的な試写会を何度か開いた。未整備の商業的配給ネットワークおよびイスラエル映画の一般的観客を除き、私は知識人、作家、アーティスト、ジャーナリスト、政治家、高級官僚たちに的を絞った。彼らは全員熱気をもってこの映画を評価してくれた。映写室の最後列にいて、注意深い沈黙を感じとり、予期したとおりの場面で湧き起こるはずの笑いを待ち受け、いくつかの特定のシーンでは当局者たちが感じるにちがいない居心地の悪さを感じとり――『なぜイスラエルか』はプロパガンダ映画ではなかったから――、そうした厳しい場面が複雑に相対化され、映画全体を覆う共感によっていわば「修正」される次の場面で彼らが見せる安堵感――観客のそういった反応を実感することは、私にとって新鮮で興奮に満ちた経験だった。三時間二十分の上映が終わった時、ゲルショム・ショーレムが立ちあがり、観客の方に向きなおると、こう言って締めくくってくれた。「かつて見たことがない素晴らしい作品だ！」。それは私にとりこの上ない褒め言葉であり、最高の喜びだった。同様の趣旨をより詳細に伝えたのは、マアリヴ紙上に掲載された映画評論家モシュ・ナータンによる長い記事だった。ナータンは数ヵ月後テルアビブの路上でバスに轢かれて亡くなった。

『ショア』の冒険はここから始まる。ある日私は、イスラエル外務省の局長である友人のアルフ・ハレヴンに呼び出された。彼はこれまでになく重々しく晴れがましい口調で話しかけてきた。まず『なぜイスラエルか』について祝いの言葉を寄せたあと、次のような趣旨のことを述べた。「ショアに関する映画がない。あの出来事を全体としてとらえ、その重みを伝える映画がない。われわれの視点から、つまりユダヤ人の視点から作られた映画がない。私が言うのは、ショアについての映画ではない、ショアそのものである映画のことだ。われわれはきみだけがそれを作ることができると考える。考えてみてくれ。きみが『なぜイスラエルか』の完成までに遭遇したあらゆる困難は理解しているつもりだ。きみが承諾してくれるなら、われわれはできるかぎりの支援はするつもりだ」

したがって、『ショア』のアイディアは私から出たものではない。私は考えてもいなかった。ショアは『なぜイスラエルか』の中心的テーマではあったが、そのテーマに正面から挑もうなどと考えたこともなかった。この会談は一九七三年初頭のことだったと思う。パリにもどっても、何を決めるべきか皆目見当もつかなかった。使命の重大さ、無数の困難を考えると、無謀とも言えるこの挑戦を成功させることはおぼつかなく思えた。にもかかわらず、私の内なる、強烈な、いや暴力的でさえある何かがそれを承諾させた。以前のジャーナリストとしての生活にもどることはもう考えてはいなかった。私の人生におけるその時期は去ったのだ。とはいえ、引き受けると言ったが最後、あらゆる安全と慎重を放棄し、何年かかり、いつ終わるとも知れない仕事に専念しなければならない。それは未知を、いやひょっとすると危険を選択することを意味した。未踏の北壁のふもとにいて、不透明な雲にさえぎられた頂上を仰いでいる感じである。私はパリの街をひと晩中歩きつづけた。火のような夜だった。めったにないチャンスが与えられたのだ、大変な勇気を要することだが、このチャンスを逃すのは意気地なし、恥ずべきことだと自分に言い聞かせ、私は決心を固めた。同時に、自分がショアについて何を知っているのかを自問した。本当のところ何も知らなかった。私の知識はゼロだった。唯一抽象的な結果として、六百万人の同胞が殺されたという数字だけがあった。そして、同世代の多くのユダヤ人と同様、私は生まれつきそれを知っている、つまり血のなかに記憶をとどめていると思いこみ、逃げ道を絶ち、恐るべき現実に向きあい、知ろうとする努力を怠ってきた。それを言い訳にしてきた。私はショアとまったく同時代の人間である。自分が当事者になっていても不思議ではなかったというのに、私があえて想起するたびに感じる凄まじい恐怖は、ショアを他の時代、あるいはほとんど他の世界へと追いやってしまうのだった。距離であれば天体的距離、時間であれば人間的時間の埒外、ほとんど伝説的なあの頃《イッロ・テンポレ》にまで遠ざけてしまうのだった。そんなことは自分の時代に起きるはずがない——恐怖は事実を遠ざけることを命じた。今日となれば、あの悶々とした夜、自分の内でせめぎあっていた思考のもつれた糸をほぐすことはできる。だがそんなことはしたくない。朝、力尽きた私は、静かで泥沼のような眠りに落ちる前に電話を取り、アルフ・ハレヴンに私の同意を伝えた。

与えられたテーマを把握するまでには時間を要した。ニューヨーク映画祭での『なぜイスラエルか』の上映を待つあいだ、私は一九七三年の夏いっぱいをアンジェリカとともにエルサレムで過ごした。世界中の知識人とアーティストのための財団ミシュケノット・シャアナニムが提供してくれたアパルトマンに住んだ。旧市街地の城壁に面したこの場所で、私はどこへ行きつくとも知らぬままにジェラルド・ライトリンガー〔英の美術史家〕とラウル・ヒルバーグ〔米のユダヤ系の歴史家〕を夢中になって読む一方で、古文書を紐解き、ヤド・ヴァシェム〔ホロコーストの犠牲者追悼のための国立記念施設〕の図書館に通った。それは私が『なぜイスラエルか』の中で紹介したつましいヤド・ヴァシェムであって、今日のアメリカナイズされた巨大な石造りの施設ではない。尊大な世界的建築家のコンペから生まれた今の施設では、マルチメディアの狂騒が追悼というよりは忘却の感情を煽りたてる。私は助手として若い女学生、イレーヌ・シュタインフェルトを雇った。アンジェリカの友人の娘さんで、ヘブライ語以外にドイツ語、英語、フランス語を完璧に話した。彼女は同時通訳として優れた才能を見せ、『ショア』のロケハンの際に大いに力になってくれたばかりでなく、私のドイツ探訪旅行中にもその有能ぶりを発揮した。私はどっちを目指すかもわからぬままに、あちこちをつつき、あらゆる方角を訪ね歩いた。ヤド・ヴァシェムが私に提供してくれた小さなオフィスで、ヒルバーグの『ヨーロッパ・ユダヤ人の絶滅』英語の初版を読み進め、それをもとにまっさらなボードの上にチャートを作り、書いては消しを繰り返した。妥協のない無味乾燥な記述がびっしりと詰まった横二列組み千ページにおよぶこの本は、一九三三年〔ヒトラーの首相就任の年〕から最後の年までをきわめて厳格な構造的解体を施した年譜とともに網羅し、最終的解決の一つひとつのプロセス（定義、属性の識別マーク、隔離、退去、ゲットー封じ込め、処刑）には多岐にわたる注釈をナチ関係者の氏名とともに付しており、これがとりわけ私には有用だった。こうして作成するチャートが、この想像を絶する「出来事」――すべてを知っていると思いながら、実は何も知らなかったことを思い知らされたのだが――を有機的に整理するのに役立つと私は信じていた。ヒルバーグの情報源は基本的にドイツだった。私は、殺人者を登場させずにこの映画を作ることはできないと、早い段階から気づいていた。

どうやってとりかかるのか、どれほどの大胆さが必要とされ、どんな危険な目に遭うのか、まだ皆目見当がつかなかった。ただ私はフィルム資料を使わないことを早くから決めていた。そのわけを最初からはっきりと意識していたわけではない。その最も強烈な動機が明瞭になったのは、自分がどういう映画の製作を任されたのかを理解した時だった。私はすでにフィルム資料をもとに作られた映画を何本か見ていた。たとえばフレデリック・ロッシフ監督の『ワルソー・ゲットー』は、多くがＰＫによって撮影されたプロパガンダ・フィルムを使用していたが、引用資料に関する何の言及もないことに違和感を覚えた。ＰＫすなわちドイツ国防軍の宣伝中隊《プロパガンダ・コンパニー》が、ゲットーでの生活がいかに楽しいものであるかをドイツ国民と世界に向けて宣伝するために、ワルシャワ・ゲットーで撮ったフィルムである。ＰＫの「監督」たちは、偽りのキャバレーのシーンをでっちあげ、お祭り騒ぎの偽装のために選ばれたユダヤ人女性に大袈裟な化粧を施し、騒々しい音楽やダンスを演出したのである。ゲットーの中に、とりわけその初期において、階級構造が存在していたことを否定する者はいない――私も『ショア』のなかで示したとおりである――。だが、何も知らない観客が、記録映像としてその信憑性に疑いを挟むことなくこうした映画に接した時に、どう感じるかは考慮すべきであろう。

ロンドンで、痛ましくも強迫観念にとらわれた一人のユダヤ人が住むアパルトマンで過ごした狂気のような三日間を思い出す。本当にゲットーでのときを止めてしまったようなあの時代の時計があった。

住居のすべての部屋は、ワルシャワ・ゲットーで撮られたあらゆるサイズのモノクロ写真でびっしりと埋めつくされていた。床に、テーブルに、ソファに、ベッドに並べられ、大きなケースに詰めこまれ、あるいは壁に貼りつけられた写真は、偽装された幸せな写真ばかりではなく、その他の悲惨な写真も数多くあった――PKは何でもフィルムに収めていた。新聞紙に覆われ街なかに放置された遺体、骨と皮だけの人が曳く死体を載せた荷車、黒山のハエがたかる死体置き場――いずれも、ヨーゼフ・ゲッベルスの学校で教育を受けた才能あるプロたちが、ユダヤ人の死や不幸にどれほど魅惑されたかを余すところなく示していた。ケースからケースへ、部屋から部屋へと走りながら、キッセルは家族が味わった苦悶に執拗に寄り添い、埋葬された世界の注意深いキュレーターとしてこの貴重な死の雑踏のなかに留まってきたのである。彼に迷いはなかった。その思いは自分自身の死期が近いことから――すでに声帯がんを病んでいることを彼自身の口から聞かされた――、いっそう強かった。私が思いもつかなかったことを暗示してくれ、同じシリーズの写真のどれとどれのプリントかを探し出してすぐに焼きつけてくれた――それは彼の職業でもあった。ゲットーに関する世界中の無数のフィルム資料は、彼の所有する画像からそのつど異なるコメントを付されて作られたものだった。キッセルの名前を聞いたのはエルサレムでのことだった。「きみの映画にはとても重要なことだ」と言われたものの、どうしたらいいのかわからずに、私は直接に会いにいくことを決めた。言われたとおりだった。彼とともに過ごした三日間で、私はフィルム資料から完全に解放された。その一方で、自分が作ろうとしている映画の登場人物を探していた私は、キッセルこそその一人になりえるのではないかと考えた。彼と彼のがらくたの山は、冒頭シーンを飾るにふさわしいのではないかと。いい考えとは言えなかったが、その判断をする前に彼は亡くなった。

読書を重ね、月を重ね、私の映画――という表現が許されるなら――は、試行錯誤によって消極的ながら次第に骨格を現わしつつあった。一九七三年十月六日、ヨム＝キプール戦争が勃発、それと軌をいつにするようにニューヨーク映画祭で『なぜイスラエルか』が上映され、十月十一日にはパリ公開が続き、これ以降かなり長い期間にわたって仕事は中断された。国家を最悪の命運の縁に立たせたあの戦争が政権交代を招き、不倒のゴルダ・メイアを首相の座から引きずり下ろすというめまぐるしい展開の下で、イスラエル側関係者は彼らが数ヵ月前に表明したショアの映画への関心を維持することは難しいと伝えてきた。ということは、私は一人でこの仕事を続けざるをえず、彼らが引き受けてくれるはずだったあらゆる困難は、結局私の肩にかかってくることを意味した。

アンジェリカは、ニューヨークでの映写が終わるとすぐにテルアビブ行き飛行機に乗った。イスラエルが危機に瀕している時によそにいることは、彼女には耐えがたかったのである。私もフランス公開を終えて一週間後には彼女に合流した。緒戦の致命的な打撃が響いたとはいえ、戦いを続行する激しい闘志は衰えていなかった。「中国農場」での激戦のあと、スエズ運河を逆渡河する作戦を立てたシャロン［少将、のち首相］は、激しい爆撃下、架橋工兵にバージの浮橋を敷設させて、機甲師団をエジプトに送りこむことに成功した。停戦数時間後、私はこの戦争の偉大な英雄となるシャロンの飛行機に同乗し、運河沿いに仮設された滑走路に降り立つと、戦車が渡ったばかりの橋に立った。渡河した機甲師団はスエズ市を攻略し、さらにカイロを目指そうとしたが、急遽エジプトから出された休戦提案によって一〇一キロメートル［カイロまでの距離］地点で停止していた。それは戦況を一気に好転させたヒロイックな戦略だった。エジプト第八軍は退路を断たれて後方軍との連携を失い、シナイ半島で孤立したままイスラエル側の捕虜になってしまったのである。休戦協定の条件として、イスラエル軍は敵であるエジプト第八軍への補給を許可することが定められた。その結果、奇妙な光景が展開することになった。エジプト軍将校や兵士たちが乗る小型船が行き来しては、自分たちの領土である対岸で待ち受ける面白半分、同情半分のイスラエル兵の手から水や食料を受け取るという珍妙な作業が続いたのだ。

レ・タン・モデルヌの特集号が六日戦争勃発の日と重なった時とは逆に、ニューヨーク映画祭での『なぜイスラエルか』上映の日にヨム＝キプール戦争が勃発したことは映画の成功に結びつかなかった。かなりな称賛記事が出たにもかかわらず、アメリカでの配給にはきわめて悪いタイミングだったのである。テレビのチャンネルというチャンネルが、昼夜を問わずイスラエルの報道でもちきりだったからだ。あえてリスクを取ろうとする配給会社もいくつか現れたが、われらが女性プロデューサーは興行収入の前払いを要求し、こんな状況では無理だとする相手と折りあわなかった。私も彼らと同意見だった。同じような状況にもかかわらず、そして私自身もイスラエルに急遽帰国してしまったのに、フランスでは逆のことが起きた。映画は批評家にも一般の観客にも好評だった。新聞雑誌の常連の映画評論家による記事はもちろん、クロード・ロイ、フランソワ・フュレ、ピエール・ノラ、フィリップ・ラブロらが素晴らしい記事をメディアに寄せていた。

実のところ、映画はこの年の春には完成していたのだが、十月のニューヨーク映画祭の選考結果を待つために公開を遅らせていたという事情がある。その間、何回かおこなわれた私的な試写会のいずれかのあと、私はフィリップ・ラブロから電話を受けた。ジャン＝ピエール・メルヴィルが私の映画に惚れこんでぜひ会いたいと言うので、私の電話番号を教えたというものであった。メルヴィルは本名グリュンバック、ユダヤ人の映画監督である。当時私は彼のことを知らず、彼の映画も見たことがなかった。だがそれ以降、私たちは大変強い友情で結ばれるようになった。だが、彼の早すぎる死［一九七三年八月］のゆえに、交友は短かった。彼は八区の驚くような大きさの暗い建物を私邸に改造して住んでいた。ここに彼は編集台を据え、百人以上を収容できる超モダンな映写室を作っていた。最初に訪れた時、彼はずんぐりとした身体を椅子に埋め、大きな禿頭につばびろのカウボーイハットを載せ、動かなかった。部屋そのものが薄暗かった上に濃いサングラスをかけていたので、彼の視線をとらえることはできなかった。寡黙だったが、映画に関してはとびきりの話術で私を楽しませてくれた。偉大な監督の眼は何も見逃してはいなかった。彼が鋭敏なユダヤ的感性を備えていることはすぐにわかった。それがあるいは彼の仮面と関係があるのかもしれなかった。『なぜイスラエルか』は彼を解放したと私は確信している。エルサレムについて語る時、彼の表情は輝いた。彼のもとを訪れるたびに、同じ儀式が繰り返された。暗いオフィスでの打ち解けた会話とそのあいだに挟まれる長い沈黙——彼の映画でも人物はしゃべらない——、次いで広いガレージがある地下にしずしずと降りていく。そこに、ロールスロイス・シルヴァーシャドウが高価な宝石のように落ち着き払った光を放っているのを見て、私は感動した。メルヴィルが運転席に座る。夜でもサングラスは決して外さない。ガレージの勾配を上がり、ポルト・ディタリーから南へ向かう高速道路に上る。ロールスロイスの驚嘆するような静寂のなかで、無言のまま二十キロメートルほど走り家にもどると、ゴブランのブラスリーで夕食をおごってくれた。彼はよく知られていて、みな彼に敬意を払った。この時、アメリカン・エクスプレスだったと思うが、クレジットカードで支払いをする人を初めて見たことが、シルヴァーシャドウと同じくらいに私の印象に残った。幸せの絶頂は食事のあとに待っていた。彼の映写室で、いつも二人きりで、彼の映画のすべてを繰り返し見た。ひと晩に二本見ることもあった——彼の睡眠時間はきわめて短かった——。彼の希望で『なぜイスラエルか』も見た。私にとっては信じられないほどの喜びだった。どれほどの決意でこの冒険を冒したかを語ると、彼はうなずき、時々話を聞きたいと言った。だが彼の急死によってすべては絶たれた。彼は実質的に破産していたと聞かされた。シルヴァーシャドウもリース契約で購入したのだという……。

ヨム＝キプール戦争が終わり、仕事を再開する前に、私は自分で『なぜイスラエルか』をアメリカに売りこんでみたいと考えた。ユナイテッド・アーティスツの社長アーサー・クリムがロングアイランド湾沿いの豪壮な屋敷で私的な映写会を催し、この作品を欲しがったが、ここでもまた私のプロデューサーが長い牙を剝き出しにした。二度目の映写会が、やはりロングアイランドにあるラリー・ティッシュの豪邸のプライベート・ホールでおこなわれた。ニューヨークの大物実業家であり、五番街の有名な六六六番地ビル（ティッシュマンビル）のオーナーであるラリーは、赤毛と際立って白い肌の大柄な男だった。妻を伴った彼が、アメリカとイスラエルの大統領や大臣たちと握手しているさまざまな写真が額に飾られ、真面目な高額寄付者であり熱心なシオニストであることを顕示していた。夫妻の友人夫婦が合流して、アルコールなしの恐ろしく質素な軽食がふるまわれたあと、一同はホールに移動した。長椅子もソファもあまりに深々とクッションがよすぎて、座ったとたんに埋まってしまいそうだった。隣人の顔を見ようと思ったら、思いきり前に身を乗り出し、激しく腰をよじらせなければならないほどだ。ゲルト・グラナッハの歌うスパルタクス団の歌とともに映写が始まった時、私は自分の映画がこの場所にも観客にもまったくふさわしくないことに気づいた。あとは責め苦の時間を過ごすだけだ。私はソファの中に埋もれて消えてしまいたかった。天真爛漫な最初のいびきは十分後くらいに聞こえてきた。振り向くと、主催者のラリーが口を開いて寝入っていた。間もなく夫人がそれに続いた。友人夫婦だけはいびきもかかず居眠りもせずに、映画が終わって室内に照明がもどると、いきいきと眼を光らせて私に共感の笑みを送ってよこし、ティッシュ夫婦を見やって肩をすくめて見せた。後ろめたさを感じたのだろう、ラリーは三日後に六六六ビルの六十六階にある彼のオフィスに来るように言った。そこから見る三百六十度全方向の景色は息を呑むほどだった。だが彼は景色など眼中になかった。彼は他のものを見つづけ、私はその彼を観察しつづけた。四十五分間、彼は私の存在など忘れたみたいに世界中の株式市場の動きを示すコンピュータとテレビの十余りのスクリーンに見入って、音声機器、電話またはあまりに現代的すぎて名前も覚えられないようなその他の機械に向かって、売りと買いの指示を休むことなく吠えつづけた。この時間はしかし報いられた。すぐに彼が能力のある男であることがわかり、私は心から彼を許した。彼は私の方に向きなおると、微笑を浮かべ、感謝の言葉を述べ、まるでひとコマも逃さずに見たかのように私の映画を褒めた。眼の前で電話を取ると、部下の一人に電話をかけ、私を彼に推薦し、次の面会の場所と時間を決めた。私は知らなかったが、ラリーは全国に映画館のチェーンを持っていて、なんと『なぜイスラエルか』を配給しようとしていたのである。だがここでもプロデューサーとの同じ問題が起き、うんざりした私は一切を放り出してヨーロッパにもどり、仕事を再開した。

　私は『夜と霧』を見、プリーモ・レーヴィ[2]、アンテルム[3]、ルーセ[4]を始めとする多くの著作、論文を読破した。収容所の生き残り、生還者たちから話を聞いた。一部は私の知っている人たちであり、その他は「絶対に話を聞くべきだ」と紹介された人々だった。私は質問を控え、注意深い聞き手に徹し、ひたすら彼らに話してもらった。質問をするためには多くのことを知っていなければならないと気づいたのは後になってからのことで、当時は本当に何も知らなかった。だが、こうして収集した話や証言はいずれも、最も悲惨なものでさえ、私の理解のおよばない中心的な何かの周辺で留まってしまうのだった。始まり、つまり逮捕、一斉検挙、罠、「移送」、すし詰め、悪臭、渇き、空腹、収容所到着後の欺瞞、暴力、選別などは、どれも似通っていた。そのあとは、あっという間に収容所生活の日常のなかに引きずりこまれてしまう。もちろんそのどれもが私の映画に不可欠な要素だった。しかし、そこには何かが欠けていた。それはガス室、ガス室での死だった。誰もそこから生還して語ってくれる者はいない。それがわかった時、私は自分の映画のテーマが生還ではなく死そのものであることに気づいた。ひどく矛盾した発見だった。これでは自分が着手したばかりの企画そのものが成立しないではないか。死者が死者のために語ることはできない。だがこの事実に気づいた時、私が天啓めいた力を感じたことも確かだった。とことんやってやろう、何ものにも邪魔はさせない。私の映画は究極の挑戦を果たすことになる。つまり、ガス室の死という、存在しない画像を代替することである。すべてをゼロから作らなければならなかった。八十万のユダヤ人がガス殺されたベウゼツ絶滅収容所の写真は一枚もない。ソビブル収容所（死者二十五万人）、ヘウムノ収容所（ガストラックによる虐殺四十万人）もまた同じである。トレブリンカ（死者六十万人）に関しては、遠くから撮ったブルドーザーの写真一枚があるだけだ。強制収容所であり絶滅収容所でもあったアウシュヴィッツの巨大な施設についても基本的には変わらなかった。ＳＳが撮った荷下場《ランプ》でのたくさんの写真は残されている。だがそれは、ハンガリーから移送されてきたユダヤ人が選別を待っている死の前の写真である。三千人の男女、子供たちを一度に押しこんだビルケナウの巨大なガス室で、わずかでも空気が欲しい、何秒かでも呼吸をしたいと争う人々の悲惨な闘いの写真は一枚も含まれていない。

　私に重要な手がかりをもたらした二つの資料がある。一つは一九六〇年にフランクフルトでおこなわれたトレブリンカ裁判の記録である。このなかで、私は映画の登場人物になる二人の証言を見つけた。ＳＳのフランツ・ズーホメルと、収容所での反乱の生き残り、チェコのユダヤ人、リチャード・グレイザーである。また、裁判におけるドイツ側検事アルフレッド・シュピースも、後になってきわめて友好的に私を受け入れてくれ、『ショア』に登場することになる。同じ時期に、ギッタ・セレニーの『人間の暗闇――ナチ絶滅収容所長との対話』を読んだ。著者はハンガリー出身のイギリス人ジャーナリストである。彼女は、ズーホメルとグレイザー以外に、トレブリンカ収容所の所長であったフランツ・シュタングルを刑務所に訪ね、長時間にわたるインタビューをおこなっている。セレニーのテーマは死であったが、そのアプローチは私には純心理学的なものに思えた。彼女は悪について考察し、家庭を持つ一人の父親がいかにして平然と大量虐殺をおこなうようになったのかを解き明かそうとした。歴史的、文学的な、事後からの常套的アプローチである。私の場合は反対だった。調査の最初から、露わな驚きにとらわれたあまり、私はむきになって理解することを拒否しようとした。セレニーは後に、アルベルト・シュペーアに関する本を出版している。シュペーアはヒトラーにより党主任建築家に任じられた建築家で、戦争中は軍需大臣を務めた。ニュルンベルク裁判で二十年の禁固刑を受け、出獄後に出版した回想録がベストセラーになった。セレニーは彼の魅力とその家族、妻と娘たちの魅力にすっかり参ってしまい、心理学的アプローチ特有のきれいごとにおちいり、彼らを讃える分厚い本を出した。彼女はすべてを理解していた。理解しすぎたというべきだろう。私自身、回想録出版後のシュペーアに会ったことがある。ハイデルベルクの彼の家を訪ねた。ネッカー川を見おろす丘の上の城《シュロス》に隣接する豪勢な邸宅だった。対談は午後の三時に始まった。真実へと彼を解き放ったはずの長年の獄中生活にもかかわらず、彼は信じられないほどに逃げ腰でぎこちなく見えた。私の質問に正直に答えることよりも、姿勢やポーズに気を遣っていた。私は建築一般、総統の建築学的才能、彼が設計した千年帝国のための冷たい幾何学的記念建造物群について質問した。私は一九三七年のパリ万国博覧会の会場で、ヒトラーのパビリオン［シュペーアの設計］とソ連のそれとが向きあって建っていたのを覚えていた。あれは家を出た母と初めて再会した時のことだった。アーリア民族の大きな男女のカップルの大理石像が、ソ連のカップルのこれも巨大な像と角突きあわせているさまを指さしたのは母だった。ソ連のカップルは半月鎌であたりを薙ぎる女と、立派な鉄製の槌をふるう男から成るものだった。ただし、あの巨大で素晴らしいドイツ女性はシュペーアの作品ではなかった。彼はデッサンの入った段ボール箱を持ってきて自分の作品を私に見せた。一枚一枚、完成した建物の寸法と縮尺の説明を聞きながら、私は図面の閲覧につきあった。夕暮れどきとなり、彼は大きなソファに落ち着き、わたしも同様にした。明かりはなかった。照明をつけようとするそぶりも見せなかった。私たちは真っ暗闇のなかで会話を続けた。飲み物も食べ物も出なかった。夜中に辞去した時には、この男に二度と会いたいとは思わなかった。

エルサレムのヘブライ大学のユダヤ史教授イェフダ・バウアーを委員長とする科学委員会が設置され、私はそこで自分の仕事の概要を説明し、進捗状況を報告するよう求められた。委員会の何ヵ月か後に、私は自分が抱える問題についてイェフダ・バウアーと個人的に話しあった。この頃には、映画の登場人物のイメージは明らかになっていた。まず、ナチの用語でいうところのゾンダーコマンド「特務班」のメンバーである。彼らは殺人者たちとともに殲滅プロセスの最終段階に立ちあい、自分と同じ民族の人々の死の証人、ガス室で生命を終えようとする人々の人生最後の瞬間の唯一の証人となる人たちである──本書の第2章で、三年近くのあいだアウシュヴィッツのゾンダーコマンドの一員として働き、五回にわたる特務班員の抹殺を奇跡的に生き延びたフィリプ・ミュラーについて詳述した──。次に、長期にわたる収容所生活で中心的な地位を占めるようになり、殺人工場の機能について最も詳しく語れる人たちである。バウアーは完璧に私の意図を理解し、賛成してくれた。彼はチェコ出身だったので、チェコスロバキアにおける「最終的解決」の前兆とそれに続くさまざまな局面をよく知っていた。ヨーロッパのユダヤ人のなかでも、アウシュヴィッツに近かったことから、チェコ人とスロバキア人は真っ先に移送されたのである。『ショア』の登場人物のうち、最も重要な三人がチェコ人のグレイザーとフィリプ・ミュラーであり、スロバキア人のルドルフ・ヴルバであることは驚くに当たらない。イェフダ・バウアーの話から後者二人のことを知ったのだが、彼らを探しあて、映画に撮ることを承諾させるのはまたひと仕事だった。私には彼らを必要とするもう一つの理由があった。彼ら三人ともがその知性、奇跡的な生還、英雄的行為、体験を語る能力といったあらゆる点で稀有な人物であったことに加え、私が彼らに外国語でしか語りかけられないということからくる距離感が、逆説的ではあるが、恐怖に近づくための条件であったのだ。では、フランス人のフィリプ・ミュラーがいたとしたらどうする？　この問題はありえなかった。フィリプ・ミュラーは二人といなかったからである。そのブロンズの声、的確でドラマチックな言葉が発せられた後に長く残る震えと余韻、三年にわたる地獄での生活で鍛えられた深い思考、生命と死に関する気高い思い――これらは他の誰にもないものだった。

アウシュヴィッツの特務班員がこの映画にどれほど重要な存在であるかがわかった時点で、私は調査を開始し、そのほとんどを探し出した。だが、出演者としてフィリプ・ミュラーに並ぶ者はいなかった。唯一の例外はイスラエルの小さな町、ハデラで肉屋を営むドヴ・パイシコヴィッチだった。これほど静かな男にはかつて会ったことがなかった。トランシルバニア出身の彼が家族とともにビルケナウに移送されたのは一九四四年五月、ハンガリーからのユダヤ人の虐殺が最盛期を迎えた頃である。毎日ガス室から吐き出される死体を処理するのに、焼却施設は間に合わない状態だった。急遽穴が掘られ、第四および第五焼却炉の灼熱の空間に入りきらないものをそこで燃やしていた。汽車から降りるや、家族から引き離され、殴られ、打ちのめされ、まだ十八歳にもなっていなかったドヴは棍棒と牙を剝き出す犬に追われて穴の一つまで走らされた。そこで彼は他の者たちと一緒に、死体にガソリンをかけ、木製またはコンクリート製のハンマーで燃え残った太い骨を砕き、溶け出したユダヤ人の脂をバケツで汲みとった。彼はこのおぞましい仕事を必要なだけやり遂げ、凄まじいまでの勇気と、幸運のさじ加減とによってアウシュヴィッツを生き延びたのである。フィリップ・ミュラーとはまるで正反対だったが、私は彼のことが好きで、何度も彼の店を訪れた。若い日の体験と現在の徹底的な沈黙とは、この映画が具象化すべき悲劇のなかにしかるべき場所を見出すにちがいないという確信があった。沈黙は言語の正統な表現方法である。私が彼の口から聞き出すことができたただ一つの情報は、彼が地中海の、カイサリアからそれほど離れていない場所で釣りをするのが好きだということだった。夕暮れ時、砂浜の中に固定した重い釣竿から底釣り用の仕掛けを投げこみ、引きのあることを知らせるリールの音を忍耐強く待ちつづける時間。自分自身釣りが好きで、待つ時間と切迫した瞬間をこよなく愛した私はこう考えた。しゃべらなくていい。二人で一緒に釣りをしよう。その場面にかぶせて、ボイスオーバーで彼の話を私が語ろう。ドヴは私の提案を受け入れてくれたが、残念なことに撮影開始前に心臓発作で亡くなった。悔しかったし、辛かった。

『ショア』は手におえない映画だったが、手をつけようとすれば無数のとっかかりがあった。何らかの順序で語ろうとしてもあまり意味はなく、ただ日を追い年を追うごとにできあがっていった。資料も個人的な物語もなく、生者は死者の代弁者となるべく死者の前ではその姿を消し、またかくも並はずれた、かくも魅力的な「私」、個々の運命がかくあるべしとする掟に比してかくも破天荒な「私」は存在しえず(5)、逆に映画は一つの民族全体の運命を語る厳密な全体像――ドイツ語で言うところのゲシュタルト――になるべきであり、その伝達者たちは自分自身のことを忘れ、伝達の義務が彼らに求めるものを驚くほどに自覚し、ただ全員の名において自分が生き延びたことを、無心に、何の誇張もなく、自然のうちに表現する、なぜなら彼らもまた死ぬ運命にあったからである。だからこそ、私は彼らを生存者とは言わずに、むしろ「生還者」と考えるのである。私はあらゆる方面に向けて、遮二無二というよりはしかるべきやり方で闘いを始めた。その前に、われわれ、すなわち「生還者」と私自身に課した自分を忘れ去る原則、その徹底した厳密さについてもう少しだけ述べておきたい。なぜなら、その徹底さゆえに、いくつかの事実をこの映画の中で触れられなかったことに後悔が残るからである。たとえば、ヴィリニュスの生き残りの二人、モトゥケ・ザイドルとイツハク・ドゥギンのことを思い出す。二人は若いユダヤ人の特務班員としてポナリの森の巨大な共同壕を掘らされ、何の道具もなしに素手のまま数千という死体を埋めさせられた。そのなかには最も近しい者たちの死体もあったが、二人は〝フィグーレン〟［マリオネット］または〝シュマッテス〟［ぼろ］と呼ぶ以外にその名を口にすることも許されなかった。もし「死者」とか「犠牲者」といった言葉を口にすれば、めった打ちにされた。『ショア』の中で私が触れなかったのは、ザイドルとドゥギンも加わったこの特務班の若者たちが試みた信じられないような脱走劇である。彼らは砂地深くに長いトンネルを掘り、鉄条網の向こうの森の中まで掘り進めた。呼吸も困難なほどのトンネルだったが、ザイドルとドゥギンは脱出に成功した。脱走に気づいたSSは大型の番犬を放った。語るのはドゥギンである。「もうおれたちは力尽きていたから、簡単に犬に追いつかれてその牙で死ぬことを覚悟した。ところが突然、やつらはおれたちの周りをぐるぐる回りながらうめき声をあげはじめたんだ。恐怖のうめきだ、そして震えながらへたりこんじまった。つまり、おれたちにはそれくらい死臭が滲みついていたってことだ。何週間も穴の中で働かされていたから、おれたちの体臭は犬だって近づけなかったってことさ」

今こうして振り返ってみると、私の事前調査の段取りは闇の中の手さぐりという感じであった。いや理解不能と言うべきかもしれない。死を宣告された人たちの最後の時間に取りつかれて、あるいは、大部分の人にとっては同じことだったが、死の収容所に到着した最初の時間、渇き、寒さ——たとえば、トレブリンカやソビブルに到着した人々が、ガス室で死ぬ順番を氷点下二十度の戸外で裸で待つということが何を意味するのか？——にこだわりつづけた。私は果てしなくこの手の自問を繰り返した。それは胸をえぐるような問いかけだったが、私は一度として絶滅の現場に立とうとは思わなかった。理論的にはそこへ行くべきであり、そこから始めるべきだった。にもかかわらず、私は絶対にポーランドには行きたくなかった。根深い拒絶感があの国に旅することを私に禁じていた。あそこでは何も見るものはないし、学ぶべきこともない。ポーランドは免訴になったも同然だった。もしホロコースト——当時使われていた言葉である——がどこかであったとしても、それを語るのは生存者または殺人者の意識であって、ならばそれがエルサレムでもベルリンでも、パリでもニューヨークでもよく、オーストラリアでも南アメリカでも変わりはなかったのである。

ゾンダーコマンドのメンバーを見つけだすこと自体はそう難しくなかった。彼らは多くはなかったし、知られた存在だった。特にそのうちの何人かは、アイヒマン裁判で証言台にも立っていた。問題はどうやったら会えるかではなく、どうやったら彼らをしゃべらせ、特にカメラと撮影班の前で話をさせることができるかだった。たまたま彼らが承諾したとしても、それは彼らにとてつもない対価を払わせる結果にならざるをえない。すべてを再体験させることになるからだ。それはほとんど不可能といってもいい仕事だった。アイヒマン裁判は何の役にも立たなかった。その記録を読むかぎりでは、あれは何も知らない人たちによる裁判だったと言わざるをえない。歴史家による検証はまだ不十分だったし、裁判長も裁判官も十分な知識を与えられてはいなかった。ハウシュナー検事は、仰々しい道徳論的昂揚が知識の欠如を補ってくれると思いこんでいた。彼はヘウムとヘウムノ〔ともにポーランドの地名〕を混同していたが、これは彼が犯した数多くの間違いの一つにすぎない。涙ながらの証人たちは堂々めぐりに終わり、彼らが体験したことを再現し提示するにはいたらなかった。加えて、問題の多い裁判指揮によって、責任と罪の大きな部分を不当にもユダヤ人評議会(6)に帰す結果になってしまったのである。これこそがゲルショム・ショーレムとハンナ・アーレントとのあいだで交わされた激しい論争のもとである。ハンナ・アーレントは裁判を傍聴して『イェルサレムのアイヒマン』を著し、裁判の不公平さ、同情の欠如、傲慢さ、状況の無理解を指摘して、当然のことながらショーレムから非難を浴びた。

アブラハム・ボンバはトレブリンカで散髪をしていた私の映画の登場人物の一人だが、アイヒマン裁判では証言をしていない。彼のことを耳にしたのは、ホロコースト記念館「ヤド・ヴァシェム」でのことだった。彼がゾンダーコマンドの一員でガス室の中でユダヤ人女性の髪を切っていたこと、奇跡的な脱出に成功し、出身地でありそこから移送されたポーランドのチェンストホヴァのゲットーにもどったものの、彼が兄弟たちに語った収容所での実態を信じる者はなく、逆に恐怖を煽っているとして、彼を黙らせるために警察に引渡そうとした者がいたことも知った。一九四三年に脱走に成功したボンバには、生まれ故郷のゲットーにもどるよりほかに選択肢はなかったのである。矛盾した話だが、そこだけが彼にとっての逃げ場所だったのだ。彼一人でポーランド人のなかで生き延びる可能性は皆無だった。ここで注意したいのは、ドイツ軍はゲットーを決して一度に空にはしなかったことである。チェンストホヴァのゲットーの無人化には数ヵ月を要した。そしてボンバは奇跡的に二度目のトレブリンカへの移送を免れたのである。私には得難い人物だったが、彼が床屋としての職業をニューヨークで営んでいるということ以外に、誰も彼の居所を知らなかった。一度だけ、ホロコーストの専門家のシンポジウムに、参加者としてではなく、発言権のない傍聴者として自ら希望して出席した際に、短い滞在中であったが、彼を見つけだそうとしたことがある。マンハッタン地区の電話帳を個人用も商業用も調べたが、どこにも彼の名はなかった。

この国際シンポジウムは一九七五年初頭におこなわれたはずであるが、私はそこでラウル・ヒルバーグと知りあった。彼はその乾いた声と、強調も誇張も完璧に消し去った口調、ときに辛辣な皮肉で、同僚たちを一刀両断に切り捨てた。彼に会うよう勧めてくれたのはイェフダ・バウアー教授だった。ある夜、私は彼と二人だけで会い、すでに読破していた彼の本について語るとともに、自分の映画の企画について説明し、映画に出てもらえないかを打診した。その後もバーモント州のバーリントン大学にある彼の家を何度か訪ねて、親交を深め、承諾を得た。シンポジウムの発言者はその多くがそれぞれの研究分野で知られた人たちだったが、彼らの明るさが私を驚かせた。討論の場はいきいきとして、祝いの言葉を交わしあったり、笑いあったりで、討論会のテーマにはまるでそぐわない雰囲気が私を戸惑わせたのである。死にこだわり、取りつかれていた私には、学会の目に見えて無頓着な姿勢が理解しにくかった。あるとき、私はこのことをイェフダ・バウアーに話したことがあった。すると教授は気晴らしをするように勧めてくれた。「こんなことを四六時中考えていたら、気が狂いますよ」。そのとおりだったかもしれない。私は次第に突き詰めて考えるようになり、ついには犠牲者も殺人者も全員が死んでしまったみたいに思いこむようになった。だから私は、生存者を見つけるたびに心底驚き、考古学の遺体発掘のような気持ちにとらわれた。私の発見は、あの巨大な災厄の表徴であり、残滓であるかに思えたのである。

アブラハム・ボンバに関して、私はついにブロンクス区の非常に古い住所を突きとめることに成功した。ニューヨークに行くたびに、電話帳をしらみつぶしに調べあげた末に、ついに現地を訪れてみようと決心した。それはうらぶれた建物だった。エレベーターはなく、近隣の多くの建物と同様壁は最近の火災で黒焦げになったままだった。もっとましな地区に住んでいるビルの所有者たちが改修費用を惜しんで、保険会社からの保険金目当てに火をつけることも稀ではなかったのだ。ボンバはあるいはここに住んでいたのかも知れなかったが、それもはるか遠い昔のことである。探す名前が郵便受けに見あたらなかったために、私は一軒一軒ドアをノックしながら最上階まで上がり、その結果わかったことは、住人のすべてがプエルトリコ人を始めとするヒスパニック系であるという事実だけだった。途方に暮れたが、私の映画に不可欠のこのボンバが永久に姿を消してしまったという考えを受け入れることができずに、私は何時間ものあいだ、この侘しい地域をぐるぐる回り、さまよい、足のおもむくままに店を一軒ずつのぞいて歩いた。みすぼらしい一軒の靴修理店の前で足を止めた。汚れたショーウィンドーを通して、ハンマーで靴底に釘を打ちこんでいる一人の男が見えた。男が従事しているこの古典的な職業と顔の特徴から、彼がユダヤ人であることはすぐに見当がついた。人の面貌判断で、私の勘はまず狂ったことがない。男はユダヤ人であるだけでなく、ポーランド系ユダヤ人であることもわかった。イディッシュのアクセントがきつかった。このヒスパニックの地区で、シオンと東欧の前線基地を死守しているといった風情である。もはや言うまでもないことではあったが、彼は移送されたユダヤ人の一人だった。もちろんボンバのことを知っていた。彼によれば、ボンバは二十年も前にブロンクスの、主にユダヤ人が住む他の地区へ引っ越したという。私は教えられたペラム・パークウェイ地区の調査にとりかかった。まずは電話帳を調べたが、彼の名はなかった。彼が床屋だったから、商売仲間に尋ねる方が確率は高いことに気づいた。そこで道々、美容院という美容院、床屋という床屋を手当たり次第訪ね歩いた。十五軒ほどまわった頃だろうか、とある美容院で、どうやって私の声を聞きつけたのかはわからないが、たしかパーマネントとかいう作業をするオカマの下から突然カーラーとヘアピンだらけの頭がこう叫んだのである。"I know him, I know where he lives, it is not far"。なるほど遠くはなかった。ボンバは郊外のありきたりの戸建て住宅に住んでいた。ベルを鳴らしたが返事がないので、私は待つことにした。夜になって、ようやく若い女性がやってきた。私は彼女に近づき、ボンバはまだ存命かと尋ねた。「私の父よ」と彼女は答えた。「どんなご用?」。私が映画という言葉を口にすると、彼女は眼をぐるりと回し、「ハリウッド……」と、もの問いたげにつぶやいた。両親は一緒に帰ってくるが九時過ぎになるだろうと娘は言う。まだ二時間はある。彼女はボンバがニューヨークのグランド・セントラル・ステーションの地下で床屋をやっていると教えてくれたが、これからいくら急いでも閉店前に彼をつかまえるのは不可能だ。やむなく私はここで帰りを待つことにした。娘は親切にも私を家の中に招じ入れてくれた。帰ってきた彼をひと目見て感じた強い好感の一方で、彼の妻の態度は私をいらだたせ、ついには怒らせた。もちろん悪意はなかったのだろうが、彼女は夫にひと言もしゃべる時間を与えようとしなかった。彼が返事をしようとすると彼女が機先を制するために、会話にならなかったのである。たまりかねて、私はアブラハムの腕を取り、「ちょっと表に出ましょう。歩きたいんです」と誘った。通りを歩きながら、私は何年ものあいだ彼を探しつづけてきたことを伝え、映画について私が描いている大まかな構想を説明し、なぜ彼のトレブリンカでの体験がこの映画にとってこれほどに重要なのかを訴えた。彼と膝づめで、ゆっくりと話しあいたい、そのための方法を何とか見つけたい。状況を理解した彼は、ニューヨーク州の山中にバカンス用の山小屋を持っていると打ち明け、次の週末をそこで過ごすことは可能だと言った。ただし車を持っていないので、私が調達することが条件だった。

私はレンタカーを借り、朝早くに彼を恐るべき妻の手から奪い取ると、タリータウンへと通じる橋を渡ってハドソン川と世界の始まりの岸辺を過ぎ、(7)アップステート・ニューヨークの山中をはるかオールバニに向けて上った。私は記録用の道具を何も持ってこなかった。ビデオも録音機もなく、手にしていたのはわずかに筆記用具だけである。本能的にそうすべきだと思ったからだ。私はボンバとともに土曜日の午後いっぱい、その夜の一部、そして日曜日のまる一日を過ごし、夜遅くにペラム・パークウェイの自宅に送り届けた。決定的な二日間だった。それは、私が知らなかったこと、いや誰もが知らなかったことを彼が教えてくれたから、それゆえに彼が得難い証人であったからだけではない。この二日間で、ユダヤ人の登場人物たちにどう接すべきかという問いに対するヒントを得たからである。ごつごつした未熟な英語ながら、理髪師ボンバは素晴らしい語り手だった。この四十八時間のあいだ、彼はまるで初めて語るみたいに、まるで誰にも話したことがないみたいに私に話した。これまで誰もこれほど親身に、細部にいたるまで注意深く耳を傾けた者はいなかったのだろう。私はあらゆる細部について記憶を呼び覚ますよう促し、ガス室の中で経験した言語を絶する時間のより深みへと分け入るよう要求した。そして私は、これら証言者たちを撮影するにあたっては、前もって彼らについてすべてを、少なくともできるかぎりのことを知っておく必要があることに気づかされた。このように過酷な記憶の再構築の作業には、私がいつでも彼らを支援できる態勢にいなければならないからだ。支援はこの際何らかの心情的サポートではなく、何よりもまず質問をし、中断し、方向性を修正し、あるいは的確な質問をしかるべきタイミングでするために必要な情報を持つことを意味した。そのための条件の少なくとも一つは、ボンバと別れる時には彼とのあいだでクリアしていた。信頼感である。彼は私を信用できる対話の相手と認めてくれた。帰り道、私は彼に映画に出てもらえないかと尋ねた。ただ、資金問題が完全に解決していない現状では、まだそれがいつになるかを明言することはできなかった。彼は重々しく承諾してくれた。うれしそうでもあったと思う。証言の絶対的必要性を彼もまた受け入れてくれたからである。日程が決まり次第改めて連絡することを彼に告げた。

約束を果たしたのは二年後だった。私は何度も電話を入れたが誰も出なかった。手紙を出したがもどってきた。ヴルバやカルスキら、他の出演者たちとの日程調整がすでに終わっていたので、アメリカでの撮影を遅らせることは不可能だった。ニューヨークに着くや、私は状況をはっきりさせるためにペラム・パークウェイへと向かった。呼び鈴を押すと、新しい賃借人か所有者かはわからないが、とにかくボンバではない誰かがドアを開けた。私の質問に対し、男はこう答えた。自分は会ったことはないが、ボンバとその家族はアメリカを捨て、イスラエルに行きそこで暮らしているということしか知らない。つまり住所も残さず、私に知らせもせずに発ったということだ。別れ際に何かの場合の連絡先を渡しておいたのだが、考えてみれば悪いのはこちらだった。何の連絡もせずに放りっぱなしにしておいたために、映画の話は立ち消えになったと彼が考えても不思議はなかったのだ。一九七九年秋には撮影予定が組まれているイスラエルにもどったが、私の最大の関心事はボンバを探し出すことだった。私は最もシンプルな方法を取った。イスラエルではポーランドのあらゆる町がそれぞれの生存者協会を組織している。アブラハムはチェンストホヴァの出身である。多くの法王によって祝福された黒い聖母がある聖地である。その町の生存者協会に問いあわせたところ、ボンバが最近登録していたことがわかった。こうして彼を再発見したのだが、やはり彼は映画の話は幻だったと思いこんでいた。一方で、私が世界中彼を訪ね歩いた事実が、私の熱意と私が彼に認める重要性を証明することになった。彼はテルアビブ近郊のホロンに住んでいた。私はそこで彼の娘と少し静かになった妻と再会した。それでも彼がまた消えてしまうのではないかという不安は消えず、さらに彼の撮影に伴う私自身の困難も危惧されたために、私は作業プランをひっくり返して、一刻の猶予もなく彼の撮影からとりかかることにした。

撮影は、テオ・クラン〔フランスのユダヤ人弁護士、活動家〕から借りたヤッファにあるアパルトマンの、地中海に面した美しいテラスでおこなった。こんどもまたアブラハムは、ニューヨーク州の山中であれほど印象づけ魅了した優れた語り手としての才能と、物語を具象化する能力を発揮して、チェンストホヴァからの移送のあいだ最初の妻と赤ん坊——二人ともトレブリンカに着くとすぐにガス室送りになった——が味わった地獄のような渇きと苦しみを語ってくれた。東地中海ではいつもそうなのだが、夜のとばりが突然降りようとしていた。カメラのドミニク・シャピュイは「切りあげましょう。光がない」と言った。だが私には光などどうでもよかった。理髪師ボンバの言葉の豊かさと魔法に魅入られたあまり、私はシャピュイに答えた。「いや、続けよう。彼の顔が消えても人は暗闇のなかで彼の言葉を聞くんだ」。私は愚かだった。そんなフィルムは使い物にならなかったし、事実使われなかった。ただ、これを記すのは、いかに私たちのチーム全員がこの男に入れこんでいたかを言いたいがためである。

撮影が進むにつれて、ボンバがいらだっていくようすが見てとれ、それにつれて私自身の不安も募っていった。彼も私も、いよいよ困難な局面に近づきつつあることがわかっていたからだ。間もなく、ガス室の中でユダヤ人女性の髪を切る場面に差しかかろうとしていた。それこそが私たちの共同作業の最も重要なモチーフだった。その日に先立つ数日間、彼は撮影が終わると私を脇に連れていき、「とても難しい。できるかどうかわかりません」と訴えつづけた。彼を支えなければと思うと同時に、自分自身がしっかりしなければと私は思った。これ以上彼に青い海に面したテラスでしゃべりつづけさせるわけにはいかない。理髪店の店先というアイディアを思いついたのは私だった。ボンバはすでに理髪師ではなかった。床屋をやめていた。廃業こそが彼のイスラエルへの「遡上《アリーヤー》」〔ユダヤ人がイスラエルにもどること〕の大きな動機だった。ボンバは私の提案に乗り気になり、自分で店を見つけようと言った。ただし倫理的な問題が一つあった。私たちの共通認識は、店は絶対に女性の美容院であってはならないということである。それはおぞましく、耐えがたいものになるからだ。こうして彼が選んだのは、普通の男性用理髪店だった。店主の下に何人かの助手がいて、やってくる客を黙々とこなす。もちろん客は中で何が起きるかを知らずに入ってくる。アブラハムはグランド・セントラル・ステーションで長年愛用した濃いイエローの上っ張りを着た。彼が愛する職業の、誇るべき思い出の品である。周囲で働くイスラエル人の理髪師たちは、青と白のダミエ柄の普通のユニフォームを着用し、撮影されている彼には眼もくれず、彼が話すことに耳も貸さない。自分の客を選んだのもアブラハムだった。おそらくチェンストホヴァ出身であろうその友人の髪を相手に、このシークエンスのあいだじゅう、ということは少なくとも二十分間、ほとんど休みなくハサミを動かして整髪を続けた。あるいは整髪するふりをしたというべきかもしれない。もし本気でやっていたら、彼の「客」はほとんど丸刈りになっていたことだろう。私が彼に与えた指示は「客の髪の毛を切っているみたいにやってほしい」だけであったにもかかわらず、アブラハムは自ら俳優に変身し、本当に整髪をしている雰囲気をかもしだすのに成功した。絶え間なくハサミの刃の音を響かせ、時々本当に髪の毛を切り、自分の仕事っぷりを確認するために後ずさって見、再開し、整えていく演技を繰り返しながら、私が発する質問に応えて地獄の様相を語りつづけた。私の問いかけは常に、より詳細に語ることを求めた。

なぜ理髪店なのか？　私は同じ動作が彼の感情を支える杖になってくれるのではないかと考えたので

ある。カメラの前で表現すべき言葉と動作をやりやすくしてくれるのではないかとも。もちろんあれは同じ動作ではなかった。理髪店の店先はガス室ではない。一人の男の髪を切るふりをするのは、アメリカの山中で聞いた物語とは何の関係もなかった。裸にされ、ウクライナ人看守の鞭で追い立てられて、ユダヤ人の女たちは七十人の単位でガス室に入る。そこには十七人のプロの理髪師が待ち受けている。その目的のために設けられたベンチに座らされ、数回ハサミを入れられるだけで髪の毛すべてを切り落とされる。撮影中に、私はアブラハムにその仕事ぶりを再現するよう要求した。彼はハサミを握り、彼の偽の客である友人の髪の毛を摑むと、頭の周囲にハサミを走らせ、どうやって、そしてどんな速さでやったかを見せてくれた。「こんなふうに、ここをカットする……。こっちと……、それから、こっちと……。こっち側……。それから、こっち側へ移り……、and it was all finished」[8]。一人あたり二分、それが上限だった。もしハサミがなかったら、このシーンはそれほどの喚起力を持つことはなく、真に迫ったものにならなかっただろう。あるいはシーンそのものがなかったかもしれない。それほどに、ハサミは彼にとり、話を具象化し、前進させ、ときに息を継ぎ、継続の力を補うのに役立ったのである。彼が語るべきことはかくも耐えがたく消耗させるものだった。

この長いシークエンスの中には、二つの留意すべき時間帯がある。物語の最初では、アブラハムは中立的、客観的、無関心の口調で話しはじめる。これから話そうとしていることは自分には関係ない、恐怖は自分の関与なしに、ほとんど自然のうちに、湧きあがってくるとでも言わんばかりである。だが、私が発する質問は彼が望むがままにはさせてくれない。私の問いかけは、まず地誌的記憶に関するものである。場所と時間の特定を要求する。たとえば、次のようなとっぴな、ばかげた質問をする。「ガス室の中に鏡はありましたか?」。すでにアウシュヴィッツとマイダネクのガス室を見ていたので、内部には裸の壁以外何もなかったことは承知していた。これに対して、撮影をしている理髪店内は鏡だらけで、すべての動きは合わせ鏡のなかの永遠の鏡像になる。こうした質問は場所と状況の正確な再現を可能にしてくれるとともに、シークエンスの第二の時間帯へと通じる最も困難な質問の準備を促してくれた。「裸の女性たちが、子供を連れて入ってくるのを、初めて見た時、どんな感じがしましたか?」。アブラハムは答えをはぐらかし、巧みに逃げようとする。対話は続く。髪を切ることに関するその他の質問、女性たちの生命の最後の瞬間に彼女たちを騙すためにおこなわれるカット、バリカンではなくハサミと櫛を使うことによって、男性用理髪店でやるような普通の散髪と思わせる作為について質問を重ねていく。ふとボンバの表情に、声音に、言葉と言葉のあいだに挿入される沈黙に表われる何かが私の警戒心を刺戟した。眼に見える、明瞭な緊張感が室内に張りつめた。何が、いつとも知れぬままに、私は決定的な事態が起きようとしているのを感じた。

カメラマンのすぐ後ろにいた私の位置からは、カメラのカウンターでフィルムの残量を読むことができる。残りは五分だった。多いともいえるし、少ないともいえる。私は乱暴な直感に従ってシャピュイに小声で命じた。「カットだ。すぐにフィルムを詰め替えてくれ」。使用していたアトーン社製16ミリカメラでは、フィルム・マガジンを十一分ごとに交換する必要があったので、替えのマガジンは常に用意されており、取り換えはあっという間に完了した。ボンバとの対話は中断されることなく続けられ、彼はこちらの動きには気づかなかった。少し間をおいて、私は先刻彼が答えようとしなかった質問を再び投げかけた。こんどは彼は逃げようとせずに、真っ向から衝撃的な返答を返してきた。「ご存じでしょう、あそこでは、何かを〝感じる〟ってこと……。〝感情をもつ〟ってことは、とても難しいのです。想像してくださいよ。昼となく夜となく、男女を問わず、死者の間、死体の間で働いているうちに、感情は消え去ってしまうのですから。感情が徐々に、死んでいく。いや、およそ、感情などもてなくなっているのですよ」。そしてこう付け加えたのである。「ある出来事をお話ししましょう。ガス室で、一日中散髪をしていた時期のこと、私の故郷の町、チェンストホヴァ発の移送列車で運ばれてきた女たちが入ってきました。知った顔もありましたし、向こうも私を知っていました……」。まさにこの時、死んだ感情が暴力的な感情に押し包まれたのである。もはや彼は先に進めない、くだらんことだと言わんばかりに手で小さな仕草をしてみせた。もうこれ以上話しつづけることはできない、理解を超えることだ、むなしい、彼の手はそのすべてを言っていた。有名になったシーンである。アブラハムは眼に光る涙をタオルの端でぬぐい、沈黙のまま、手にしたハサミを友人の頭の周囲で動かし、気を取り直そうと、小声で友人にイディッシュ語で話しかける。この時、彼と私のあいだには、お互いに懇願しあう対話が交わされる。彼は私にもうやめるよう求め、私は彼にこれはわれわれの共同の使命であり、連帯の責任であるのだから続けるように親愛の情をこめて促す。もし私がフィルムの交換を決断していなかったら、この瞬間はフィルム切れのあとに展開することになり、取り返しのつかないことになっていただろう。劇場のリハーサルと違って、ボンバにもう一度涙を流すよう求めることはできなかったからだ。カメラは回りつづけた。アブラハムの涙は真実のしるしとして、受肉そのものとして、血と同じくらいに私には貴重なものとなった。この難しいシーンに私のサディズム——どんな種類かは知らないが——を指摘する人もいたが、私は逆にこれを哀れみの枠組みととらえている。痛みを前にしてそっと後ずさりするのではなく、真実の探求と伝達の絶対的使命に従順なパラダイムである。撮影のあと、ボンバは私を長いあいだ抱きしめた。映画を見たあとには、抱擁はもっと長く続いた。私たちはパリで数日間をともに過ごした。彼は自分が忘れがたい登場人物として記憶されたことを知っていた。

ヘウムノ強制収容所は、四十万人のユダヤ人がザウラー製トラックのエンジンの排気ガスで殺されたところであるが、二人の「生還者」がいた。ミハエル・ポッチレブニクとシモン・スレブニクである。二人ともイスラエルに住んでいた。前者はテルアビブ、後者はワイツマン科学研究所のあるレホヴォトの近くの町ネス・ジヨナに住んでいた。彼らもまたそれぞれに忘れることのできない『ショア』の登場人物である。最初に会いにいったのは若い方のスレブニクだった。ヘウムノでの二度目の虐殺作戦を免れた生存者だった（絶滅作戦は一九四一年一月から一九四二年夏にいたる第一期と、休止期間を経て一九四四年七月から一九四五年一月にいたる第二期の二度にわたっておこなわれた）。ヘウムノでは十三歳半だった彼も、この時には四十四歳になっていた。私たちは話しあった、と言うよりはそう努めたという方が正確だろう。私は彼が話すことのほとんどを理解できなかったからである。ヘウムノでのSS隊員の名前を挙げる時、彼は必ずその前に「マイスター」つまりマスターの敬称をつけた。四十歳を過ぎてなお、いまだにヘウムノでの恐怖に縛られた子供のままのように見えた。言い忘れたが、彼の父親はウッチ・ゲットー［ポーランドでワルシャワに次ぐ規模のゲットー］で彼の眼の前で撃ち殺され、彼とともにヘウムノ――ウッチから北東方向へ八十キロ――に移送された母親は、到着後すぐにガス殺されていた。彼自身は一九四五年一月十八日の夜、首に銃弾を撃ちこまれて処刑された。赤軍が到着しポーランドのこの地域を解放する二日前のことである。奇跡的に銃弾は急所を外れ、彼は生き延びた。私たちは怪しげなドイツ語で会話を交わした。会話の端々にキルヒェ（教会）とかシュロス（城）といった言葉を拾い、ナレフ（川の名前）のような固有名詞を聞き分けはしたものの、意味を理解し関連づけることはできなかった。スレブニクと別れた時、私は自分のやり方に深い疑問を抱かざるをえなかった。私には、彼に質問するのに必要な客観的知識がまるで欠けていた。さらに、現地を見ることなしに、ヘウムノでのガス・トラックによる絶滅作戦を理解できると主張するのはあまりに安易すぎると思われた。ポーランドへの旅の必要性が、次第に心のなかで重みを増してきた。ヘウムノを訪ねたあとでなければ、スレブニクを理解することも、彼に私を理解させることもできない。ボンバが彼の山小屋でトレブリンカを語った時には、彼が言っていることを完全に理解することができた。彼の話を現地で確かめてみるなどという考えは頭をかすめもしなかった。彼は言葉ですべてを再現してみせた。だが、スレブニクとの会話で私が拾い集めた切れ切れの言葉は、壊れた世界のばらばらの記憶にすぎない。世界は現実に、同時にその世界が彼に与えた恐怖によって、壊されたのである。壊された世界というこの直感がどれほど正しかったかがわかるのは、もっと後のことである。二度にわたる絶滅作戦とそれがおこなわれた場所の消失——ヘウムノの撮影は何にもまして困難だった。それでもスレブニクを外すことは考えられなかった。この映画で彼は重要な役割を果たすはずである。彼を理解するために、彼に合わせる努力するのは私の方なのだ。

もう一人の「生還者」ミハエル・ポッチレブニクに関しては、こういう問題はなかった。すべては彼の素晴らしい微笑みと涙の顔に刻まれていた。彼の顔はショアの場所そのものだった。映画では、私の手が彼の肩を摑み、揉み、物語の最も困難な場面を語るように促すのだが——最初のガス・トラックのドアを開けた時、そこにある死体のなかに自分の妻と子供たちを見出す場面だ——、その瞬間、彼の勇気ある笑みは押し殺したむせび泣きに変わる。スクリーン上でその彼を見るたびに、私はただ自分も涙して彼に寄り添うよりほかはないのだ。ミハエル・ポッチレブニクは勇気ある謹厳な男だった。撮影の最初から、エピソードによっては、「これは話すべきことじゃない」と言った。これに対して、スレブニクは「こんなこと想像もできないだろう」と前置きをして話した。勇者ポッチレブニクは、自分の見事な脱出劇については何も語ろうとしなかった。個人的なことなどどうでもいいのだと彼は言った。彼はヘウムノの最初の絶滅作戦の初期に脱走し、その後の四年間をドイツ占領下のポーランドで生き延びなければならなかった。そのために必要とされたであろう力と知恵、耐えた苦しみについて、彼は何も語らなかった。

ポーランドについてはあとで語るが、ことヘウムノに関して、私はすでに行く前から教育を受けていたといえる。現地に着くと、私は村を縦断する貧相な国道と、ナレフ川へと向かう何本もの道を歩きまわった。牧歌的だが悪臭のするこの川の土手の下に、無傷のままの「教会」を見つけた。映画のなかでは、八月十五日［聖母被昇天の祝日］の行列の教会である。石炭置場になった「城」も見つけた。教会からジェショフの森に掘られた長い共同壕までの道をガス・トラックの速さで、つまりゆっくりと、たどってみたが、どうやってこれら散在する虐殺の場所を撮影するかという問題が頭を離れなかった。結論が出ないまま、私はイスラエルに帰り、スレブニクに会いにいった。会うや否や、ヘウムノから帰ったばかりであることを彼に告げた。今回は、二人してそれぞれの場所の記憶をスケッチできるように紙と鉛筆を持参した。二十年前に北朝鮮でキム・クンサンとやったように、スレブニクと私は共通語を編み出したのである。彼が私のスケッチを修正し、私もまた彼の記憶を訂正した。ある意味では、私は彼よりもよく知っているともいえるのだった。私は自由な人間としてあちこちを歩き回ったのに対し、彼の方は鎖をひきずる足で、空腹を抱え、殴打と侮辱と死の恐怖に絶えず怯えながら歩いていたのだから。それでも、お互いの知識をスケッチを通して分かちあい、擦りあわせ、交換しあうことで、二人は新たな力強い喜びを共有することができた。私たちは話しはじめた。私が尋ね、彼は語りたがった。この会話を通して、彼が川を移動する平底船の上で、ＳＳの監視兵のために歌を歌っていたことを知った。私はすぐに、当時やっていたように歌ってほしいと頼んだ。彼の美しい声がネス・ジヨナの彼の庭のクマシデの木から立ち上った。„*Mały biały domek w mej pamie, ci tkwi…*"「ちっちゃな白い家は今でも覚えてる……」。求められるままに、彼は次に年老いたＳＳ隊員に教えられたプロイセン軍歌のリフレーンを歌ってくれた。„*Wenn die Soldaten durch die Stadt marschieren, öffnen die Mädchen die Fenster und die Türen… Hey Warum, hey Darum…*"「兵隊が行進する時にゃ、娘は開くよ……、ドアも、窓も……」。ネス・ジョナのこの庭でのこの瞬間、私の心は決まった。創造における思いがけない謎の道がそこに開けたのである。ここで今歌っている男とともにヘウムノに行こう、そしてナレフ川で歌う彼をフィルムに収めるのだ、それこそが映画『ショア』の冒頭、幕開けのシークエンスになる。もはや迷いはなかった。だが、実現のためには乗り越えるべき多くの障碍が待ち受けていた。スレブニクと彼の妻を説得することも容易ではなかったが、私の燃えるような意志は何ものにも動じなかった。

ずいぶん後のことだが、編集の数年間のあいだに、誰かがマレーネ・ディートリッヒのオーディオカセットをくれた。私は彼女の声も人生も歌も好きだ。サン＝クルーのＬＴＣ［通信技術研究所］にある編集室に向かう車の中で、私はカセットをプレーヤーに入れた。驚いたことに、ヘウムノのＳＳ隊員がスレブニクに教えたという歌が聞こえてきた。同じ歌をマレーネが歌っていたのだ。数日間にわたって、素晴らしい勇気を与えられたように私の気分は昂揚した。さらにまた長い年月を経て、つい何年か前のことである。ウッチの有名な映画学校に招かれて『ショア』の上映とそれに続く討論会に出席した際に、私は手ひどい不意打ちに遭った。『ショア』に関するかぎり、ポーランド人からどれほどのひどい仕打ちを受けたとしても、これほどの状況は想像しえなかっただろう。上映が終わった時、弁護士に付き添われた化粧の崩れた赤毛の大女が立ちあがり、大声で著作権料を請求したのである。一九四四年に鎖につながれたスレブニクがナレフ川でＳＳ監視兵のために歌った歌、映画の冒頭で現在の彼が歌うポーランドの歌「マウェ・ビアウェ・ドメック」（私の白い家）の歌詞は、このモンスター女の父親が作詞したというのだった！

ある雨もよいの午後、ナレフ川での撮影中に、この四十七歳の〝歌う少年〟を見つめ、聞きながら、かねてから懸案になっていた難問に対する解決策がようやく見つかった。道路の両側に軒を連ねる低い家々が延々と続く美的要素の何もないヘウムノの農村をどうやってカメラに収めるかという疑問に、馬車で走るという答えが浮かんだのだ。カメラは、濡れた道路、家々、教会、家畜の尻とメトロノームの振り子みたいに揺れる尻尾を同一視野に収める。アスファルトを鳴らす規則正しい木靴の音も聞こえてきて、ヘウムノのナチ教師の妻フラウ・ミヒェルソーンの言葉をことさら恐ろしげに響かせることだろう。彼女はガス・トラックの果てしない往復を目撃しながら、ガス殺されたユダヤ人の数を思い出すことができなかった。四千？　四万？　四十万？　「四十万人です」私が提示した正解に、夫人はこうコメントする。「そう、四だけは、間違いないと思ってました」

（1）　作家の映画　映画を特に監督の創造行為ととらえる、作家主義と呼ばれる映画批評理論を反映しているのであろう。

（2）　プリーモ・レーヴィ（一九一九～八七）　イタリアの化学者、作家。アウシュヴィッツの体験を記した『これが人間か』で知られた。

（3）　ロベール・アンテルム（一九一七～九〇）　フランスの詩人。当時妻であったマルグリット・デュラスとともにレジスタンス運動に参加、逮捕され（デュラスは、当時フランソワ・モルランの偽名でレジスタンス運動を指揮していたフランソワ・ミッテランに助けられ逮捕を免れた）、強制収容所送りになる。終戦直前、幾重もの僥倖に恵まれ、フランソワ・ミッテランに救出されてパリに送還される。二年後『人類――ブーヘンヴァルトからダッハウ強制収容所へ』を著す。

（4）ダヴィッド・ルーセ（一九一二〜九七）フランスの作家、政治家。著書に、自身の体験に基づく『強制収容所の世界』『死の日々』。

（5）「私」ここで言う私とは、脱出に成功したり奇跡的に生還した人びとの個々の英雄的エピソードあるいは稀有の体験を指す。このあとに語られるエピソードのような稀有な体験を、著者は映画から排除し、またそのことを後悔もしているのである。

（6）ユダヤ人評議会　ナチドイツ占領下の東ヨーロッパで、ゲットーの運営管理を任されていたユダヤ人自治組織。ただし、ドイツ軍に対するその受動性ゆえに、結果的にドイツへの協力行為があったとして非難された。

（7）「世界の始まり」著者が参照するのはワシントン・アーヴィング（米国の作家、一七八三〜一八五九）の著書『世界の始まりからオランダ王朝の終焉までのニューヨークの歴史、ディートリヒ・ニッカーボッカー著 A History of New-York from the Beginning of the World to the End of the Dutch Dynasty, by Dietrich Knickerbocker』である。アーヴィングの家はタリータウンに現存する。ちなみに、ここで使われたペンネーム、ニッカーボッカーはニッカポッカの語源である。

（8）以下、映画『ショア』のせりふに相当する部分は、一部を除き、高橋武智訳『SHOAH－ショアー』から引用する。

第19章

シュトゥットガルトに隣接するルートヴィヒスブルクにある中央戦争犯罪人追跡調査局で、アーダルベルト・リュッケルル局長と向きあった時、私は胸躍る思いだった。中央調査局はナチの戦争犯罪人および人道に対する犯罪者の特定、発見、逮捕、訴追を任務とするドイツ連邦共和国政府の組織である。礼儀正しく博学のこの人物との面会の約束はエルサレムを出る前に取りつけておき、この企画に必要不可欠と思われる人物百五十人分の名前のリストを持参した。いずれも関係資料から拾った名前である。法的義務は一切ないにもかかわらず協力を約束してくれたリュッケルルと彼のアシスタントは、私が探している人物の数を知って眼を丸くした。彼らがまず言ったのは、これらの人物の多くはすでに死んでいるか、跡形もなく行方をくらましており、自分たちの組織が関わった人物の住所——それも古いものだ——を特定するには時間が必要だということだった。

次に会った時、彼らがきわめて厳格な選別の後に手掛かりとして提供してくれたのは、百五十人のうち三十人分ほどにすぎなかった。それも彼らが特定できた住所は、「ニュルンベルク主裁判」後におこなわれたアインザッツグルッペン裁判のような、いわゆる「後続裁判」にあたる一九四〇年代末、または五〇年代初頭のものだったから、現時点での裏付けは何もないも同然だった。その資料を私に手渡しながら、彼らは幸運をと言った。私たちの能天気ぶりは愚かさに近いものと映ったのだろう、親切心にあふれる彼らの眼には、同時にあきれと同情の色さえもが浮かんでいた。別れ際に、リュッケルルは「残念ながら、大した成果は得られないと思いますよ」と言った。だが彼らと別れた時、この最初のドイツでの調査がその後に続くいくつもの失望の旅の始めだということにまでは思いがいたらなかった。たくさんの町、大きな村のホテルの部屋やバーで、積み重ねてきた多くの失敗を前に意気消沈し、無意味な苦難の道行きに溜息をつき、投げ出したい気分にとらわれることになろうとは思いもよらなかったのである。

始めてみると、一つとして役に立つ住所はなかった。たとえば、私は東部占領地域省の高官であったヴェッツェル某を見つけだすことに非常にこだわっていた。彼はバルト諸国のユダヤ人の迅速な絶滅手段として、毒ガスの使用を提案する忌むべき書簡をしたためた男である。提供された情報によれば、彼は何年かの服役の後、南部ドイツのアウクスブルクに住んでいるはずだった。ある日私は助手のイレーヌとともにそこを訪れたが、ヴェッツェル某が住んでいるはずの建物の隣人たちは、彼が十五年前にアウクスブルクを離れたと言い、誰もその行方を知らなかった。幸い、ドイツには住民登録局という官庁があり、住所を変更する者には転居先の新住所を届け出るよう義務づけている。アウクスブルクの住民登録局で、私はヴェッツェルがドイツ北部のシュレースヴィヒ＝ホルシュタイン州の、名前は忘れてしまったが、小さな町に引っ越したと教えられた。アウクスブルクからシュレースヴィヒ＝ホルシュタイン州の主要都市リューベックまでは遠い道のりで、交通費も高くついた。私は仕事の進め方がいよいよ困難になってきたことを認めざるをえなかった。あまつさえ、そこでヴェッツェルに会えると期待していた私を迎えたのは、冷たい警戒の眼だった——多くの旧ナチの残党は北部ドイツを避難場所に選んでいた——。そして、ヴェッツェルがもう十年も前にこの楽園を出ていったことがわかる。私の唯一の情報源は、今度はリューベックの住民登録局である。ヴェッツェルはどうやらじっとしていられない性格の男のようで、南部ドイツのダルムシュタットに移ったことを教えられた。こちらの住民登録局からあちらの住民登録局へ、そこからまた向こうへという障害物競争を繰り返しているうちに、撮影開始前に破産してしまうことはもはや火を見るより明らかだった。もう一つの方法は登録局に手紙で問い合わせることだったが、これは時間がかかる上に、うんざりするようなお役所的手続きをクリアする必要があり、返事が来るのは稀だった。仕方なく私は現地に飛ぶ方法を選んだわけだが、ときには助手を派遣することもあった。イレーヌのあとはコリンナ・クルマスがこの任務を果たしてくれた。ギリシャ系の父親とドイツ連邦議会議員の母親を持つ彼女もまた、有能な勇気ある若い女性である。ユダヤ教への改宗を目指し、ヘブライ語とトーラー［律法］に深い造詣を有し、どんなタルムード［典範］も彼女の知らないものはなかった。

ナチの一人を見出した時にはすでに手遅れで、葬儀に参列する破目になったこともあったが、幸いにしてそれは例外的なことだった。最初のうちは、経験不足とばか正直ゆえのナイーブさから、私のアプローチは次のようなものだった。電話をし、自分の名前を告げ、電話をした理由、すなわちユダヤ人絶滅に関する映画を作っている旨を説明すると、それ以上会話を続ける僥倖にはめったに恵まれなかった。そこで電話を切られるか、相手が返事をするにしても、番号間違いまたは人違いだという言い逃れの言葉を聞かされて終わった——その背後からは「しゃべらないで！　警察を呼びなさいよ！」と叫ぶやかましい女の声が聞こえていた——。ほとんどいつも感じたことであるが、旧ナチで本当に犯罪に手を染めた連中は、妻の前では仔羊のように従順だった。夫が逃亡中あるいは収監中の家を守りつづけた妻たちは、以後家の支配権を握り、夫を尻の下に敷いていた。その妻が電話を取ったが最後、必ず質問を浴びせられ、私が電話の目的を説明すると、聞くに堪えないような罵りと脅迫の言葉を聞かされるのが常だった。度重なる失敗ののち、私は電話をやめ、探しあてた住所を直接に訪問することにした。もちろん素手で、一人のことも、コリンナまたはイレーヌを同道することもあった。容易に想像いただけると思うが、これには非常な勇気が必要だったばかりではなく、以前住民登録局を利用していた時に起きた問題が、この新たな方法を選択したことによってもっと頻繁に生じるようになった。尋ねあてた家が留守だった場合、自分の獲物が単に買い物にいって留守なのか、ヴァカンスに出かけたのかを知るすべはなく、あとは待つ以外に方法はなかった。もしこのプロジェクトの収支に「張り込み」という勘定科目を設けてこうして獲物を待ち受ける時間を集計したら、途方もない数字になるにちがいなかった。偶然性に頼ることの多い、したがって計画的な行動がほとんど不可能なドイツでの調査は、ひたすら消耗させるものだった。それでも、あらゆる困難を克服したのちに、探してきた人物がドアを開けてくれることもあった。だが私が名乗ったとたん、会話はたいがいの場合それで終わりだった。中に招じ入れられることはなかった。ドイツ人にとって、私の名前のユダヤ人的響きは明白だったから、名乗ることによって状況が好転することはなかったのである。

二つの例外があった。ペリー・ブロードと、既述したフランツ・ズーホメルである。アウシュヴィッツのSS隊員だったペリー・ブロードはきわめて聡明な男で、ブラジルでイギリス人の父とドイツ人の母とのあいだに生まれた。五歳の時、母親に連れられてベルリンに移り、二十歳になった一九四一年、武装親衛隊［SSの軍事組織］に外国籍志願兵として入隊し、のちにアウシュヴィッツに配属され、悪名高い「政治部」の一員になる。政治部は「死のブロック」と呼ばれた第十一ブロック〔一種の懲罰棟〕を管理し、尋問と拷問をおこない、ほぼすべてのケースで死刑を宣告し、即刻ブロックの中庭でうなじに一発《ゲニックシュス》、銃殺刑に処した。ここの十三号房に収監されていたフィリプ・ミュラーは、『ショア』に登場する最初の場面でこの事実を語っている。大戦末期に英国軍に捕えられたペリー・ブロードは、自発的にアウシュヴィッツにおける自分の経験と彼が目撃したガス殺の技術についてのレポートをまとめた。一九四七年に釈放、一九五九年にドイツの司直の手により再逮捕、翌年保釈金五万マルクを支払って釈放、フランクフルトでのアウシュヴィッツ裁判の開始に伴い再度、今度は被告として出廷している。この時彼はビルケナウの荷降場《ランプ》で選別を監督したこと、政治部では自らが尋問、拷問、処刑に関わったことが立証され、四年の収監を言い渡されたが、満期まで務めなかった。彼は四十四歳だった。事前の通知なしにデュッセルドルフのマンションの呼び鈴を鳴らした時、ドアを開けてくれたのは彼自身だった。彼は私を礼儀正しく中に招じ入れ、椅子を勧めてくれた。長身、痩軀、慎重な言葉使い、まだ若々しい外見、営業代理店として国内を多く旅しているようだった。私は彼が一九四五年に書いたレポートを読んだことを告げ、その真摯さ、文学的価値と高い歴史的な重要性を称賛した上で、映画のなかで証言してほしいと説得を試みた。レポートの著者として登場し、カメラの前でかつて自らが書いた内容を語ってほしい。彼はレポートの存在もその内容も否定しなかったが、あれは人生の痛恨事だったと言った。ＳＳのかつての同僚たちの眼には、彼は裏切り者に映り、裁判で、そしてのちには刑務所でも、公然と非難された。同じ過ちを繰り返すことは絶対にできないというのだった。そこへ彼の妻がもどってきた。夫よりはるかに若く、とても美しく、いかにも彼にべったりという感じだった。私は自己紹介をし、もう一度訪問の目的を説明した。特に、これを承諾してもらえば、彼の優れた勇気が証しされることになり、全人類が彼の行為を称賛するだろう、時代は変わったのだ、と力説した。さらに私は、彼女の夫が画面に顔を出して証言するためにいかに大きな精神力を要したかを力説するつもりであることもつけ加えた。彼女は私の言葉に動かされたようすで、こちらの味方にできるのではないかという印象さえ受けた。私はペリー・ブロードを簡単に逃すつもりも、諦めるつもりもなかった。その後の何ヵ月間か、私は彼に電話をし、会いにも行った。夫婦を二度夕食に招待した。さまざまな酒を酌み交わしたあと、私が行けるという心証を得たのは朝の四時頃のことだった。彼女は私の言葉を真剣に受け止めてくれた。真実こそ贖罪に通じる、すべてを明るみに出すことこそお二人の幽霊のような人生により多くの恵みをもたらすだろう。彼は眼に涙を浮かべ、私に「わかった」と言ったが、十五分後には「だめだ」と言った。私は説得を重ね、できるかぎりのことをやった。だが、ペリーの涙は酩酊のなせるわざだと確信し、他の方法を考えなければならなかった。

フランツ・ズーホメルは、低地バイエルンの町アルトエッティングに住んでいた。ドイツとオーストリアの国境を流れるイン川のドイツ側の町である。ある朝、私はコリンナを伴って彼のもとを訪れた。事前予告なしが、すでに私の方針になっていた。私は彼にトレブリンカ裁判での供述書とジャーナリスト、ギッタ・セレニーの質問に対する回答を読んだことを告げた。この訪問は心理学的興味によるものではなく、私は裁判官でも検事でもなくナチハンターでもない、したがって何も恐れることはない、ただ、われわれは彼の助けをどうしても必要としているのだと説いた――「われわれ」が何を指すのかは明確にしなかったが――。「われわれは」と私は続けた。「子供たちをどうやって育てたらいいのかわからないんだ。どうしてあのような途方もない災厄が起きたのか、どうして六百万にも上る同胞が何の支援もなく虐殺されるままに放置されたのか、ユダヤの若い世代は理解できないんだ。彼らは本当に屠畜場の羊みたいに殺されたのか?」。私はズーホメルに先生の役をやってもらうように頼み、私はその前で生徒の役割を演じた。トレブリンカでの大量虐殺の異なるプロセスについて詳細に語ることを承諾してくれれば、それは歴史的に重要な役割を果たすことになるのだと説得した。ズーホメルはナチスドイツによって編入されたチェコスロバキア国境のズデーテン地方出身で、後にT4作戦に参加したことを私は知っていた。T4作戦は本部があったベルリンのティーアガルテン通り四番地を略して命名された極秘作戦で、ブラック某の指揮下で、ドイツ人の精神・身体障礙者の安楽死計画を第三帝国各地の五ヵ所の城で遂行した。ハルトハイム城、「ディ・ゾンネ(太陽)」と呼ばれたゾンネンシュタイン城、グラーフェネック城、ハダマール城、ブランデンブルク城はいずれも医療施設として使われた城である。私がインタビューしたハルトハイムの高齢の住人たちは、SSに先導されて城の中に入っていった黒のワゴン車の車列を話題にするだけで、眼に恐怖の色を浮かべた。誰もあえて口にしようとはしなかったが、看護室に改造された浴室での子供たちの殺害のうわさはドイツ国内中に広がり、そしてそれは事実だった。これらの浴室でおこなわれたガス殺実験は、人間の屑ユダヤ人絶滅の序曲でもあった。ズーホメルは、T4では写真撮影の仕事しかしなかったとぬけぬけと嘘をついた(『ショア』のなかで、嘘を言いつづけたために、最後には自分の虚言を信じるようになった、と彼自身が語っている)。一方、収容された甲状腺腫患者、蒙古症の患者、湾足の患者、三つ口の子供たちにはそれぞれドイツ人のカトリック関係者たちがつき添っていた。一九四一年八月、ミュンスターの司教フォン・ガーレン伯は、自分のカテドラルの説教台に立ち、弱者と薄幸の人、貧窮した人々に加えられている犯罪を勇気と力をもって糾弾した。国内での対立を嫌ったヒトラーはすぐに譲歩し、T4作戦の終結を命じた。ズーホメルとその同僚たちはしばらくのあいだ予備役として閑職に甘んじたが、一九四二年春から夏のあいだに現役に復帰し、べウゼツ、ソビブル、トレブリンカ、マイダネクの各絶滅収容所に配属される。彼らが逡巡を見せた形跡はない。それどころか、これらの収容所でそれぞれの専門性を存分に発揮している。

私が話しているあいだ、ズーホメルは尊大に構えていた。私が提案した偉大な証人の役に彼は引き寄せられた。喰いを確かなものにするために、私は金銭的報酬を提案し、彼が使う時間と労力が対価を受けるのは当然のことであると言った。それからは彼と私のあいだ、パリとアルトエッティングのあいだで、手紙のやりとりと汽車と飛行機による往復が始まった。数回にわたって彼のもとを訪れ、長い時間を彼と過ごし、承知させようと努め、二度ほど目的を達成できたかと思った。並行してペリー・ブロードと進めていた交渉とまったく同じような経過をたどっていたのである。ただ異なるのは、後者には金銭の提案は一切しなかったことである。彼の場合、金銭的問題が承諾の動機になるとは思えなかったからだ。逆にズーホメルは何よりも報酬にこだわった。私が煮えくりかえるような思いで提示した金額は、もし対話ができるなら二千ユーロ〔当時の為替レートで約九十万円〕という破格の条件だった。ある夜、彼がしきりに訴える狭心症の不安にもかかわらず、二人で朝の三時まで話しあった末に彼は言った。„Ja wohl, ich werde es machen.“（わかった、できると思う）。私はそれ以上一秒と無駄にしなかった。ジャンケレヴィッチが言ったとおり、「時間は否認の手段」であることがよくわかっていたからである。近々のうちに撮影チームの準備が整い次第もどるからと言い置いて、ミュンヘンまで車でもどり、いちばん早いパリ行きの便に乗って帰ると、電報が届いていた。ズーホメルからの取り消しの通知だった。娘が夫から、撮影に応じるようなことがあれば離婚すると脅されたという。私はすっかり動転し、空港に引き返すと、ルフトハンザ機でミュンヘンに飛び、レンタルしたメルセデスを飛ばしてアルトエッティングに急いだ。彼の家の呼び鈴を鳴らしたのはもう夕暮れ時だった。私の再訪を予期していなかった彼は、ドアを開けると恐怖に駆られたみたいに後ずさり、指を唇に当てた。だが時すでに遅かった。階段を凄まじい勢いで駆け降りてくる音が聞こえ、怒り狂ったバイエルン人が私に飛びかかってきた。三十がらみの屈強な男だった。「ラウス、ヴェーク……ほっといてくれ、古くさい話を蒸し返すな」と叫び、私を戸口へと押しやった。私もフランス語で大声をあげ、前に出ようと男を押し返す。ズーホメルの妻と娘は、二階の踊り場から男を制止しようと金切声をあげ、ズーホメル自身はボクシングのジャッジよろしく私たちを引き離そうと躍起になっている。「やめろ、やめろ」と彼は私に言った。「やつはわかりっこないんだから」。それは、私を薄汚い共犯者におとしめる言葉だった。私はいっとき彼と一階の部屋に留まった。出ていってくれと懇願する彼に、私は考える必要がある、だが諦めはしない、また電話をするからと伝えた。「あんたじゃだめだ」と彼は言った。「特にあんたは！　助手に電話をかけさせてくれ。フロイライン・ディースラーと名乗ってくれ。フランクフルトからだと言うんだ。そこからかけていると」

コリンナを通じて、最後の条件提示をした。彼の映像は諦める。だが、口頭での証言をできるかぎり詳細にして欲しい。すでに提示済みの金額は維持した。録音を彼の家でやるのは不可能なので、場所と日時を決めなければならなかった。彼からの手紙はすべてとってあるが、月に一通は受け取った勘定になる。そのつど会見の提案がなされ、次には健康上または家庭の事情で約束を延ばしたいというものばかりだ。手紙には、行動に移すことの恐怖と困難がばかていねいな言葉で綴られている。彼は何としてもお金が欲しかったのだが、私の方は無一文になって映画製作を継続することも危うくなっていた。彼の手紙の一通に、私がアメリカ旅行のために約束をたがえたことを非難するものがある。それは事実だった。映画への資金援助を放棄したイスラエル政府は、私のためにアメリカのユダヤ人資産家を集めた資金調達キャンペーンを何回か催してくれた。だがそれもまったくの失敗に終わった。私はボルチモアからシカゴへ、シカゴからロサンゼルスへと飛び、六六六ビルのオーナー、ラリー・ティッシュを小型にしたようなビジネスマンたちを相手に話し、ボストン、エル・パソ、マイアミ、デンバーを巡り歩いたが、そのつど同じ絶望的対話が繰り返された。聴衆に向かって、私はこの映画を撮らなければならないと信じる理由を述べ、これまでに知ることのできたすべてを話し、現在までの進捗状況を説明した。私の説明のあと質疑応答が始まるのだが、訪問先のどこでも一様に同じ反応が返ってきた。異口同音に発せられた質問はこうだ。拝聴しました、では実際問題として、「ミスター・ランズマン、あなたのメッセージは何ですか？」。わたしは茫然として立ちつくす。こんな質問に答えることはできなかったし、今だってできない。『ショア』のメッセージが何なのか、私にはわからない。こんな問題の立て方をしたことはなかったからだ。もし「私のメッセージは〝二度と繰り返してはならない！〟ということです」とか、「お互いを愛しなさい」とか答えていたら、彼らは財布のひもを緩めたかもしれない。だが私はへぼで情けない資金調達係《ファンドレイザー》だった。だから、『ショア』の予算には、アメリカドルは一ドルとして入らなかったのである。

　ズーホメルに提示した口頭での証言という条件は真剣なものだった。だがどうやって実行するかはまだ決まっていなかった。私が考えていたのは、トレブリンカの現状の映像に彼の声を乗せて満足するほかはないという程度だった。一時しのぎみたいな手法は決して満足のいくものではなかったが、彼の語るべきことがらがあまりに重大なので、形の問題には眼をつぶらざるをえなかったのである。二人のあいだの文通は続き、彼は二つ目の条件を出してきた。承諾の返事を出したものの、彼の名前を出さないという条件を守るつもりは私にはなかった。

　マルクスいわく、人間は常に自分で解決しうる問題のみを自らに提起する。しかし私は、あらゆる意味で解決不能な状況のなかで右往左往していた。グルノーブルの技術者ジャン＝ピエール・ボーヴィアラはアトーン・カメラの発明者だが、彼が創りだした素晴らしい小型カメラが、ドイツにおける私の撮影条件を劇的に変えてくれた。相手をだまし、策略をめぐらし、隠し撮りをし、最大のリスクを取ることを可能にしてくれたのである。中央戦争犯罪人追跡調査局のアーダルベルト・リュッケルル局長が、同情の眼で私を見た理由がようやくわかった。私の率直さと正直さとは盛大な失敗で報いられた。今や嘘つきをだますことを学ぶべきときだった。必要不可欠な学習だった。「パリュシュ」は長さ三十センチメートルほどの筒型のカメラで、比較的小口径で手で持ち運びできるためにこのネーミングがつけられた〔パリュシュは手の意〕。眼をファインダーにつけている必要もない。フィルムは内蔵せず、撮影した映像は高周波ビデオシステムによって、周辺地域のそれほど離れていない地点に設置されたビデオテープレコーダーに向けて発信され、録画され、映像が貯蔵される。『ショア』の中で、インタビューの相手に内緒で撮った映像が、相手の家——戸建てまたは共同住宅——近くの路上に駐車したワゴン車の中で受信されるようすを示す場面がある。私たちはパリで、高い建物の上層階から送られたシグナルを下に停めた車で受信する試験をおこなった。実験の成功により、可能性は奇跡のように広がった。だが、それがいつも成功するとは限らなかった。近辺にテレビ局があったり、撮影をおこなう建物の中で多数のまたは強力な電気機器が使われている場合、受信映像はぼけてしまって使い物にならなかった。さらに、パリュシュ・カメラは、建物の中でも受信ワゴン車と同じ側で使う必要があった。たとえば、車が建物の表側に駐車しているのに、私が建物の裏側に招じ入れられた時には、映像は受信されなかった。間取りがまったくわからない未知の家またはマンションに入り、裏側に面したリビングに通され、車がキッチンのある道路側に停車しているような場合、私は素早く間取りの見当をつけた上で急遽ひと芝居打つこともあった。ざっくばらんな立ち話ですませたい、とりわけ座りこんで気を遣わせたくないんだと言わんばかりに相手の腕をきつく摑み、キッチンの方へと連れていく。成功することもあったが、いつもそうとは限らなかった。

　パリュシュ・カメラを使いこなせるようになると、私は完全に計画を見直し、すべてをゼロから始めることにした。喫緊の課題は、もう一つの身分証明書を作ることだった。秘密保持を約束したことなので、ここにその全貌を語ることはできないが、映画の製作終了時には返還することを条件に私は本物の偽名パスポートを取得した。私の名はクロード＝マリ・ソレル、カーン生まれ――ノルマンディーのこの県庁所在地の戸籍書類は爆撃によってすべて破壊されていた――。次の段取りは、この作戦の中核をなすものだが、パリ大学に付属する「現代史調査研究センター」の創設だった。この研究所の住所は当時も今もレ・タン・モデルヌがあるコンデ通り二六番地である。これで郵便物を確実に受け取ることができる。エヴルーの印刷業者が、高級感ある肌目とその坪量《つぼりょう》〔紙の重量を表わす単位〕によって決定的な正統性を証しする用紙を用い、レターヘッドつきの便箋と封筒を作ってくれた。一方で私は、ズーホメルとペリー・ブロード以外にも、ナチの犯罪者と官僚の三十人ほどの生存者リストを作った。彼らについては、インタビューするために多くの資料を読みあさり、今ではどうやってアプローチするかもわかっていた。たとえば、「現代史調査研究センター所長」のラボルド教授は、ドイツ帝国鉄道で死の収容所へのユダヤ人の「輸送」管理を担当していた当時の三十三部局長ウォルター・スティアに宛てて長文の手紙を書いている。スティアは何回か起訴されそうになりながら、シリア人と結婚してダマスに住む娘のもとに身を隠して逃げ切った男である。私が居所を突きとめた頃には、彼はもはや誰に追及される心配もなく、フランクフルトに居を定めていた。私はすでにドイツ帝国鉄道の栄光と戦争中の業務遂行を讃える分厚い本を何冊か読んでいた。爆撃、線路や駅、施設の破壊にもかかわらず、帝国鉄道は献身と規律をもって修理し、復旧させ、困難にくじけることなくすべての前線に兵員と機材を送りつづけた。誇るべき事績の記載では、どの本もユダヤ人の輸送には触れていない。これは不当というものだろう。ユダヤ人の輸送は軍事的に最も困難な時期にあっても、帝国鉄道が果たすべき他の業務よりもしばしば高い優先順位を与えられていたからである。さらに付言するなら、ユダヤ人輸送に関して、帝国鉄道は利益を上げていたという事実がある。移送されるユダヤ人たちは、通常の観光客と同様「団体料金」を適用され、彼らにとっての最後の列車旅行を自ら払わなければならなかったのである。

ラボルド教授はスティアに対し、次の趣旨の文面をしたためた。当センターの研究員である歴史学博士クロード＝マリ・ソレル氏が何月から何月のあいだドイツに滞在し、貴殿との面会を求めて電話をさしあげる予定である。ソレル博士が研究対象としているドイツ帝国鉄道の戦争中の眼をみはるような業務遂行能力について、フランスではほとんど知られていないためである。ラボルド教授は、ソレル博士の研究テーマを夜郎自大な旧ナチの耳に心地よい言葉で書きつらね、帝国鉄道で敬すべき職責を果たした退職幹部職員であるウォルター・スティア氏こそソレル博士の研究に資する最適の人物と思われる、彼のために時間を割いていただけるなら、その正当な見返りとして十分な金銭的報酬をさしあげたいとつけ足した。「ユダヤ」という言葉はもちろん一切使われていない。

投函した三十通の手紙は、私には多くの努力と読書、精神的な綱渡り《コントルシオン》と緊張《コントンシオン》を強いる作業だった。これに対し、私が受け取った返信は十通、承諾五通、拒否五通だった。スティアは『ショア』で見るとおり、前者の一人だった。こちらの依頼を無視した二十通のなかで、私にとって最も悔まれたのはアインザッツグルッペン【移動殺戮部隊】のメンバーたちだった。彼らについては私はすべてを読み、ラウル・ヒルバーグの本に詳細に記された規則書と組織図、構成員の氏名、経歴、所属、そして殺人実行の舞台となった場所などのすべてを知っていた。ニュルンベルク裁判のあとに同じ場所でおこなわれたアインザッツグルッペン裁判の記録も読んだ。指揮官のうち死刑判決を受けたのは、最高首謀者オットー・オーレンドルフ、バビ・ヤール〔ウクライナの首都キエフにある峡谷〕でキエフのユダヤ人五万人を三日間で銃殺したパウル・ブローベル、クリミア半島での大虐殺の責任者、作曲家と同じ家系のハインツ・シューベルトの三人である。オーレンドルフとブローベルは絞首刑に処され、シューベルトは最後の瞬間にアメリカの駐独高等弁務官ジョン・マクロイにより恩赦を与えられた。世界ユダヤ会議議長のナフーム・ゴルトマンが私のためにジョン・マクロイとの会見の段取りをしてくれたのは、アメリカでの調査活動中のことだった。“Ah! You come for this Jewish business!”「おお！　ユダヤ人の件で来られましたか！」。このエレガントきわまりない言葉とともに、私はウォール街の高層ビルの最上階にある彼のオフィスに迎え入れられた。私はうなずくよりほかなかった。ウクライナ、ベラルーシおよびバルト三国でアインザッツグルッペンによっておこなわれた虐殺を、今日では「銃弾によるショア」という奇妙な呼び方をして、六十年以上も前からよく知られていた事実がまるで新たな「発見」のように喧伝されている。

パリュシュ・カメラを入手する前のナイーブな私がドイツを旅していた頃、アインザッツグルッペンの三人の当事者とブルーノ・シュトレッケンバッハとの接触に成功していた。後者は、一九四一年のバルバロッサ作戦〔ナチドイツによるソ連奇襲攻撃作戦〕とソ連領土の大規模侵略への当初からの投入に備えて、プレッチュとデューベンで最初のコマンド養成に当たった男である。彼らは私の広範な知識と彼らに関する正確な情報に釣られ会見を承諾したものの、撮影という言葉が出た途端、固く門を閉ざした。ラボルド教授である私が手紙を書いたのはもちろん、私クロード・ランズマンがその頃出会った連中とは違う相手だった。

死刑判決を受け恩赦されたシューベルト宛ての長い手紙に返事はなかった。

パリュシュ・カメラを初めて使ったのは一九七六年、映画の撮影そのものが始まる二年前のことである。対象はズーホメル。彼が覚悟を決めたのは、何度もの手紙のやりとりのあとだった。これ以上前言をひるがえすことがないように祈る一方で、彼が抱える心臓疾患を考えれば、撮影前に彼の寿命が尽きるという心配もあった。事実彼は『ショア』公開の四年前に他界した。彼はインタビューの場所について奇妙な提案をしてきた。ドイツ国内ではなく、イン川の対岸、オーストリアでおこないたいというのである。もっと正確に言えば、彼が指定してきたのはブラウナウ・アム・イン、すなわちアドルフ・ヒトラーなる男の生まれた町である！　トレブリンカ裁判の検事であったアルフレッド・シュピースから入手した絶滅収容所の図面を、私はパリの専門工房で学校の黒板ほどの大きさに拡大させて用意した。チーフ・カメラマンのウィリアム・ルプシャンスキーは録音技師として同席する。私たちはサイドポケットつきの大型の革バッグを作らせ、そのなかにプロ仕様の録音機ナグラを収めた。パリュシュ・カメラはサイドポケットのなかに隠し、レンズの部分は革を切り取った。ウィリアムはレンズに毛羽立ったキャップを巻きつけてマイクに偽装し、反対側のポケットには、フレーミング調整ができるように極小のビデオモニターをひそませた。

私たちは会見予定の二日前にブラウナウに向けて出発した。ホテル・ポストに複数の部屋を取り、そのうちの一室を収録スタジオに模様替えした。トレブリンカの図面を壁に張りつけ、ズーホメルが座るべき位置を決めると、そこからなるべく離れて、彼が何も気づかないような位置にウィリアムをスタンバイさせた。最後の手紙で、彼は妻とともに朝九時にジムバッハ駅に着くと知らせてきていた。ブラウナウの対岸にあるドイツ国境の小さな町である。あとは川を渡ればいいだけのことだ。彼はさらにこう書いていた。《"シュメルツェンスゲルト"（苦痛の補償）の約束を守ってもらえれば大変ありがたい。もう一つお願いしたいことがある。それをドイツ通貨で払ってほしい。こんなお願いを許してほしい。私はこの仕事を決して喜んでやるわけではないのだから》。彼らの到着の前日、私は釣り竿を買いこみ、これを切って、小学校の教師が使う指示棒に改造した。

当日はジムバッハ駅まで迎えに出た。スタジオに入った時、ズーホメルはそこに張られたトレブリンカの大きな図面と、部屋の反対側に立つウィリアムと機材一式を眼にして、思わず尻込みをした。私は彼の手に指示棒を握らせ、こう言った。「私はあなたの生徒だ、あなたは私の先生です。私に教えるつもりで」

昼食には、彼の妻も招待した。二人がカモ料理とホイップクリームをむさぼるように食べたのを覚えている。一方、ウィリアムはそのあいだじゅう私を暗い眼で睨みつけていた。彼の父親はアウシュヴィッツでガス殺されたのである。再開した時、私の「先生」はすっかりこちらを信用していた。私はユダヤ人のゾンダーコマンド［特務班員］が到着早々に覚えさせられたトレブリンカの歌を彼に二度も歌わせることができた。だが、その時彼の眼に突然現われた硬質の光は、彼がこの瞬間に親衛隊伍長の過去に、生死の決定権を握っていた頃の冷酷な男の過去に完全に立ちもどったことを感じさせた。それは恐怖と消耗の一日だった。私は自分が教えられる事実に恐怖を覚えながらも、これは大変な証言だと思いつづけた。私が何の倫理的含意もない純技術的装いの質問を的確にくりだすのに応えて、彼はいまだかつて誰も語ったことのない詳細さで、トレブリンカ絶滅収容所における殺害プロセスを証言した。この極度に集中した撮影の長い張りつめた時間のあいだ、私は彼がこちらの仕掛けを見破るのではないか、日の光がパリュシュ・カメラのレンズに反射するのに気づくのではないかと心配しつづけた。事実私はそれに気づいていたからだ。インタビューが終了した時、私は彼とフラウ・ズーホメルの前でゆっくりと百ドイツマルクの札を数えた。彼の〝苦痛〟の補償である。彼はすっかり私を信用し、また自信を深め、喜びのあまりもう一度やろうと言いだした。まだ明かさなきゃならんことはたくさんある。私は同意したが、その後の音信は絶った。すると彼は催促の手紙で私を悩ませるようになった。報酬が目当てであることは明らかだった。彼はトレブリンカで〝ゴルトユーデン〟（「黄金のユダヤ人」の意）のチーフだった。衣類に隠された金銭や宝石類を回収し、ガス殺したばかりの遺体から金の入れ歯を抜き取ったりするために編成された特務班である。撮影が終わったその夜、ミュンヘンのレストランで、ウィリアムと私は激しい言い争いになった。私同様、冒したリスクにへとへとになり、聞かされた恐ろしい話に打ちのめされ、彼は我慢の限界にあった。さらに彼にとって耐えられなかったのは、私が平然と技術的立場を保ちつづけたこと、ズーホメルを食事に招待したこと、そして最悪は彼に報酬を支払ったことだった。ウィリアムの言うことはもっともだった。私には理解できる。しかし、自分に課したこの鉄則がなければ、私の映画には一人の旧ナチも登場しえなかっただろう。私の沈着冷静は、だましの仕掛けの必須要件なのである。

ズーホメル同様、ペリー・ブロードもドクター・ソレルを知らない。私が彼に接触したのは、人間同士の信頼を前提に本名でアプローチしていた時期であったからだ。パリュシュ・カメラを使えるようになった一九七九年のある日、私は彼に電話を入れ、ドイツ人の助手コリンナを伴って訪問したい旨を告げた。ドイツで必死の撮影を展開している最中のことである。再度説得を試みたかったし、彼にも予めその意図を伝えた。今回は私たちの態勢も異なっていた。ウィリアムは他の映画に取られてチームを去ったので、跡を継いだドミニク・シャピュイとともに、さらに軽量化されコンパクトになったパリュシュ・カメラの使用方法を検討した。ズーホメルに使った手はいずれにしてもペリー・ブロードには通用しない。ただ録音するだけという言い訳は使えない。そもそも録音技師と称する人間を同席させる理由がないのだ。結局、私の偽装作戦はさらに本格的な質的飛躍を遂げざるをえなかった。まず、女性が持ち運びできるようなありきたりのキャンバスバッグを買い求め、その周囲を銀紙の星と輪で飾りつけた。大きな側面にはそれぞれポケットがついていたので、そこに封を開けたタバコの箱を入れた。すぐに吸える状態である。バッグの底にスポンジの台をしつらえ、その上にカメラを置く。バッグの脇面の布を切り取って小さな穴を開け、その上に銀紙の輪を貼りつけて、中心の光を通す部分にレンズを当てる。カメラの他に発信機とアンテナをひそませ、その上から書類やら新聞やら本などをこれ見よがしに詰めこんだ。私はこうしてペリー・ブロードの住まいに乗りこんだ。すでに間取りは知っていたし、彼がいつもどのソファに座るか、それに面して長椅子があって、コリンナと私がそこに座らされることもわかっていた。ソファと長椅子のあいだには低いテーブルが置かれているので、コリンナがその上にバッグを置けることも計算ずみである。もちろんレンズはペリー・ブロードに向ける。録音は旧式のテレビ録画と同じ方法だった。上着のポケットに高周波音声発信装置をしのばせ、ネクタイの下に超高感度マイクをつける。そのために、私は熱暑の季節でも常に厚手のシャツの上にネクタイとスーツという いでたちを余儀なくされた。だが、このシステムがきちんと作動するか、つまり映像と音がバンの中でうまく受信できているかどうかを確認する必要があった。私は到着後間もなく、鞄の中を探って書類を探すふりをし、見つからないので助手に命令する演技をし、コリンナに「車の中に忘れてきたようだ。持ってきてくれ」と命じた。バンの窓は外から見えないように目張りをしてある。内部では録画用機材一式に加えて、技術者たちが、近くの家の中で進行するインタビューの隠し撮り映像を画面上で受信し録画する作業をしている。私たちは予めサインを決め、ワイパーにグリーンの段ボール片がはさんであれば全面的に受信できている、赤の場合は受信不可能とひと目でわかるようにしておいた。それを確認してもどってきた彼女が万事順調の目配せをするのを受けて、私はペリーに対し条件法で話しかけた。「もしいつかあなたが撮影を承知してくれた時、私があなたにお尋ねしたいことは次のとおりです」。こうして私は、彼が書いた例のレポートの抜粋を読みあげはじめる。要所要所で異議を唱えたり、詳細を尋ねたり、あるいは驚きの念を表明したりする。彼は躊躇しながら答えてくれた。私がしかけた罠にはまったく気づかぬままに答えてくれた。私は続けた。だが、得意になっている時間は長くは続かなかった。すでに述べたとおり、バッグには書類や本を詰めこんであった。それらしく見せるためだったが詰めこみすぎた。ペリー・ブロードが私に話しているあいだに、突然白い煙がバッグから立ち昇りはじめた。まるでおとぎ話かローマ法王選出の合図[1]みたいだった。ペリーも煙に気づいた。だが驚きのあまり、そしてゲルマン的鈍重さのために、私が示した反応にはおよばなかった。私は飛びあがった。テーブルの上のバッグをひっつかみ、「来るんだ!」コリンナに叫び、その腕を取ると転げ落ちるように階段を駆け下りた。この凄まじい勢いのおかげで、ペリーにつかまることもなくバンに飛び乗ると、車は刑事ものの映画さながらにタイヤを激しくきしませて発進した。カメラは完全に焼けてしまい、計りしれない影響が出た。ドイツでの撮影プランは全面的な見直しを迫られることになったし、また、パリュシュはかなり高価な機材だったので、経済的にも手痛い損害だった。幸いなことに、二週間後には新品のパリュシュ・カメラが入手でき、ドクター・ソレルは活動を再開した。

以後、私たちは予想される困難とその時の気分によって二つの方法を使い分けた。革バッグと「録音技師」の組み合わせは三年前にズーホメルで試した方法である。もう一つはペリー・ブロードで失敗したキャンバスバッグ方式で、パリュシュが呼吸できる程度に詰め物を少なくした。これに、コリンナの特筆すべき冷静さが加わった。猜疑心のきわめて強い性格の「標的」を訪ねる時でも、彼女はただ一人私についてきた。映画には出てこないが、こうした「標的」たちは常に攻撃的で出しゃばり好きな親族に囲まれていた。ウォルター・スティアの撮影の場合がその典型的な例であろう。彼は自分自身を「純粋な官僚」と称していたが、私はショアの関係者のなかでも最も軽蔑すべきナチと見なしていた。隠し撮りカメラで撮影されたそのスティアの顔の映像が突然乱れる場面を思い出していただけるかもしれない。今言ったとおりのことが起きたのだ。「録音技師」名目のカメラマン、ドミニク・シャピュイが、同席していたスティアの妻と二人の女友達が自分の機材をじろじろと眺めるのを見て、側面のポケットの一つににひそませたビデオ・モニターに気づくのではないかと危惧し、急いでバッグをあちこちに揺すってみせたためだ。本当のところ、私も一緒にいるのがか弱い若い女性よりは男の方が心強かった。二代目パリュシュを携えて、私たちはまるでサーカスか盛名劇団《イリュストル・テアトル》［モリエールが主催した劇団］の巡業のように、来る日も来る日もドイツの州という州、町という町を移動して獲物を求め、追跡し、毎日のように新たな標的に攻撃をかけた。誰もが狂騒状態にあった時期である。私たちのアプローチはいつも成功を収め、数時間におよぶインタビューが終了する頃には、みな激しい疲労に襲われた。何としても当初のプランを遂行しなければならなかった――プランには、ドクター・ソレルに承諾の返事をよこした者のほかに、拒絶の返事をよこした者も、または何の返事もよこさなかった者も含まれていた――。夜は、あちこちのシュタインベルガーホテルで飲む一本の赤ワインがエネルギーを補給し、翌日の新たな狩りのための英気を養ってくれた。満足感と高揚感が私を酔わせ、盛名劇団の団員全体を鼓舞した。私は警戒を緩め、緊張をほどいた。

だがその朝、私は何か重大なことが起きそうだという予感に襲われた。それでも私は自分の予感を信じようとせずに、計画に固執した。怖気づいたと思われたくないだけのために、あえて挑戦に応じたことはこれまでの人生で何度もあったことである。前夜は遅くまで、シャピュイと一緒にメルンで撮影をおこなった。相手は、リトアニア第二の都市シャヴリ――シャウレイ、シャウレンとも呼ばれる――の旧「地域弁務官」ハンス・ゲヴェッケである。地域弁務官は、わが国で地方総督と呼ぶものに近い。ベラルーシの町スロニムの弁務官のように、〝ブリューティゲス・ゲビーツコミッサー〟（スロニムの「血生臭い地域弁務官」）の仇名にふさわしい男がいたことを思えば、ゲヴェッケは最悪の地域弁務官だったわけではない。ゲヴェッケは殺人者というよりは好々爺の感じだった。別れる時には、少なくとも彼の方は名残惜しげなようすさえ見せたのである。地理的な理由――私たちはドイツ北部におり、ハンブルクを後方基地にしていた――と、何としても映画のなかにアインザッツグルッペン〔移動殺戮部隊〕の指揮官の一人を加えたいという理由から、翌日はハインツ・シューベルトに挑戦することを決心していた。死刑宣告を受けながらマクロイによって恩赦を与えられた彼は、クリミア半島のシンフェローポリでの大量虐殺の責任者である。ラボルド教授は彼宛てにドクター・ソレルの訪問を予告する手紙を送っていたが、彼は返事をよこさなかった。彼について、彼の過去の行動について、裁判における彼の弁護手法について、私はたくさんのことを知っていた。彼はドイツ北部の豊かな小都市アーレンスブルクに住んでいた。裕福な住民が住み、衛生と秩序が行き届いた町である。どうやってアプローチするかが問題だった。手勢はどちらにしても、コリンナとキャンバスバッグと私だけしかいない。猛烈な夏の暑さのこの日、車は四台あった。録画用バンと、私が運転する車以外に二台。パリに送るべき撮影ずみの機材がたくさんあったことと、アメリカでの追加的キャンペーンの準備のためにアメリカ人助手が加わったためである。

アーレンスブルクに着くと、四台の車を街の中心にある公営駐車場に停め、私はシャピュイとコリンナを伴って現場の確認に向かった。

シューベルトの大きな屋敷は、狭い幹線道路に面して建っていた。反対側の歩道には自転車の専用車線が設けられている。シューベルト家の側も反対側も、駐車はまったく不可能だった。高級住宅街のこの辺では、それぞれの家には一つないしは複数のガレージがついている。夏の真っ盛りだから自転車の往来は少ないが、駐車厳禁の標識が林立している。良好な受信を確保するためには、バンはシューベルト家の前に停める必要があり、同じ側では目立ちすぎるので、反対側の歩道の若干離れた位置が望ましい。シャピュイは自転車専用車線に少しかかるくらいにして停めるよりほかないと言った。だが、私の車をどこに置いたらいい？　バンに全員が乗るのは不可能だ。それに、明らかに違法駐車の、目張りをした奇妙なバンから、コリンナと私が出るところを屋敷の誰かに見られたくはなかった。屋敷の前をもう一度歩きながら、百メートルほど先に道路から直角に入る行き止まりの道があることに気づいた。そこなら駐車できそうだった。

私たち三人ともがびくついていた。普通なら諦めるところだ。だがその朝、コリンナが番号間違いを装って電話をして、シューベルト邸に誰かがいることは確認ずみである。駐車場にもどると、私は気が進まぬままにマイクと発信機のカムフラージュにとりかかった。ネクタイにマイクを装着してくれるのは、ベルナール・オブイ、本物の録音技師である。いつもは冗談交じりのこの装着の儀式も、今回ばかりは違った。私は上の空だった。行動の時が迫るほどに、最悪の事態が確かに思えてくるのだった。それでも私は、全員に注意事項を徹底することは怠らなかった。そのために間もなくほぞをかむ思いをすることになるのだが……。何があっても、誰も車内から姿を見せてはならない。すべては車内で処理する。車を出ない。受信音声を最低限に絞りこみ、できるかぎり音を立てない。不測の事態が起きた場合には、即刻現場を離れ、それまでに撮りためたフィルムやテープをパリに送るまでの期間責任をもって保全するよう指示した。最後には全員がハンブルクで落ちあうことも了解事項だった。彼らは先に出発し、先刻決めた場所に駐車した。十五分ほど遅れて、私はコリンナとともに到着し、バンの脇をゆっくりと通りすぎて、すべてが順調に行っていることを確かめた後、すでに決めてあった行き止まりの道まで引き返して車を停めた。パリュシュ・カメラの入った銀紙の星飾りバッグを提げたコリンナを伴って通りに出ると、バンの横を通り、シューベルトの家の前も通りすぎた。暑さと不安で汗をかいていた私は、家の呼び鈴を押す前に心臓の鼓動を鎮めたかったのである。

呼び鈴を鳴らすのとほとんど同時にドアが開き、堂々とした婦人が姿を現わした。「シューベルト夫人?」彼女がうなずくのを見て、私は続けた。「ドクター・ソレルです。シューベルトさん宛てにお手紙が届いたと思うのですが、ご返事をいただけませんでした。で、今日はこの近くまで来る機会があったので、住所もわかっていることでもあるし、直接お邪魔することにしたしだいです。番号がわからないので、電話でご都合をうかがうこともできませんでした」。彼女はラボルド教授名義の手紙のことはすっかり承知しているらしく、別に驚く風もなくこう言った。「私たちがいる時でよかったわ。明日からバカンスに出る予定なんですよ」。「どこへ?」と聞くと、「南チロル」という答えが返ってきた。そこが旧ナチのあいだで知れわたった有名な保養地であることを私は知っていた。「ああ! ボルツアーノ、ミズリーナ湖、トレ・チーメ・ディ・ラヴァレド……いいですねえ。私もチロルは大好きです。イタリア側もオーストリア側もね」私はうっとりとして見せた。コリンナも歯という歯を全部見せて同感の笑みをつくった。そこでドクター・ソレルは、もしシューベルト氏にいくつかの質問に答えていただけるなら、自分の研究に大いに役立つことであり、大変ありがたいと続けた。夫人は夫がすぐにもどるからと言って、私たちを日当たりのいい庭に面したリビングに案内してくれた。彼女は私たちに肘掛椅子を勧めた。相対して長椅子が置かれているが、そのあいだには何もない。家具、テーブル、低いセンターテーブル……一切ない。

　シューベルトが現われた。庭の手入れをしていたらしく、土埃まみれのズボンと木靴という姿だった。細身の男はまだ若々しく、アインザッツグルッペン裁判の資料のなかで見た写真の面影そのままだった。彼は少しのあいだ姿を消したが、やがてズボンを替え、外出用の靴に履きかえてもどってくると長椅子に座り、私たちと向きあった。コリンナはやむなくパリュシュの入ったバッグを膝の上で固く抱きしめ、レンズをシューベルトに向けるよりほかなかった。だが、私たちが裏庭側にいる以上、果たして信号がバンまで届いているかどうかがわからない。何よりもまずそれを確認しなければならなかった。私はコリンナにヒルバーグ作成のアインザッツグルッペンの組織図を取ってきてほしいと頼んだ。彼女はバッグを床に置いてその場を離れた。シューベルト夫人が興味津々といった感じでそれを見ているのがわかった。組織図を手にもどってきたコリンナは、目配せですべて順調の合図を送ってよこし、バッグを膝に抱えて座った。唐突にシューベルト夫人が、バッグにつけられたその奇妙な星やリングは何のためなのかと尋ねた。「これはパリの最近の流行です」とコリンナは狼狽の色も見せずに答えた。「とても人気があって、デパートに行けば、この手のバッグを安く買うことができるんですよ」

　シューベルトと私の会話が始まった。彼は私の知識の豊富さにびっくりしたようすだった。多くの同類たちと同じく、彼もまたときを止めてしまっていた。私は彼の記憶の埃を払いながら、これらの悲劇的出来事以降、歴史家たちがどれほど研究を重ねてきたか、おかげで新たな展望につながる理解の手がかりが得られたかを説明した上でこう続けた。あるいは事実を見直すべき時が来ているのではないだろうか、たとえば、アインザッツグルッペンについても、勝者によって進められた裁判の時よりはもっと公平で復讐意識の少ない態度で向きあうといったことも考えられる。突然、シューベルト夫人がコリンナのバッグを取りあげると床に置いた。おかげで、カメラは足とふくらはぎだけを映すことになった。私は冷静に続ける。支配するために分割せよの金言にのっとって、シューベルトにこう説いたのである。キエフのバビ・ヤール峡谷での虐殺を指揮したブローベルのような血に飢えた乱暴者と、クリミア半島のシンフェローポリでの大量虐殺でたまたまそこを訪れて立ち会ったにすぎない（これが裁判における彼の弁護方針だった）彼とを同列に扱うのは今日ではもう受け入れられなくなっている。私はこの研究の中でそれを明確にしたいと考えている。そもそも、――この瞬間に、私はコリンナにバッグの中から作成中の貴重な資料を出すように頼み、それを利用してパリュシュのレンズをふくらはぎから顔の位置までもどすことを期待した――、あなたは〝besichtigen〟という言葉しか使わなかったではないか。これは「旅行者として訪れる」ことを意味する。彼はわが意を得たりと賛意を示したが、あまりに力を込めすぎて馬脚を現わした。動詞〝besichtigen〟の接頭辞を間違えて〝Beaufsichtigen〟と発音した彼は、妻からほとんど条件反射のような罵声を浴びた。「黙りなさいよ、ばか。その〝auf〟のせいであんたは死刑判決を受けたんじゃない！」。〝auf〟を挿入した後者の動詞は「監督する」を意味するからである。彼女の腕がまるでばねみたいに伸びてバッグをひったくると床に置いた。事態は悪い方に向かっている。玄関で突然電話が鳴ったので、彼女は立ちあがって電話を取りにいったが、すぐにもどってきて再度バッグを取りあげた。だがまたも電話が鳴って、バッグは床にもどされた。今度は会話は少し長く続いた。私は機械的にシューベルトに話しかけた。コリンナはバッグを取りあげることにも頭が回らないようだった。シューベルト夫人はもどってくると、コリンナのすぐ近くに場所を取った唇を真一文字に結び、その眼はほとんど比喩とは言えないくらいに炎上していた。突然、私の背後から四人の働き盛りの屈強な男たちが姿を現わした。一人が吠えたてた。「バッグを開けろ！」。コリンナはその見事な冷静さでバッグを手にすると、しっかりと抱きかかえた。シューベルトの息子と思われる大男は、唖然としている父親に向かってこう言った。「道の向こう側に停まっている車の中からあんたの声が聞こえてきた。ここでしゃべっていることは全部録音されているんだ」。私は立ちあがって叫んだ。「何の話をしているんだ。私は彼女と一緒に自分の車で来たんだぞ」。そしてコリンナを促した。「行こう。出るんだ」。彼女はもぎ取られそうになるバッグに必死にしがみついている。私は彼女の手を引っぱって玄関へと向かおうとする。顔に胸に、拳と平手打ちが降り注ぎ、足蹴りが入った。彼女も私もたちまち血だらけになった。恥ずかしいことに、私はバンに向かって助けを呼ぶだけの機転がきかなかった。ドイツ語がわからなくても、道の反対側から送られてくるこの慌ただしく乱れた足音を聞いて、バンの中のスタッフが心配していないはずはなかった。『諸世紀の伝説』［ヴィクトル・ユーゴの長編詩］の〝エムリヨ〟の中で、シャルルマーニュが「ウスタッシュ、われに駆けつけよ！」と呼んだように、私も「ベルナール、ドミニク、来てくれ！」と叫ぶべきだったのだ。だが私は彼らに指示を与えてあり、彼らはそれにドイツ風に、つまり盲目的に従った……。血まみれになったコリンナと私が追手を従えてようやく通りにたどり着いた時、バンは向かい側の歩道を離れ、一目散に逃げ出すところだった。バッグを離すまいと必死のコリンナを引っぱって、私は行き止まりの道目指して走った。追手は迫ってくる。とにかく逃げなければならなかった。特に警察との接触は何としても避けなければならない。私はコリンナの手からバッグを取りあげると、追手の頭上高く放り投げた。彼らはバッグの中身を知らない。だがそれを奪うことは彼らの目的の一つになっていたから、彼らは一瞬足を止めた。そのあいだに私は血だらけのコリンナを行き止まりの道に引きずりこみ、車に飛び乗った。頭から突っこんで駐車していた車をものすごい勢いでバックさせ、反転させ、アクセルをいっぱいに踏みこむと通りに向かった。だが人間の壁が出口をふさいでいた。近所の住民までがわれわれの追手に加わっている。ここを脱し、警察から逃れる手は一つしかなかった。どんな悲惨な結果が起きようとも、速度を緩めない、全力で突破する、つまり人の壁に突っこむ以外に方法はない。捕まるくらいなら人を殺傷することもいとわないこっちの決意を彼らは見てとった。壁はモーセの杖のひと振りで割れた紅海みたいに二つに開いた。彼らが車体を手で叩き足で蹴り唾を吐きかけるなかを通り抜け、猛スピードで通りに出ると、アーレンスブルクの街なかで道を迷い、ハンブルクに向かう高速道路を見つけられず、とりあえずコリンナに顔の血を拭う布きれを見つけるように頼み、人目につきやすいこの目印を消し去ることに専念した。

二代目パリュシュの喪失は取り返しがつかなく思え、これからどうやって続けていくのか自分でも見当がつかなかった。一方、バンのフランス登録番号が記録されたことは間違いがない。私のレンタカーはなおさらである。できるだけ早くレンタカーを返し、警察の先を越す必要がある。ハンブルク行きの高速道路に乗ると、昨夜泊まったホテル——私たちの後方基地でもある——目指して猛スピードで走りつづけた。ホテルにたどり着いたのは私たちが一番で、他の車はまだ帰っていなかった。追いかけられてパトカーに捕まったのではないかという不安にさいなまれる一方で、いったいどうしてこんなことになったのかという疑問も生まれた。どうやってあのごつい男たちは事態を知ったのだろうか？　一つだけ確かなことは、ハンブルクをいっときも早く離れなければならないということだ。コリンナはケルンに住む父のもとに避難しようと言った。彼女の父親は大きな家に住んでおり、今夜一晩中走ってでもとりあえずそこに逃げこみ、傷の手当てをし、必要なだけ留まって善後策を考えようという提案だった。いずれにしても、計画は全面的に見直さなければならない。やがて帰ってきた他のスタッフたちは、私たち二人の傷つき腫れあがった顔と対面した。彼らも彼らなりの方法で命からがら逃げてきたのである。このわかったことは、閉めきった車内に留まれという私の指示が非現実的で非人道的だったことである。この暑さで、車の中は窒息しそうなほどに耐えがたくなり、録音技師はたまりかねてバンのスライドドアを開けた。そのあと、運転席の隣の指令ポストに録音機のナグラとともに入りこんだ時、彼はドアを完全に閉めるのを忘れた。シューベルトの声、妻の声、そして私の声は、通行人や胡散臭いこの車の周囲をうろついていた近所の人たちの耳に筒抜けだったのである。シューベルトの家で鳴った電話は近所からの通報だったのだろう、彼の妻は息子たちを呼び寄せたにちがいなかった。

たんこぶとあざだらけの顔でレンタル会社に行くわけにもいかないので、シャピュイに書類を渡して車の返却を依頼すると、私たちはホテルを引き払い、バンを先頭に隊列を組み一路ケルンを目指した。もちろん、それで一件落着とはいかなかった。シューベルトは警察を呼び、バッグとカメラを証拠として提出し、弁護士を雇いそのアドバイスに従って訴えを起こした。私のパスポートはドクター・ソレル名義である。だが免許証は違う。ソレルは幽霊にすぎない。車を借りたのはランズマンだった。私たちは計画を変更しつつも、正体を隠さずに敢然と撮影を続けた。たとえば、ワルシャワ・ゲットー司政官の元補佐官フランツ・グラスラーをミュンヘンに訪ねた時は、愛想のいい笑いを浮かべ、あなたのことを聞きにきたのではない、いずれにしてもすぐに終わるからと、彼に断わらせないような無言の圧力をかけて迫った。一方、ドイツ警察の捜査ははかばかしい進展を見せなかった。パリユシュがカメラであることがわかるまでに、すでに時間がかかった。パリに召喚状が届き、私の捜索が開始されたという知らせが来た時、私たちはベルリンで仕事をしていた。すぐにトレブリンカ裁判の検事だったシュピースに電話をし、自分がやったことを包み隠さず述べた上で助言を求めた。彼は非難めいたことを一切言わずに力になろうと約束してくれた。司直の手から逃れようとしないことと、弁護士を雇うことを助言され、私はそのとおりにした。ハンブルクの職業別電話帳から無作為に選んだ弁護士に電話をかけ約束を取りつけると、ハンブルクまで行って事情を説明したが、相手が私に好意を持ち、私の行動に共感してくれているのか、あるいは私の話が単に相手を怖がらせているだけなのか判断できなかった。訴因のうち最も重大なものは、私がドイツ領空を侵犯したことである。ドイツの電波、ドイツの空である。私の周辺では、私が名目的判決どころか重い実刑判決を言い渡される危険性を危惧していた。私はこの闘いに多大なエネルギーと時間を費やし、最終的にシュピースの仲介を経て、本件を管轄するシュレースヴィヒ＝ホルシュタイン州の検事宛てに長い手紙を書くことにした。自分は歴史と真実のために働く者であり、自分自身ユダヤ人であり、同胞の絶滅に関する映画を製作している。そのためには旧ナチの証言は不可欠であり、過去何年にもわたって正直かつ真摯なアプローチを続けてきた。それに対して示された彼らの根深い卑劣さを前に、私はドイツを毒しているこの厚い沈黙の壁を突き破るには、偽計と策略を用いる以外に方法はないと考えるにいたった。われながら見事な手紙だった。コピーを取っておかなかったことが悔やまれるほどだが、その時はそんなことを考えている余裕はなかった。この手紙は絶大な効果を発揮した。実に公明正大な人であった検事は、私の説明に納得し訴追を断念する旨の返信を書き送ってくれた。さらに彼は、数ヵ月の法定期間の満了時には、パリュシュ・カメラとバッグおよび星飾りを私に返却する旨を伝えてくれた。そしてそのとおりに実行された。受け取りにいったのはコリンナである。

『ショア』には六人のナチが登場する。三人は隠し撮り、三人は従来のカメラで撮影した。実際には他に五人を撮影したのだが、映画の構造と組み立ての関係上使用できなかった。彼らの証言は厳重に保存されている。シューベルト事件で最も大きな痛手だったのは、映画『ショア』にアインザッツグルッペン〔移動殺戮部隊〕のメンバーを一人も登場させられなかったことである。これは私には重要なことだった。この部隊の殺人者たちに関しては、あらゆる手立てを尽くしたがすべて失敗に終わった。アーレンスブルクの領空を侵犯してまで撮った映像は使うことができなかった。一つには検事との協定でそれが禁じられていたことと、もう一つはパリュシュが撮ったのは主に足とふくらはぎだけだったからでもある。会見の内容はどうかといえば、私たちの会話はまだほんの入り口で足踏みをしていた。シューベルトを何とか手なずけたくらいの段階だったのだ。

だが、それで全面的に諦めることはできずに、私は少なくともこの部隊による虐殺の犠牲者を探し出そうとした。私は彼女をイスラエルで見出した。名前はリヴカ・ヨッシレヴスカ。背の高いとても痩せた、信じられないほどに苦しげな表情の女性だった。彼女の存在そのものが苦しげだった。ラトビアのリエパーヤで身体に数発の銃弾を受けた彼女は、血まみれの死体の山のなかで生きつづけ、軽く土をかぶせただけの穴の中から抜け出すのに成功した人だった。何があろうとも、彼女はカメラの前で話そうとしなかった。そうするだけの力が残っていなかったのだ。私の懇願にも決して応じようとしなかった。

ジョナサン・リテルの『レ・ビヤンヴェイヤント』〔邦訳『慈しみの女神たち あるナチ親衛隊将校の回想』〕について、私が一定の留保つきながら評価するのは、少なくともその冒頭部分で焦点を当てられたアインザッツグルッペンの記述の正確さを、私自身の作業から確認できるからである。彼が語る人物たち——しかし彼は会ってはいない——の多くに私は直接面会した。その他については、主にラウル・ヒルバーグの著作を中心とする同じ資料を参照している。そして、たとえば、キエフのユダヤ人の死の谷への行進とバビ・ヤール渓谷での虐殺の物語的再現を、私は完璧なものと認めるのである。彼が想像したパウル・ブローベルのモノローグも同様である。裁判で絞首刑を言い渡された二人のうちの一人、このブローベルは、ある日車で処刑現場の近くを通りかかり、まだ死体から出るガスのために波打っている地面を見て、同乗者に向けて誇らしげにこう言った。„Hier sind meine Juden begraben"「ここに、わしのユダヤ人どもが埋められている」。『レ・ビヤンヴェイヤント』のアインザッツグルッペンに関する記述に関連して私はこう述べた。「この部隊の全貌を一貫して理解できるのはヒルバーグと私の二人だけだ」。私の真意は理解されず、うぬぼれだと批判された。何のうぬぼれかはわからないが、愚かしいことだ。大切なのは「全貌を一貫して」理解できるかどうかという点である。既述したシュトレッケンバッハを始め、プレッチュやデューベンの関係者たちの名前はヒルバーグと私にとって、創作され交換可能な名前ではない。あるいは実名だが確認できない名前でもない。これらは膨大な客観的作業の末に根拠を与えられ生命を与えられた名前なのである。

悪意と無理解はこの例に留まらない。写真画像は新たな人気の対象になったようである。画像が必要だ、あらゆること、あらゆる場所の画像だ、それこそが真実の唯一の尺度になるのだ。ガス室の画像、すなわちガス殺されているユダヤ人の男や女、子供たちの画像がないことは一般常識のはずだったが、それだって時間と優れた研究者によって発掘されるだろうと主張する人もいた。ないとは言えないだろう？　だが事実は、人々は真っ暗闇のなかで殺されたのであり、あれから六十五年たった今でも何も発見されていないということだ。数年前、マレ地区のシュルリー邸で写真展が開かれ、鳴り物入りで宣伝された。「収容所」に関わるすべてを一堂に集めたという展示は「収容所の記憶」と命名され、分厚いカタログには、「写真の歴史家」、「写真遺産学芸部長」、写真家、「美術史家」、そして単なる「歴史家」たちによる解説と画像が掲載されていた。展示そのものは、全部を網羅したいがために、脈絡のないごた混ぜだった。ナチズムの歴史、加害者と被害者、山積みされた死体、生き残りなど、すでに何度も見覚えのある写真が無秩序に並べられていた。たとえば、殴打でふくれあがった顔の写真が二枚隣りあわせに並んでいたが、一方はSS隊員によって殴られた収容者であり、もう一方は収容所の解放直後に自由になったばかりの収容者によって殴打されて両眼にくまを作った殺人者の側の顔であった。ポーランドのトレブリンカ、ベウゼツ、ソビブル、ヘウムノの絶滅収容所に関するものは何もなかった。一切何も。この展示を企画した人たちの意図が純粋なものであることは認めるにしても、展示品収集の原則には何か非常に不愉快なものが感じられるのである。素材の選択と決定、そして場内のレイアウトの基準となった無意識の自己満足が露呈していたからである。多くの参観者同様、私の鬱屈した怒りが爆発したのは、最後の特別展示室で「地獄から簒奪《さんだつ》した四枚の写真」を眼にした時だった。寄せ集め展示のなかにまるで宝石でも埋めこむように四枚の写真を掲げ、あまつさえスポットライトを使ってコントラストをつけた光の演出まで施し、四枚の上をゆっくりと移動する照明によってパノラマ効果をあげようとするのは、教育的という建て前の下におこなわれた非倫理的な解体の試みにほかならない。それはビルケナウの無言の「ソン・エ・リュミエール」[照明と音響効果によるスペクタクルショー]とでもいうべきものであり、参観者に最後のだめ押しをするだけのために考案された仕掛けだった。展示された四枚の写真は、これもずいぶん前からあちこちで引用されているために、専門家以外にもよく知られている。アウシュヴィッツ‐ビルケナウのゾンダーコマンド[特務班員]によって撮影されたもので、一九四四年春の暑い日に、上着を脱ぎ、帽子をかぶったユダヤ人たちが、第五焼却棟の外で、今ガス殺されたばかりの死体を焼却している場面である。犠牲者があまりに多すぎて、焼却炉だけでは処理しきれなかったためだ。他の一枚には、ビルケナウ収容所のカバノキの疎林のなかで、ガス室に入る順番を待たされている裸の女性たちが写っている。ここでは、光のパノラマ効果を心ゆくまで楽しむことができる。これらの写真は一部の特務班員が大きなリスクを張って撮影したものであり、私はその何人かを知っていた。たとえば、ダヴィド・シュムレフスキーは屋根職人《ダッハデッカー》として働いており、ビルケナウでは錠前職人と並んで比較的自由に移動することができた。展示会のカタログでは、これらの写真の解説を任された何でも知ってる風の専門家が、何の根拠も示さずに、撮影場所を第五焼却棟のガス室内部と特定してみせている。この断定が真実であれば、素晴らしい発見につながる。つまり、ガス室内のガス殺の写真もあって不思議はないわけだ！ 第五焼却棟のガス室内部から撮影したという夢のような想定――これがシュルリーの展示会の真の狙いだった――は捨てよう。『ショア』*のなかでフィリップ・ミュラーがあれほど明確に語っている言葉を参照すれば自明のことである。このガス室は外に向かっては開かなかった。ここに入るには必ず大きな〝アウスクライトラウム〟（脱衣室）を通る必要があった。犠牲者たちはここで衣服を脱ぎ、死の部屋へと入った。ここはまた、ガス殺のあと焼却を待つ死体の置場としても使われた。カメラのレンズは、この脱衣所の入り口から死体焼却がおこなわれている空き地に向けられたにちがいないのだ。裸の女性たちの写真は、同じ建物の屋根の上から、腰だめにしたカメラで撮ったものにちがいない。だが、この解説者は特殊撮影技師でもあるようだ。もし真実に眼をつむり、類似と偏向、意味の混乱とすり替えによって読者を欺き、本当にこの四枚の写真がガス室の内部から撮られたと言うのなら、解説のタイトル

* Shoah : le livre (Gallimard), « Folio » n° 3026, p. 224.

「それでも写真は撮られた」が暗示するとおり、ガス室内の死の写真も存在すると考えてもいいことになる。

彼のように、映像を重要視する人は少なくない。私はスピルバーグ監督の『シンドラーのリスト』が封切られた後にこう発言したことがある。もしここに不確かな数分の無声映像があって、三千人におよぶ人の死をＳＳが密かに撮ったものだと言われても、私はそれを『ショア』には使わないだけではなく、破棄しているだろう。それは『ショア』製作にあたっての厳格な姿勢を逆説的に表現しただけだったが、私は四方八方から非難を浴びた。「彼は証拠を破壊しようとしている！」。私を非難した人たちは、あるいは無意識のうちに、証拠が必要だと言おうとしたのだろうか？　私が『ショア』を製作したのは、ホロコースト否認論者や修正主義者〔ユダヤ人虐殺の史実を否定したり、被害規模を矮小化しようとする人々〕に反論するためではない。そういう人たちとは議論しないし、これまでも相手にしようと思ったことはない。私の映画から湧き起こるユダヤ人の、ポーランド人の、そしてドイツ人の大合唱が、真の記憶の再構築のなかで証言する事実で十分なのだ。

（1）　新教皇の選出は枢機卿団の互選によっておこなわれ、決定した時には選挙がおこなわれているシスティーナ礼拝堂の煙突から白い煙が上がる。

第20章

四年間にわたる作業の後に、私はようやくワルシャワの地を踏んだ。私の内のあらゆる拒絶感をしのぐ必要性に迫られてのことである。マリナ・オハプが空港で待ち受けていた。私の単純な想像力が思い描いていたような、アスリートみたいな体格のブロンドのポーランド女性ではなかった。彼女は小柄だった。信じられないほどに黒い瞳は知性に光り輝いていた。そして鼻は、私の母同様間違いなくユダヤ人のものだった。ポーランドのユダヤ人はまったくいなくなったわけではなかったのだ。彼女の母親はユダヤ人だった。父親のエドワルド・オハプはゴムルカ〔またはゴムウカ〕政権当時、ポーランド人民共和国の最高機関である国家評議会議長を務めた人である。彼が職を辞したのは、一九六八年ゴムルカ政権が主導した反ユダヤキャンペーンの時だった。六日戦争でイスラエルが勝利を収めた数ヵ月後、同じ年の八月にソ連の戦車がプラハの春に終止符を打つ前のことである。この時、ポーランド知識人は反旗を翻し、祖国を捨てたが、ポーランドに残っていた最後のユダヤ人たちのほとんどもこれに倣った。ナチの手から逃れ、一九三九年十月以降、ソ連による侵犯地域に入りこむことに成功し、赤軍のおかげで生まれ故郷にもどることができた人々である。ポーランドの共産主義ノーメンクラトゥーラ〔指導者〕のほとんどは、大戦中の全期間あるいはその一時期をソ連で過ごした。オハプもその一人だったが、ユダヤ人がまたもスケープゴートにされた時、彼はゴムルカと袂を分かち辞職した。

　マリナはフランス語を完璧に話し、素晴らしく感じのいい女性だったが、私の調査対象については大きな助けにはならなかった。自分の母親のようにモスクワやウズベキスタンで難を逃れる幸運に恵まれなかったポーランドの三百万のユダヤ人の運命に、彼女は無知だった。会ってすぐに、できるだけ早くトレブリンカを訪れたいという希望を伝えたが、私がわかったのは、彼女がそこに行ったことがなく、また行こうと考えたことすらなく、そこで本当に何が起きたのかも知らないということだった。ポーランドユダヤ人の死の舞台となったソビブル、ベウゼツ、ヘウムノのいずれについても同じだった。アウシュヴィッツ（彼女はオシフィエンチムと言った）についての知識はいくらかあった。彼女が教育を受けた学校や教科書では、アウシュヴィッツは共産主義世界ではひどく重宝されている「ファシズムの犠牲」というカテゴリーの下ですべてを包摂する概念だったのである。

　翌日、ソ連製のポンコツ車を借りてトレブリンカの収容所跡に向けて出発した。寒かった。まだ雪が残っていたが、それは白というよりは汚かった。林立する自然石の立て石と消滅させられたシュテットル〔ユダヤ人集落〕や共同体の名前を刻んだ石碑の場所には人影一つなかった。先史時代のような複数の巨石に刻まれているのは、絶滅の嵐に荒廃した国々の名前である。マリナと私はこの象徴的な墓所を歩いた。だが、私は何も感じなかった。心を澄ませ、精神を集中して私は待った。この場所、この災禍の跡に対して、私の内に何か感応するものが現われると信じたかった。だが、こうして見ているものは、私が読書から学び、SSのズーホメルの証言や、ニューヨーク州の山中で四十八時間をともに過ごしたアブラハム・ボンバの証言から教えられたこととはまるでかけ離れていた。何の感興も湧かない自分の乾ききった心に当惑しながら、私はおよそ二時間ほどで車にもどった。三、四百メートル間隔に置かれた等辺三角形の石でしるされた収容所の境界線からなるべく離れないように気をつけながら、私は車をゆっくりと走らせた。しかし、道路はこの境界線からそれて、車は間もなく近隣の村々の中に入っていった。プロスティン、ポニャトボ、ブルカ・オクロングリク――これらの村の名前は、最初の日から私の記憶に刻みこまれた。子供や若者、あらゆる年齢の男と女が住んでいる。車を停め、しばらくのあいだ考え、観察した。というよりは観察されたというべきだろう。私が彼らを見る以上に、彼らは私をしげしげと見つめていたからである。だが、と私は考えた。一九四二年七月から一九四三年八月まで、トレブリンカ収容所が六十万人のユダヤ人を殺すためにフル稼働しているあいだも、これらの村は存在していたはずだ！　村々が古くからあることは明らかだった。ぬかるみの道路沿いに建つ農家の造り、村の重しのように建つ教会の黒くどっしりとした存在感からそれは読みとれた。一九七八年の今日六十歳の男なら、一九四二年当時は二十四歳である。今七十歳なら、当時は働き盛りであったろう。一九四二年に少年だった子供は今や五十歳代になっているはずだ。そこには、私にとって論理的破綻ともいうべき驚くべき発見があった。ショアが感じさせる凄まじい恐怖は、あの出来事を違う時代、人間的時間の埒外へと追いやってしまうと私は述べた。しかし私は突然、ポーランドの辺地に住むこれらの農民が、最も近いところであの出来事と同じ時間を共有していたことに気づいたのである。プロスティンでも、ポニャトボでも、ブルカ・オクロングリクでも、私は誰にも声をかけなかった。もう少し考える時間が欲しかった。私は再び車を発進させ、非常にゆっくりと走らせた。

突然眼の前に道路標識が現われた。黄色の地に黒で書かれた文字は、まるで何でもないことのように、私たちが入ろうとしている村の名前が「トレブリンカ」であることを告げていた。収容所跡の雪をかぶったなだらかな斜面と、そこに林立する石塊とガス室の場所を示す中央の建造物を前にしてあれほど無感動だった私の心が、このありきたりの道路標識の前でこれほどにかき乱されようとは！　トレブリンカは存在したのだ！　トレブリンカという名の村が存在する、そこにありつづけている。信じられなかった、ありえないことのように思えた。これまで、ここで起きたことのすべてを知ろうとし、わかろうとし、トレブリンカの存在を一度として疑ったことはなかった。にもかかわらず、この名前にまとわりつく不幸は、同時にほとんど存在論的な絶対的禁忌を伴うがゆえに、私はそれを神話ないしは伝説の世界に追いやっていたことに気づいたのである。この呪われた村の存在に固執することと、その村の今日のありきたりの現実、そして人類の記憶に残る戦慄すべき意味とのあいだのコントラストは爆発を伴わずにはおかなかった。爆発は少し後に起きた。そのまま車を走らせているうちに、思いがけず貨物列車の前に出た。きわめて長い車列は土を叩き固めたホームに停まっており、私はそのホームに乗りあげそうになって急停止したのである。そこは駅だった。トレブリンカの駅。私は車を降りて歩きはじめた。線路を渡り、駅舎があるメインホームにたどり着いた。堂々とした大文字で「トレブリンカ」と記した駅名標がかかっていた。その下にポーランド語で「絶対に繰り返してはいけない」と書かれた横断幕が掲げられ、それが唯一ここで起きたことを想起させる。ホームの端には、二本の支柱をセメントに埋めこんだ表示板が線路と直角に立てられており、上りの客も下りの客も読めるように表と裏に「トレブリンカ」の文字が記されている。トレブリンカは交通から疎外されているわけではない。ホームで茫然としつつも、眼にしている光景の尋常ならざる重要さを判断しようとしているあいだにも、列車は通り、何本かは停車せず、その他は乗客を降ろしたり乗せたりしていた。貨物列車は待機線に入っていたが、それは何かを記念してそこに置かれたというのではなく、単に業務再開の時を持っているにすぎなかった。

私はポーランドには来たくなかった。だから、到着時には不遜きわまりない思いを抱いていた。この旅行に意味を認めるとしたら、やはり来なくてもよかったんだ、さっさと前の作業にもどれということを確かめるくらいのことしかないと確信していた。実のところ、それまでの四年間に積み重ねた読書や調査、そして撮影（ズーホメル）を通じて得られた知識を目いっぱい詰めこんで到着した私は、ぱんぱんに火薬を詰めこんだ爆弾と一緒だった。ただし無害な爆弾――起爆装置がなかったからだ。だが、トレブリンカが起爆剤になった。その日の午後、私は思いがけない激情に襲われて爆発した。そう言うより他に形容のしようがない。トレブリンカは現実になった、伝説から現実への移行は、電光石火の速さでおこなわれた。一つの場所、一つの名前との出会いによって、私の知識は無に帰し、すべてをゼロからやり直す必要に迫られたのである。それまで私に取り憑いていたものを根本的に見直し、最も確実と思われていたことを問い直し、とりわけ絶滅の地理的中心であるポーランドにそれにふさわしい第一義的な場所を確保しなければならなかった。トレブリンカの存在がこれほどに真実となった以上、もう猶予はならなかった。私は極度の切迫感にとらわれ、以後追い立てられるように生きていくことになる。撮らなければならない、いっときも早く撮らなければならない、この日私はその任務を与えられたのである。

午後も遅い時刻だった。マリナと私は徒歩で村の中をあちこち歩きまわった。駅と鉄道は村の真ん中に位置していた。途中で立ち寄った農家の中庭からは、通りすぎる列車の美しい光景を望むことができた。そこは『ショア』を見た人には忘れられない、あの見事な太鼓腹の赤っぽいシャツを着た農民の家だった。寒かった。男は親切にも私たちを家の中に入れてくれた。彼がマリナを見るようすから、彼女をユダヤ人と識別したことがわかった。後刻、彼女もそれを肯定した。男の一家が住む暗い室内には、凝固した牛乳とキャベツ、液体肥料、その他得体の知れないカビ臭いにおいが混ざりあって、吐き気を催させるほどだった。だがより悲惨だったのは、彼の息子だった。身体の麻痺と知的障碍をもつ息子は椅子の上で頭を斜めに傾け、舌を出したまま絶えず痙攣性の動きを繰り返した。チェスワフ・ボロウィと妻がこの子を授かったのは、一九四二年八月の悪臭の中でのことだった。その頃には、ワルシャワのユダヤ人を載せた輸送列車が、収容所の荷降場に行く番を駅で待つようになっていた。彼の家に漂う悪臭から判断すれば、ボロヴィはにおいに鈍感なたちのようだったが、それでも彼は、当時トレブリンカの住民たちが悪臭を消そうと無駄な努力を必死に続けたようすを、最初のその日から雄弁に語りはじめた。悪臭は、村の家々を何ヵ月ものあいだ夜となく昼となく覆いつづけた。ズーホメルが語ったように「それは風向きしだい」だった。ドアも窓も閉めきり、隙間や割れ目に目張りをし、鼻をつまみ、収容所近くに住んでいた農民たちはにおいを嗅がないための闘いを勇敢に繰り広げていた。彼らは人間が焼かれる耐えがたい悪臭のなかで食べ、愛しあった。それは絶滅の痕跡を残さないために壕のなかで焼かれる死体のにおいであり、さらに耐えがたいのは、死体の山の腐敗臭であった。夕暮れと夜明け、朝露と夜露の時が最悪だったとボロヴィは言った。この時間帯には、においは上昇せず、したがって空に吸いこまれることはなく、地上をどこまでも漂い、家の中に、彼の最も鈍感な鼻の中にまで侵入したのである。ボロヴィは、においに関しては専門家だった。嗅覚の記憶について、彼は実に詩的なまでに洗練された表現で語ってくれた。注意深く耳を傾けながら、私は心の内で自分を責めつづけた。自分自身をののしり、あざけり、説諭し、断罪した。自分はいったい何を考えていたのだろう。眼の前にいるこの男、今日目撃した人々、三十五年前とまったく変わらないように見えた村々、石の建物や鋼の鉄路からにじみでる永続性、これらの古い農家で見出した過去への見事な沈潜――こうしたものなしで、どうやってこの映画を作ろうなどと考えたのだろう。

私にとり、ポーランドへの旅は何よりもまず時間への旅であった。西ヨーロッパではあまりに激しい社会的、経済的変化がすべてを駆逐してしまったために、一九七八年当時、十九世紀の農村がどのようなものであったかを想像するのは困難であった。だが、ポーランドは違った。あの国では、十九世紀は存在していた。触れることができた。持続と廃頽とが隣りあわせ、せめぎあい、包みあい、過去から持ち越したものの現在を、ひょっとするとより先鋭により過激に彫琢している場所、それがポーランドだった。私は突然急き立てられるのを感じた。信じられないほどだった。失われたこの数年を、ポーランドなしの数年を取りもどせと言わんばかりの焦躁感だった。すでに夜のとばりは落ち、ワルシャワを出てから何も食べていなかったので空腹は耐えがたいほどになっていたにもかかわらず、示されたばかりの真実に毒され、組み敷かれ、私は異常な精神状態にあった。ボロヴィの家を出たあとも、私は暗いぬかるみの中で顔もおぼろげな人々と話し、彼らもまた過去のある時期について興味を示す外国人がいることを喜んでいるらしいことに気づいた。彼らはきわめて正確に思い出し、同時に伝説的なトーンを帯びた口調で語り、それがとても遠くてとても近い過去、永遠に記憶に刻まれた過去現在であることを私に気づかせた。虐殺の話を初めて耳にしたマリナは、熱くなってのめりこんでいく私をあきれ顔で見つめ、こんなことは暴き出すべきではないと考えているようすがありありと見えたが、それでも不平も言わずに私の問いかけと彼らの答えを忠実に訳してくれた。そのうち、収容所があった全期間、死の列車を引っぱっていた機関車の運転士がトレブリンカから十キロメートルほどの町、マウキニャに住んでいることがわかった。遅い時間にもかかわらず、私はすぐに訪ねることにした。人の迷惑など念頭にはなかった。待てなかったのだ。細い道を通ってトレブリンカを抜け、線路と合流したあと、その線路と同じ橋を渡ってブク川を越えた。犠牲者たちを載せた汽車は、この橋を逆方向に渡っていったことになる。闇に阻まれて見ることはできなかったが、私は勢いのある水の流れを感じた。数ヵ月後には、美しい夕映えのこの流れをカメラマンとともにモーターボートで移動しつつ、ポーランドでの撮影を開始することになるのだが、この時はまだ何もわかっていなかった。

夜の十一時、マウキニャの町は眠っていた。私はまずヘンヌリク・ガフコウスキの小さな農家を探しあてるのに四苦八苦し、彼の家のドアを叩いた時には、カテドラル並みに大きな教会の鐘が真夜中を告げていた。返事はなかった。もう一度強く叩くと、急いで階段を降りてくる足音が聞こえた。ドアの内側から女性の声がして、マリナとのやり取りが始まった。ドアが開き、髪の毛をフィシュできつく結んだ丸顔の小柄な女性が姿を現わした。彼女は明かりを灯し、私たちを座らせると、夫を起こすために二階に上がっていった。眼をこすりこすり降りてくるヘンヌリクをひと目見て、彼に好感を抱いた。まだ眠そうな子供のような青い瞳、素朴で誠実そうな人柄、額に刻まれた苦悩のしわ、底抜けの親切心、私は彼を好きになった。こんな夜中に押しかけたことを詫びると、それほどまでに急がなければならなかった事情を感じとってくれたようにさえ見えた。彼は自分が関わりあった悲惨な過去を忘れるどころか、その傷から立ち直ってもいなかった。自分に向けて発せられる問いに答えることが正しいことだと考えているように見えた。実際のところ、真夜中に幽霊のように現われたこの私は、彼の話を聞くために訪れた最初の人間だった。彼が考えていることなど、気に留める者は誰もいなかったのだ。彼はポーランドの農民が愛してやまない蒸留酒のボトルを持ってきた。神聖にして唯一の慰めであるウォッカ。最初の一杯を飲み干すと、私はおずおずと自分たち二人が死にそうなほどに空腹であることを告げた。

夫婦は祖母のアンナが使っていた蠅帳《はえちょう》とよく似た金網張りの食品戸棚を開き、ぱたぱたと立ち働きはじめた。やがてテーブルの上にありったけの残り物と、田舎風の豚肉料理、パンとバターが並んだ。そしてもちろん、気持ちをほぐし記憶を促すウォッカも。

ヘンヌリクの話を聞きながら、私は予備調査の段階は終わったと思った。今や行動に移るべき時だ。今日の午後ボロヴィの家で予感したように、いっときも早く撮影を開始すべきだと感じた。何よりもまず、私の問いかけに促されてあふれでる言葉の奔流を止めることが急務だった。黄金とも血とも言える貴重な記憶である。「あなたが貨車を荷降場の端まで引いていったとき……」と私が尋ねたのは、怒号の下で走らされ、棍棒で打たれ、一、二時間のうちには生命を絶たれる男や女たちがどうやって荷降場で貨車から降ろされたかを話している時だった。彼は私の質問をさえぎって「違う、違う、そうじゃない。おれは引っ張ったんじゃない、押してたんだ」と訂正した。この何でもない指摘に私は茫然とした。悪に関するどれほどの考察——思考のための思考に逢着するだけの——よりも、彼のあたりまえの指摘の方がより多くのことを語り、より想像力を高め、より理解を深めるのに役立ってくれたのである。ガフコウスキに対する質問をこれ以上続けるべきではないことは明白だった。ユダヤ人の登場人物たちに関しては、事前になるべく多くのことを知っておく必要があった。その理由はすでに述べた。だがここでは違った。何も事前に触れてはならないのだ。私は犯罪の場所にもどってきた初めての人間である。そしてこれまで何も話さなかったここの人々は、奔流のように言葉を発したがっている。この手つかずの状態、この自発性を何としても維持しなければならない。このポーランドは開けてはならない宝石箱なのだ。わずかな一日と狂乱ともいうべき一夜のあと、私はこの旅行のあいだに収容所跡を訪れ、この足で歩きまわらなければならないと感じ、事実ヘウムノでそうしたのだが、その一方でなるべく話しかけ質問することを控え、ユダヤ人絶滅の国の表面に触れるだけで満足することを肝に銘じた。より深みへと踏みこむのはクランクインしてからだ。撮影が急がれた。撮影が始まってから、私が倫理的過ちを犯したのは、ほかならぬヘンヌリク・ガフコウスキが指摘した、彼の機関車が貨車を引いたのではなく押したというディテールの時だった。カメラの前で、私はすでに知っているこの事実について彼に質問をし、驚きの演技をして見せたのである。罪は私にあり、このことを思い出すたびに恥ずかしくなる。こんな真似をしたのは、観客もやはり当時どういう具合に事態が展開していたのかを知り、この発見が私に気づかせたような細部のリアリティの重要性に気づいてほしかったからである。それでも私は、その事実を初めて耳にしたように演技したことに自責の念を覚える。

ヘンヌリクとともに過ごした夜を何と形容したらいいのだろう！　彼は素晴らしい誠実さを示し、ウォッカのせいもあってのことだろう、感きわまって泣き、私も涙し、何度となく二人で肩を抱きあった。この夜のことは『ショア』では何も触れていない。だが、彼が語ったガス殺の十三ヵ月間のトレブリンカと周辺の村に関する話は、映画の画面で語られる物語に匹敵するものである。ワルシャワの欲の張った売春婦たちはここに移り住んで、女衒《ぜげん》たちの手配の下に商売にいそしんだ。客は収容所の外人傭兵、ウクライナ人やラトビア人の看守、一部のSS隊員とよしみを通じた農民たちだった。支払われる金は虐殺されたユダヤ人のものだった。多くのユダヤ人は死が約束されているとは知らなかったものの、しかし以前から洋服の裏にお金を縫いこんで最悪の場合に備えてきた。だがそれも、ガス室に入る前に裸にされ、放棄せざるをえなかった。ラインハルト作戦（トレブリンカ、ベウゼッツ、ソビブルの三つの収容所における絶滅計画のコード名）に携わった統計官は、そこでガス殺されたユダヤ人の人数の統計には無関心だったが、彼らのオーバーや上着、コルセットを解体し、あるいは靴のかかとを剝がして発見したあらゆる種類の外貨――ドル、ドラクマ〔ギリシャ通貨〕、フローリン〔オランダ〕、フラン――については、一銭にいたるまで数えあげていた。それはズーホメル指揮下のゾンダーコマンド〔特務班〕の仕事だったが、もちろんこうして収奪した金の一部はSS経済管理本部（WVHA）の管理を逃れて、虐殺に携わるSS隊員やウクライナあるいはラトビア人看守の懐に入り、一部はゾンダーコマンドのユダヤ人によってほとんどありえない脱走の時に備えて土中に埋められた。村人や売春婦たちがウォッカや豚肉、そして快楽の代償として受け取っていたのはこうしたお金であった。二つの輸送のあいだに、五万ドルという当時のお金では夢みたいな金額をポーカーですったことを、ヘンリクはあの夜涙ながらに告白し、「あぶく銭身につかずですよ」とつけ加えた。後日、撮影のためにここを訪れた時、教会の聖歌隊で心を込め、力いっぱいの声をあげて歌う彼を見た。ときに、お金も宝石もあまりに抽象的なしるしにすぎないこともある。このことも私は『ショア』の中では一切触れなかった。ポーランド国軍大佐ヤン・ピヴォンスキは、かつてソビブル駅で副転轍手を務めていた時の話をしてくれた。彼が夜の当直を務めていた時のこと、窓を激しく叩く者がいた。大男のウクライナ人がウォッカ一リットルを要求し、代金代わりに新聞紙で雑に包んだ重い、異臭のする包みを差し出した。受け取るよりしようがないだろう、と彼は言った。そして、ウォッカ一リットル代を開いた彼は嘔吐した。そこには、ガス殺された死体から切り取ったばかりの血に染まったあごが金歯とともに入っていたのである。

　夜明けにヘンヌリクの家を出た時、私の心は決まっていた。その年のうちに、できれば夏にも――今は二月だ――、撮影を開始する。だがそのためには、事前に共産党政権の許可を取らなければならない。ワルシャワにもどると、ひと月を予定している旅――ヘウムノ、アウシュヴィッツ、その他の収容所一つひとつをぜひ訪れたかったし、そのどれ一つをとっても他と代替することはできなかった――を続ける前に、ポーランド国内での撮影許可を管轄する官庁に出かけ、そこで私は、製作意図、予定の撮影場所と期間などを記した概要書を提出するよう求められた。担当の高級官吏はそれほど感じは悪くなく、私の方は政府の公式見解なるものはよく心得ていた。ポーランドのユダヤ人三百万人はその死後正式なポーランド市民として認められ、その結果ポーランド人の犠牲者の数は六百万人にふくれあがった。ポーランド的妄想は常に犠牲者の数をユダヤ人のそれと同数にしたがるからである。ナチ侵攻、ソ連による抑留やカティンの森の虐殺のような粛清、アルミア・クラヨーヴァ（国内軍）の対独レジスタンス、そして一九四四年のワルシャワ蜂起、これらによるポーランド人の損害がきわめて甚大であったことは確かだが、愛国的妄想が主張する三百万人にはおよばない。* この不可思議な死者の統計の根底には、まず、ユダヤ人虐殺の特異性とその膨大さを消し去ろうという意思があった。三百万対三百万なら帳消しだ！　という理屈である。当時、私はポーランドの反ユダヤ主義について完全に理解していたわけではなかった。ただ、ワルシャワには、ＯＪＣ（ユダヤ人戦闘組織）の指揮官でワルシャワ・ゲットー蜂起の英雄、モルデハイ・アニエレヴィッツの名前を冠した大通りがあり、市内の広場の一つにはゲットー蜂起の英雄たちに捧げられた有名な記念碑があり、新ミラ通り一八番地には地下深くに掘られていたＯＪＣ司令部地下壕を記念するプレートが掲げられている。私はこうしたことをすべて概要書に書きこんだ。

ポーランド旅行を続行する前に、私はホテルの机に向かって熱に浮かされたように書きつづけた。冒頭の文章は今でも記憶している。《ポーランドは、道路上で「オブス・ザグワデ」すなわち絶滅収容所を示す矢印の標識を見ることができる唯一の国である》。したがって、私の映画はポーランドを讃えるトーンになり、反ポーランド的な悪いイメージと先入観を払拭する効果をもたらすだろう。私は必要なときには必要なように嘘をついた。こうして監視つきながらもポーランドでの撮影が許可されたのである。内務省の一種の諜報監視員みたいな男が何にでも顔を出したが、それも最初のうちだけだった。男は撮影の疲労と、私が指示する気まぐれな、または夜間の時間割りに耐えきれずに間もなく音をあげた。さらに、彼が強い酒を嫌悪する男でないことがわかったので、彼のために祝杯をあげる機会を増やし、味方につけていった。彼は時々、思い出したようにしか顔を出さなくなった。

一方で、早急にけりをつけなければならない問題があった。マリナである。彼女のことはとても気に入っていたが、私が遂行しようとする真実の探求の妨げになるだろうという予感があった。真実を語らせようとすれば、いきおい私が発する質問は執拗で、ときに攻撃的、挑発的にならざるをえない。私は彼女に少々荒っぽい率直さで説明した。彼女の美しい顔があまりにユダヤ人的すぎて、ポーランド人は彼女の前で自由に話すことができないだろうと言うと、彼女は納得してくれた。新たに雇ったのはバルバラ・ヤニッカ、純然たるカトリックの家系の素晴らしい通訳だった。だが、ここでもまた違う種類の問題が起きた。彼女は何度となく撮影現場から離れたがった。理由はいくつもあった。まず私が何をしようとしているのかを理解したこと、次に耳にすることがらが彼女を恐怖におとしいれたこと、そして政府の許可を得て私の下で働いている以上役所への報告義務があり、嘘の報告をあげるには彼女は正直すぎたことなどである。そのつど私は、自分の純粋な意図を述べて引き止めなければならなかった。そこで彼女がやったことは、私の直截で、ときに信じられないような乱暴な質問をすべてソフトなオブラートに包むことだった。それは相手のポーランド人が返す言葉でわかった。ユダヤ人のことを話す時、

＊ 今日では、ポーランドの歴史家の何人かがこの数字を下方修正して、ナチの犠牲者百五十万人、ソ連の犠牲者五十万人と推定している。

彼らはほとんどいつもジェッキという蔑称を使う。「ユダ公」くらいな意味である。彼女はこれを「ユダヤ人」と訳した。ポーランド語では「ジェイジ」というほとんど死語に近い言葉である。ある日、ヘウムノの教会で、大きな捻じ曲がった鼻の司祭と、「歌う子供」スレブニク、そして私の三人で話しあう機会があった。ところが、バルバラの小心と本能的な恐怖とによって、私の質問を始め、司祭の偽善的な発言、スレブニクの言葉など、その場のやり取りすべてが歪曲され、理解不能な滑稽なシーンができあがり、もちろん使い物にならなくなった。長時間にわたってポーランド語を聞いているうちに少しは理解できるようなこともあったし、そもそも私は相手の反応に敏感なたちなので、彼女がニュアンスを和らげて伝えていることを察知した時には、逐語訳するよう命じた。それ以降彼女はごまかしをしなくなり、むしろ自ら直訳の暴力に身を任せ、対岸の火事みたいな感覚で「ほら、お望みのとおり！」と言わんばかりの、眼に見えない付箋をつけて訳してみせるようになった。これは通訳がおちいりやすい陥穽である。優秀な通訳でも、いや優秀な人ほど、自分の不安や感情に流されやすいものである。

イスラエルで、本物の力業《ちからわざ》でイツハク・ツケルマン（ワルシャワ・ゲットー蜂起の副指揮官）、戦士名アンテックにいくばくかの言葉をしゃべらせるのに成功した時、彼の言葉の悲劇的な美しさが通訳のフランシーヌ・カウフマンを通すことによって失われた例がある。彼女は高名なヘブライ語通訳だったが、誤訳が判明したのは編集段階でのことだった。ガリラヤの「ロハメ・ハゲタオト」（ゲットーの戦士）キブツでのことだった。キブツでは、私がアンテックに面会することも、彼にしゃべらせることも歓迎されなかった。英雄アンテックは酒におぼれていたからだ。顔はアルコールでむくんでいた。だが、私は彼を尊敬していた。彼の表情が好きだったし、飲みたがる気持ちもわかった。忌むべきはむしろキブツの官僚主義的思考だった。真実に反しても、ゲットーの戦士たちのあるべき画一的イメージを維持しようとし、アンテックの存在を隠すためなら何でもしようとする彼らと、私は膝づめ談判におよんだ。彼にはしゃべらせないが、戦士名カイックことシムハ・ロッテムがゲットーからの脱出と地下水道を通って帰還するまでの話をしているあいだ、カメラの視野内に、たとえ後方でもいいから彼の姿が入るように交渉したのである。約束を守るつもりはなかった。撮影が始まってしまえば、何としてでもアンテックにしゃべらせようと考えていたし、彼がしゃべりだしたらもう止めることはできないだろうと踏んでいた。当日は激しい雷雨だった。何度も停電があった。安息日《シャバット》に入る午後の夕刻だったから、とても熱心なユダヤ教徒のフランシーヌは祝いが始まる前に家に帰りたがった。アンテックはすでにこう言っていた。「クロード、もしきみがおれの心臓をなめることができたら、染みついている毒で、あんたは、死んでしまうだろうよ」。沈黙をおいて、彼は話しはじめ、それを訳す通訳の言葉が聞こえた。「おれが酒を飲むようになったのは、戦後のことさ……とても、つらかったんだ……」。だが彼はまったく違うことを言っていたのだ。それを『ショア』に出せなかったことは悔いてあまりある。彼はこう言ったのだ。「おれが酒を飲むようになったのは、戦後、この巨大な墓の上に乗っかってからのことだ」。これはまったく異なる意味合いを持つ。編集段階で、私はこのアンテックの最後の言葉を字幕にすべきかどうか長いこと悩んだ。「とても、つらかったんだ」という通訳の言葉を映像とともに消さないかぎり彼女のフランス語は観客に聞こえているわけで、字幕が通訳を無視していることは誰にもわかる。最終的に、私は職業倫理的観点から、これを断念した。それは、バルバラが「ジェツキ」を「ユダヤ人」と訳すままに放置したのと同じであるが、このために私は『ショア』を見たポーランドのユダヤ人からしつこいほどの指摘を受けることになった。

この最初のポーランド旅行は一九七八年二月のことだった。イスラエルにもどり、短い滞在のあいだにスレブニクと再会し、またヘウムノに飛んだ。そのあと、数ヵ国で展開することになる撮影のための複雑な準備に入り、半年足らずの七月十五日頃にはトレブリンカでクランクインした。それ以後一九八一年末までの三年間、ギリシャのコルフ島、アメリカ、イスラエル、ドイツ、スイス、オーストリアなど、急かされるように遠征は続いた。ポーランドには撮影のために四回足を運んだ。私は今でもこう自問することがある。もし、世界のあちこちをさ迷い歩く前に、論理が命じるままにまずこの国から調査を始めていたとしたら、『ショア』はどんな映画になっていただろうか。私は自分が、論理ではなくまったく異なる法に従ったことを自覚している。私自身の眼には不透明ながら強圧的で、異質の秩序の法、つまり創造の法である。そうでなければ、ポーランドが単なる背景に留まっていたであろうことは間違いない。最初の日から私を炸裂させたあの爆発は起こらなかっただろうし、その爆発から撮影すべきシーンの数々が湧きあがり、撮影のための困難きわまりない手続きを信念をもって、粘り強く、嘘をもいとわずに遂行させる力も得られなかっただろう。

終戦以降機関車を運転しなかったヘンヌリク・ガフコウスキを、ワルシャワやビャウィストク〔ポーランド北東部の都市〕からユダヤ人をトレブリンカに運んだのと同じ機関車に乗せることも予定に入れていた。背後から聞こえてくる人々の哀訴の声に怯え、公的に三倍支給されたウォッカの力を借りて耐えるしかなかったガフコウスキ。一九七八年の撮影の頃はまだ蒸気機関車が使われていた。一九四二年から変わっていなかったのだ。問題は、ガフコウスキの説得だけではなかった——彼が応じるだろうという自信はあった——。難問はポーランド国営鉄道に赤い火の粉をまき散らして走る機関車の貸与を承諾させ（高いレンタル料を払わされたが）、さらに、必要な期間私が自由に使い、鉄道運行ダイヤに組み入れてトレブリンカ駅に到着する場面を必要なだけ撮ることができるよう交渉することだった。私をとらえた本物幻想は、登場人物たちにも感染した。イスラエルの理髪店で、ボンバが鏡の中にトレブリンカのガス室で女性たちの髪を切った自分を見出したのと同じように、ヘンヌリク・ガフコウスキもまた――あるいは彼が運転した列車のいずれかで、ボンバと妻と赤ん坊を運んだかもしれないのだ――、カメラの前で機関車の窓から身を乗り出して後方を振り返った時、死へと向かう五十両の貨車の幻覚を完璧に見ていたにちがいなかった。実際には貨車は繋がれていない。機関車に連結した貨物列車一式を借りることは不可能だった。途方もない費用がかかる上に、その必要もなかった。ヘンヌリク・ガフコウスキの後悔に押しつぶされた身体、狂おしい眼、首を絞める身ぶりの繰り返し、苦悩を溜めこみ怯えを刻みこんだ顔がそれだけで幽霊列車に生命を与え、リアリティを付加し、この恐るべきシーンの証人一人ひとりに幻想の貨車を見せてくれたのである。

トレブリンカ駅で待機中の貨車の中側から、かつては鉄格子がはめられていた高窓を通して駅名標をレンズにとらえ、ゆっくりとズームインしていった。私に恐怖を催させるこの駅名標は、何時間あるいは何日もぎゅうぎゅう詰めにされてきた哀れな人々には何の意味も持たない標識にすぎなかった。彼らが猜疑と苦悩のうちにこれを見ただろうと想像するだけである。線路の上に停車したままの貨車の中で、彼らはときに非常に長いあいだ待たされた。ガフコウスキは実のところ何でもやった。ワルシャワから、ビヤウィストクから、キェルツェ〔ポーランド中部の都市〕から、彼は列車をトレブリンカまで引いてきた。ここで列車は十両ずつの車列に分けられ、その一つひとつの車列を押して荷降場までいけば旅は終わりだった。トレブリンカでの撮影は四季にわたった。死の四季である（リヒァルト・グラッァールによれば、トレブリンカにはある期間移送列車が到着しない時期があり、収容者たちは「ディ・フラウテ」死の季節と呼んだという）。死におもむく者たちの視線を感じたいばかりに、私はこのズームインを二十回も繰り返させた。

収容所跡でも、何日もかけて石塊や石碑をあらゆるアングルからフィルムに収めた。林立する石と石のあいだを駆けめぐり、眺望を探し、ガス室を象徴する建造物の滑りやすい石をカメラマンのドミニク・シャピュイとともによじ登り、夕日が射す遺跡の全方位のパノラマを、自分たちの二つの長い影とカメラの影が映るのもかまわずに、撮りつづけた。影は映ったままだが、私は何もカットしなかった。シャピュイはしょっちゅうこう言った。彼の前任者のルプシャンスキーやグラスベルグも同様だった。「なぜこの石を撮りつづけるんだ？　もう十倍も余分に撮っているぞ」。いや余分すぎることはない。まだ十分には撮り終えていない、そのためだけにまたあそこにもどらなければならないほどだ。私がこの林立する石を撮ったのは、他に撮るべきものが何もなかったからだ、でっちあげるわけにはいかなかったからだ、そしてそれはボンバが、グラツァールが語る時、農民やあのズーホメルでさえもが語る時に必要になるはずだったからだ。これらの石塊は私にとっては人間だった。あそこで死んだ何十万という人々の唯一の痕跡なのだ。初めてここを訪れた日に無感動だった私の心は、今や真実の探求へと向かっていった。

　ソビブルの駅はトレブリンカのそれとは異なり、実質的に収容所の一部である。あそこで撮ったシークエンスを見るたびに、わかりたい、わからせたい、という同じ切迫感に駆られていた自分を感じる。一九四二年当時副転轍手だったピヴォンスキを伴って線路を渡りながら、私は奇妙な探索行動をしている。映っている私がこう言うのが聞こえる。「では、ここ、ここはまだ生の側。こうしてほんの一歩越えれば、私はもう死の側にいるわけだ」。そう言いながら、私は実際に足を踏み出して、一歩分移動する、彼はうなずく。二十メートル先で、草に覆われた土手に上る。彼は共産党軍大佐のやや改まった声で告げる。「ここがランプ［荷降場］で、殺戮される運命の犠牲者を降ろしたところです」。荷降場の長さ全体に沿って、二本の鉄路は時間の経過に侵されることなく青白い光をたたえている。「すると、これはあの頃と同じ線路？」「タク、タク」彼がうなずく。とてもいい天気だ。美しい日の光が私を打ちのめし、混乱におとしいれる。私は尋ねる「美しく晴れた日もあったんでしょうね？」。彼はつぶやく「今日よりも、もっと、美しい日々もありましたよ」。

狂気が、生半可でない狂気が私をとらえたのだと思う。それぞれの収容所で、私はだめ押しのように最後の道行きをおこなった。ビルケナウでは、カメラを持つシャピュイとともに、第二と第三焼却棟の広大な地下焼却室に向かう階段を降りていった。散乱するブロックが雪に覆われて、真っ直ぐ歩くこともままならなかった。転んでも、カメラだけは必死に守ろうとして、二人とも顔に怪我をした。だが、転んでよかったのだ。苦労して、零下二十度の条件下でカメラのモーターを暖め、フィリプ・ミュラーがその語りのなかで「国際情報センター」と呼んだ脱衣場跡から広大なガス室へ、そしてまたガス室から脱衣場へと、右から左、左から右へとゆっくりとパンを繰り返しながら撮影したことは正しかったのだ。同じくビルケナウで、こんどはルプシャンスキーと彼の助手カロリーヌ・シャンペティエとともに、身に染みる寒さのなかでほとんどひと晩をかけて、死の部屋へと降りていく三千人分の石膏のフィギュアを正確無比のパンで追いつづけた。わずかな手の震えも、石膏像の進行のリズムに対するいかなる変更も許さない作業だった。画面の上では、脱衣所からガス室を分ける長く必然的な無為の時間のあと、びっしりと身体をくっつけあって上になり下になり騒然として動かない塊となった人々を見出す。トレブリンカの石塊といい、ビルケナウの模型といい、他に何を撮るものがあっただろうか？　ヘウムノでは、再びシャピュイとともに、教会から森を結ぶ七キロメートルを、計測した一定速度で走った。ガス・トラックが走行中に犠牲者をガス殺した道程だ。森の泥濘の小道で停まると、雨でできた水溜りをあえてよけずに、私は死体の火葬の穴のところまでやってきた。炎が空まで上がったとスレブニクが語った場所だ。そう、空まで。

一九八一年十二月、ポーランドにおける最後の撮影の最終日のことだった。ヤルゼルスキ将軍［首相兼党第一書記］が「戦争事態」宣言――ポーランドでは「戒厳令」を指す言葉だ――をおこなう四日前のことである。私たちは三人だった。シャピュイと私と音響技師のパヴェル。今回はインタビューをおこなわなかったので、パヴェルは人間の声を録音することはなく、ただ、森の歌声、風のつぶやきと川のせせらぎを収録した。これも必要だった。ヘウムノの前に、私たちはトレブリンカに四日間滞在し、跡地に林立する石塊群を撮りつくし、ブク川の鉄橋を渡った機関車が前照灯で夜の闇を切り裂いて疾走するさまをフィルムに収めた。シャピュイはカメラを構えて道床《バラスト》の上に横臥し、ほとんど車輪すれすれのところでカメラを回しつづけ、私は背後から彼が動いたり落ちたりしないよう両腕で支え、パヴェルはナグラに汽車の轟音を録音した。

ポーランドはもはや機能不全におちいっていた。わずかしかないガソリンスタンドには何百台という車が列を作り、停電は恒常化し、私たちが泊ったマルキニャに一軒しかないホテルでは、照明を薄暗いランプと蠟燭に頼っている状態だった。シャピュイと私は狭く長細い部屋を共有したが、撮影に必要な機材すべてを運びこんだらもう足の踏み場もないほどだった。十二月、ポーランド東部は日がとても短く、明るい時間は貴重だった。午後四時には私たちはベッドに横になり夕食を待った。空腹でしゃべる気力もなかった。もうほとんど食べものらしい食べものはなかった。農民がわざとこのホテルが所属するインツーリスト［ソ連国営旅行社］支社への食糧供給を絶っていたからである。ドミニク・シャピュイは自分のベッドでウォークマンで音楽を聴いていたが、私には本の一冊もなく、気は滅入るばかりだった。この時は知る由もなかったが、二十年後ドミニクはがんで早逝することになる。この共同作業を通じて、私たちはとても親しいあいだがらになっていた。彼は偉大なカメラマンであり、根っからの撮影監督だった。『ショア』のほとんどの登場人物たちはもういない。死は休みない。シャピュイ以外では、『ショア』の音声を担当したあの素晴らしいサビヌ・マムーが同じ病いによって突然亡くなった時の悲しみも記しておかねばならない。彼女は『ツァハル』の全編と、『ソビブル、1943年10月14日午後4時』の大部分の編集を担当してくれた。

マルキニャのホテルにビールが届くとの知らせがあった。百人を下らない農民たちが一階に押し寄せ、興奮して待ち受けた。うわさは嘘ではなく、ビールの配達が薄暗い蠟燭の明かりのなかでおこなわれるや、全員が次々と栓を開け、一人当たり最低でも十本を飲み干し、千鳥足になるかその場で倒れこむか、いずれにしても集団的酩酊状態をきたすのを私は目撃した。夕食のボルシチは胸の悪くなるような代物だった。思いついて、サービスの女性に十ドル札を握らせると、効果はてきめんに現われた。彼女は私を窓際に連れていくと、道の反対側にある近くの家を指さし、同国人であるパヴェルと何ごとか言葉を交わした。おかげで、組織的な食糧難は信じがたい宴会に変わった。年金生活者らしいその家では豚を解体したところで、私たちは現金と引き換えに腸詰《ブダン》、ソーセージ、ハム、ラード、脂身を、先刻の無茶なビール飲みに負けないくらいの勢いで食べた。そして翌朝、またこの家の朝食に招かれ、豚肉の弁当まであつらえてもらってトレブリンカの仕事場に向かった。ユダヤの神も大目に見てくれることだろう。大いなる逆境にあっては、厳格な戒律も妥協を強いられる。

ヘウムノでは、厳寒の時期に最後のジェシュフの森の中で最後の撮影をおこなった。夜になり、熱っぽかった私が急いで撮り終えようとしているところへ、少年の伝令が駆けてきて、村長が豚を屠《ほふ》ったので出発を祝ってわれわれを招待したいと言っていると告げた。礼を言って招待を受けたが、村長とのあいだにすでにひと悶着あった私にはこの親切は意外だった。『ショア』をご覧になった方は、ヘウムノの教会の行列のあとのシーンでの彼を忘れることはできないはずだ。教会前の広場に集まった村人たちに私はこう尋ねた。「あなた方の考えでは、ユダヤ人の身に、あのことが起こったのは、どうしてですか?」。すると顎の尖った男が群れから進みでてこう答えた。「彼らが一番金持ちだったからだよ」。それが村長だったのである。ともあれ、彼がその夜用意したのは本物の美味しい夕食だった。ウォッカがふるまわれた。その夜のうちに宿泊予定のウッチまでアイスバーンの悪路を走らなければならなかった私は、早めに席を立ち、礼を言い辞去した。ウッチからはアウシュヴィッツを経由してチェコスロバキアへと向かう予定だった。ところで、この招待は招待ではなかった。請求書が突きつけられたのである。それもズロチではなくドル建てで百五十ドルという結構な金額だった。唖然とし、呪うような気持ちで私は払った。怒りが爆発したのは車の後部座席にパヴェルと並んで座ってからだった。ちなみにこのパヴェルは、マズーリでクマ狩りをしている男である。彼はアンジェイ・ワイダの映画『約束の土地』で音響技師を務めた。ウッチの町と繊維産業の大物ユダヤ人のポズナンスキー家にまつわる話で、ひどい反ユダヤ的な場面のある映画だった。パヴェルは映画の反ユダヤ主義も村長のそれもすべてを認めていた。村長の偽りの招待を説明できる理由は一つしかない。私も「一番金持ち」の民族の一人であり、ならば彼にとってはゆすりたかりを私に働くのは当然のことなのだ。闇夜を走る車のなかで、パヴェルは堂々と言い放った。「ポーランドにユダヤ人がいなくなってよかった。でなきゃ、恐ろしいような反ユダヤ主義がはびこっていたさ!」。

最初の調査旅行の際に、アウシュヴィッツはすでに見て歩いていた。一人で線路やバラック、ブロック、焼却炉、灰の池、荷降場、博物館をまわった。監視塔、トランクの山、スプーン、眼鏡、鼻眼鏡、尿瓶を見、実験用のガス室に改造された農家の近くに白い空に向かってよじれるようにして立つ焼け焦げた一本の木を見た。そしてこれらすべてが自分のうちに染みこみ、そこに焼きつけられるがままにした。今回はアウシュヴィッツの町をもういちど見てみたかった。古いユダヤ人墓地とヘブライ文字を彫りこんだ背の高い墓石を撮影したかった。戦前、つまりヒトラー以前、自分の家で自然な死を遂げることのできたオシフィエンチム〔アウシュヴィッツのポーランド語の呼称〕のユダヤ人市民はここに埋葬された。知らなかったのだが、アウシュヴィッツが市民の八十パーセントをユダヤ人が占める町であったことを、最初のポーランド訪問時に教えられた。時の流れに耐え、ポーランドにおけるユダヤ人の痕跡を破壊しようとする心ない行為を免れたいくつかの墓石が、のちの編集段階できわめて貴重な役割を果たしてくれることになるのだが、私はまだそれを知らない。一切のコメントを排すると決めた以上、映画の理解を促す鍵になり推進力になり、観客が理解できるように物語を進行させるものは映画の構造である。これから起きようとすることを告げたり、考えていることを述べたり、シーンとシーンをつなげたりするボイスオーバーは一切ない。昔からドキュメンタリーと呼ばれてきた作品に固有のこうした手法は『ショア』では許されない。この映画がドキュメンタリーとフィクションという分類の埒外にある理由の一つはここにある。そのために、編集は長期間にわたる、重苦しくも慎重かつ緻密な作業になった。山の登攀の時のように、登りつづけるため、あるいはもう一つさらなる高みに上がるための道が見つけられずに、完全に行く手を阻まれたことも何度かあった。一般的に、道は一つだった。二つはない、良い道が一つあるだけだった。それが見つかるまで、私は先に進もうとしなかった。数時間かかることも、数日待つこともあった。ひどい時は三週間も足踏みをしたことがあり、その時のことはいまだに忘れることができない。それは全体の約三十五分くらいの長さまで進んだあとだった。私はビルケナウ収容所を初めて画面に登場させたいと思った。ビルケナウの大きな正面入り口、不吉な死の鳥、ガス室へと向かう列車が入っていったところだ。ここで私がやったことは、かつて人口の八十パーセントをユダヤ人が占めていた町、オシフィエンチムをまず見せることだった。だが、街なかを撮った映像からどうやってビルケナウ収容所へとつなげるかが問題だった。収容所を恥ずべき罪業として、同時に宿命として、驚くべき必然として浮かびあがらせる、あえて言うならそれ自体が自明のものとして現われるためにはどうしたらいいのか。さまざまに試してみたが満足のいく結果は得られなかった。ひらめきは突然やってきた。墓石も遺骨もない墓場であるビルケナウを表わすには、古いユダヤ人墓地の墓石を提示すればいいではないか。あの災禍の前にアウシュヴィッツで暮らし、死に、埋葬されたユダヤ人市民の墓石だ。

　そこで私はピエティラ夫人と会話を交わす。「アウシュヴィッツに、ユダヤ人墓地はありましたか?」。私に教えるべきことができたのに気をよくして、彼女は精一杯うなずいてみせる。私は質問を重ねる。「今もあるんですね?」。彼女はもう一度うなずく。傾いてはいるが誇らしげな美しい墓石の映像に重ねて、彼女がこう言うのが聞こえる。「現在は閉鎖されていますが」。閉鎖されているとは、どういう意味ですか?　「もう、そこには埋葬しなくなったってことよ!」。しばらくたってから私はもう一度尋ねる。「アウシュヴィッツに住んでいたユダヤ人は、どうなったかご存じですか?」「強制退去になったわね」私の質問の唐突さを前に、彼女は同情に近い表情を浮かべてみせる。「何年のことです?」「一九四〇年よ。私がここに住むようになったのが、一九四〇年でしたからね。この住居も、それまでは、ユダヤ人のものだったのよ」「彼らがどこへ連れていかれたのかご存じですか?」。はじめ、彼女は知らないと言うが、私は追い打ちをかける。「われわれの得た情報では、ここから、ほど遠くない、ベンジンとソスノヴィエツだということですが」「そう、そう、どっちも、高地シレジアのユダヤ人の町でしたからね」「で、奥さんは、ご存じですか、アウシュヴィッツのユダヤ人が、その後、どうなったか？」。二度目の同情の笑みが無邪気に浮かぶ。「たしか、そのあとで、ここの収容所で命を終えた、一人残らず」。「すると、彼らはアウシュヴィッツに戻ってきたことになりますね？」。彼女がこの対話を「そうです」という決定的な言葉で締めくくると、自然に、あるいはこういう表現が許されるのなら、調和的に、最初のドリーショットが画面に現われて、私たちを収容所の正面入口へと導いていく。旅の終着点へと向かう単線の上を、ルプシャンスキーとカメラを載せた台車をこの手で押したことを思い出す。画面がこの呪われた入り口に近づくにしたがって、ピエティラ夫人の声が今度はオフで話しはじめる。「ここの収容所には、あらゆる種類の人がいましたよ。世界中、あらゆる場所から、ここへ来た人たち、ここへ連れて来られた人たちがね。ユダヤ人はやって来たんです。皆、ここで死ぬために」

この映画の編集作業が続いた五年間、私は自分のただ一つの原則を貫いた。完成を急がせようとする人たち、なぜこんなに時間をかけるのかを理解しない人たち、ついには完成しないのではないかと疑う人たちの圧力に屈することなく、時間にもお金にも妥協しないということだった。それが私である。一九七九年、私はアメリカでヤン・カルスキを撮影した。あの偉大なカルスキである。ワシントンのジョージタウン大学の政治学の教授だった。私は彼もまたすでに亡くなっているとばかり思いこんでいたから、紆余曲折を経て存命の彼を見出した時の喜びは計り知れず、アメリカの習慣に従って彼が求めた報酬を承諾した。私たちは契約を交わし、そのなかで彼は私の映画が公開されるまでの間、他の映画に出演しないこと（テレビ番組も同様）を義務として受け入れる一方で、音声のみのインタビューには好きなだけ応じる権利と、書きたいと思う記事や本の執筆の自由を確保した。

撮影がすむと、他の緊急案件に追われて、彼のことは私の念頭から抜け落ちてしまった。私にとって大切なことは、カルスキをフィルムに収めたということであって、どのように表現するのか、どうやってそのフィルムを使うのかについてはまだ決まっていなかった。約二年後、彼がきわめて丁重な、しかし不審の念をにじませた長い手紙でそのことを私に想起させた。彼は私のためにすべての時間を割いた——彼の言である——というのに、映画がいまだに完成を見ていないことに驚きを表明していた。彼が私の作業の遅滞を懸念している裏には、カルスキの存在を知った他の人たちが彼の話を聞きたがって地団太踏んでいるという事情もあった。つまり、明確な期限のない一方的な契約をなぜ結んだのかと言い立てているのだ。彼が送ってきた手紙のコピーは、BBC、チャンネル4あるいはアメリカの有力テレビ局などの名だたる報道メディアから寄せられたものだった。私はできるかぎりの礼を尽くしつつ、詳細な説明の手紙をしたためた。自分にとっても初めてのことだと思うが、私はその中でこの仕事に想定している比類ない規模の大きさを語り、ユダヤ人自身の側から見た災禍のすべてを包摂し、示そうとするこのプロジェクトがいかにけたはずれの、斬新なものになるかを証明しようと試みた。そういう映画の中で、彼の存在がいかに重要であるかを何度も強調し、ありったけの自信を込めて、どうか信頼してほしいと結んだ。私はカルスキを敬愛していた。彼が拷問に耐えた勇気を知っていた。完成までにどれほど時間がかかろうとも、どれほど彼がそれを長いと感じようとも、決して後悔はさせないと約束した。結局映画は成功した。私は他のどんな映像・音響作家に対するよりも自分自身に信頼を置いてきた。それは、自分が必要とする時間を取る勇気があるという確たる理由による。

カルスキの名誉のために言い添えれば——彼に対する私の敬意を表明することにもなるので——、彼は自ら署名した契約を守り、約束した言葉にいかなる曖昧さも求めようとしなかった。私は毎日、次々と持ちあがる問題を解決しながら作業を進めるべく悪戦苦闘していたが、五時間までできあがった時点で、カルスキはまだ登場していなかった。彼はまだ私の関心からは遠いところにいた。私は自分でも彼をどの時点でどのように扱うかを判断できずにいた。二年後、私は彼から一通どころか、それこそ山のような手紙を受け取った。パニックに襲われた私は、それを開ける勇気もなかった。そこには彼が、契約を破棄するよう迫る連中と交わしたやり取りが記されていた。すべて日付順に、交渉相手の客観的重要度に応じて整理されていた。正直言って、彼は私を見捨てないために英雄的な闘いをしてくれていた。それも、彼に提示された報酬は、よほど意志堅固な人間でなければなびいてしまいそうな金額である。最後に彼はただ一つの質問を私に投げかけたが、それこそ私が答えられない問いなのだった。映画はいつ完成するのか、あるいは永遠に完成しないのか、終わりの見えない冒険に私たちを巻き添えにする権利があなたにあるのか？　古くからのギロチンの問いだった。私はただ自分の原則に従う以外はなかった。何度も危険な目に遭った自分の哀れな首以外に、ギロチンの刃に差し出すものは何もなかった。私は爆発し、カルスキにいらだちを込めて辛辣な返事を書いた。《親愛なるカルスキ殿。フィルムの五時間分、すなわち半分以上に相当する分は終了しました。非常に良い出来であることは、誰もが認めるところです。ただ貴殿の出番はまだです。現在私がご報告できる最もまっとうな計算によれば、貴殿が登場するのは二時間三十七分二十二秒後を予定しています。今のところ、これが私がお約束できる最善のことであります。さらに、貴殿の出演時間は長く、この映画および物語にとって決定的な重要性を帯びる場面になることも申し添えます。ですから、お願いです。私をこれ以上責めずに、自分のやりたいように仕事をさせてください。でなければ、映画はできあがったが、貴殿抜きになったということになりかねません。映画にはすべての登場人物が必要ですが、同時に誰が抜けても成立するものだということ

に気づきました。それは長大な作品のしからしむるところでしょう》

ワシントンの映画館での初日にこの映画を見たカルスキは熱狂して、悔恨の手紙を十通も書いてよこし、私の強い味方になってくれた。エルサレムにおける映画のプレミアの機会に彼とともに過ごした三日間のことは、いまだに抑えきれない感動を伴う思い出である。

ポーランド人全員がカルスキではなかった。一九八五年四月に『ショア』がパリで公開されると、ポーランドではすさまじい反響が起きた。外務大臣オレホフスキはただちに駐ポーランド・フランス代理大使――大使も外交関係そのものもなかった時代である――を召喚し、ポーランド政府およびヤルゼルスキ元帥［首相］の名において、上映の即刻停止と予定されている配給先への供給中止を求めた。ポーランドの最も神聖なものを標的にした反ポーランド的な悪意に満ちた映画の廃棄は、国家の名誉の重大な毀損に対する唯一の賠償方法であるというものだった。私の方は『ショア』の二本目のプリント代――眼を剝くような金額だった――の資金問題に忙殺されて、連日ポーランドのメディアを賑わしていると聞かされた誹謗中傷に注意を向ける間もなかった。誰も映画を見ていないポーランドでは、非難は燎原の火のごとくに広がった。だが、『ショア』が惹き起こしたこの暴発を、私はむしろ面白がっていた。私は『ショア』を反ポーランド映画ととらえたことはない。登場する農民のなかには、もちろん唾棄すべき手合いもいたが、好感どころか敬意を抱かせる人たちもいた。ポーランドの反ユダヤ主義は私の発明ではない。トレブリンカやヘウムノの村人たちが発した恐ろしい言葉は、決して私が言わせたものではなく、ごく自然に彼らの口から出てきたものである。私自身、自分の耳を疑ったほどである。しかし迂闊だったのは、ポーランド・ロビーが重砲並みの攻撃手段を擁していることを知らなかったことだ。この猛烈な銃列の前には、ユダヤ・ロビーは小競り合いがせいぜいのところだった。フランスで

『ショア』を擁護してくれた人々――大部分は知識層だったが――の一部が、この映画の重要性を認めながらも、反ポーランド的偏見によってそれが損なわれているのは残念だとし、ポーランドの危機の折に西ヨーロッパがこの国を何度も見棄てたことを想起させると主張したのには驚かされた。それがわかったのは、サン＝シモン財団［産学協同のシンクタンク］を主催するフランソワ・フュレの求めに応じて、初の全編通しの上映をおこなった際のことだった。五年間毎日編集作業に没頭してきたＬＴＣ［通信技術研究所］の素晴らしい大映写室での上映に、私はとても興奮していた。私の知らないこの財団の大物たちの集まったところで、まっさらな未公開のプリントを映写機にかけるのである。シモーヌ・ド・ボーヴォワールがいた。ヌーヴェル・オプセルヴァトゥールの編集主幹ジャン・ダニエルもいた。親しくはなかったが、私は彼を深く尊敬していた――彼はあるいは気づかなかったかもしれないが――。朝九時に始まり、ＬＴＣのレストランでの短い昼食をはさんで、映画は一日中続いた。上映が終わると、観客はあるいは打ちのめされ、あるいは感動し、私の前に一人、また一人と立ち、短い言葉を私にかけてくれた。『ショア』を見終った後に言葉を発することは難しかったにちがいない。ジャン・ダニエルが私の手を強く握りしめ、しんみりとした声で言った言葉を覚えている。「これは生命の証言だ」。にもかかわらず、翌朝、私の記憶では短い眠りのあとの早朝から、電話が鳴りはじめた。昨夜の観客たちからだった。フュレ、ジャン・ダニエル、その他の何人かだ。彼らは称賛の言葉を繰り返したあと、すぐに批判を展開しはじめた。私の映画はポーランド人に対して公平ではない、彼らがユダヤ人を救出するために闘ったことに触れていないというものだった。私は彼らがワルシャワの友人たちに意見を求め、またお互いに相談しあったと感じた。ポーランド・ロビーの行動は素早かったのだ。電話口で議論する気はなかった。ただ『ショア』の場面を見てもらって彼らの発言に反駁するよりほかないのだ。「判断を下すのは早すぎます」と私は答えた。「もういちど見てください。そしてまたお話ししましょう」。このフランスにおける反応に対する国際的な反論が提起されたのは、それから数ヵ月後の九月、オックスフォードでのことだった。

同時に、『ショア』を見るだけのためにパリまで旅行するポーランド人が現われるようになり、帰国した彼ら自身がこの映画に対する誹謗中傷を批判するようになった。映画は嘘を言ってはいないと書き、それぞれが孤独のうちにポーランド全体の良心の点検を始めたのである。それは何年も続くことになるのだが、その間にはいくつか予期せぬ出来事もあり、それについてはこのあとに述べる。彼らはまた、ポーランドはこの映画のテーマではないと付言し、きわめて斬新で画期的な作品と認めた上で、彼らが覚えた感動を堂々と表明していた。

『ショア』の上映開始後ひと月半ほどたったある朝、私はワルシャワから電話を受けた。若い女性の明るく澄んだ声が、美しく喉を震わせながら私との会話を求めた。混じりけのない純粋な英語だった。私の本人確認をしたあと、彼女は自己紹介をした。「私はポル・テル――ポリッシュ・テレビジョン――を代表する者です。『ショア』の放映権が空いているかどうかを知りたいのですが」。悪い冗談を聞いているような気分で、私も明るく返した。「空いていますよ。だが、それがおたくとどんな関係があるんです?」「買い取って、ポーランドで放映したいと考えています!」。笑いだしたいのをこらえて、私は言い返した。「お嬢さん、おっしゃる意味がわかりません。ポーランドが国を挙げて批判している映画ですよ。新聞、ラジオ、政府、公的機関のすべてを動員して、夜を日についで、それもスターリン的言辞で攻撃を仕掛けているそんな映画を買って、どうやって放映しようというんです?」。彼女は笑った。「それは映画を見ていない人たちだと思います」。そしてすぐにつけ加えた。「よろしかったら、局長のレフ・リヴィンと替わりましょう」。電話に出たのは、完璧なアメリカ英語を話す男だった。

「『ショア』のビデオカセットを送ってもらえませんか?」と彼は言った。「残念ながらありません。ビデオ版は作っていませんし、作ろうと考えたこともありません。そんなものがなぜ必要なんです?」「あなたの映画を、政府および軍の関係機関に見せようと考えています。ただ、大変忙しい人たちなので、彼らの時間に合わせて見られるようにする必要があります。でなければ、成果は期待できません」。あのクルーナー〔米で流行した感傷的な歌唱法〕みたいなリヴィンの甘い声に抵抗するのは不可能だった。カセットを送ることを約束したものの、費用はこっち持ちである。「吉報をお知らせします」と言って彼は電話を切った。私は自分の義務を果たし、カセットを送ったが、その後何の進展もなかった。ワルシャワから音沙汰がないままに二ヵ月が過ぎ、私は自分からレフ・リヴィンに電話をかけた。彼はすぐに電話に出て、「長くお待たせしていることは承知していますが、もう少し辛抱してください。近いうちにご連絡します」と言った。過酷な数年間を過ごして疲れ果てていた私は、コルシカでバカンスを過ごすことにしたのだが、その保養先に秘書から電話が入った。彼女の話は意味不明だった。「今朝あなた宛ての電話を受けたのですが、お名前を聞きそびれてしまいました」。毎度のことだった。彼女は外国人の名前を聞き取ることがまるでできないのだ。すぐにリヴィンの名前が頭に浮かんだ。リヴィン、ルヴァン、ロヴァン、ラヴォン——彼女とさまざまな名前をあれこれやり取りしたあと、私はリヴィンにちがいないと決めた。大至急ギリシャ北部(マケドニア)にいる彼に電話を入れてほしいとのことだった。複雑な電話番号を回すと、リヴィン本人が出た。「ランズマンさん、七月二十五日から八月一日のあいだパリにおられますか?」「必要ならもちろん」「あなたの家の近くにホテルを取ってもらえますか?」彼は希望する価格帯を提示した。「この会談について知る者は、あなたと私以外にはいないと約束してくれますね?」。私は約束した。「特にポーランド大使館に対して」「大使館の誰も知りませんから、そのリスクは少ない」。秘書は私の家の近くで、彼の要求に合うホテルの部屋を手配してくれた。彼女のもとには、ワルシャワの使者の到着時刻の連絡が入り、会談をホテルでおこなう段取りが正式に決まった。これに先立つ一週間のあいだ、ポーランドの明るい声の秘書からは毎日電話が入り、すべての段取りが忠実に守られていること、特に、特に、ポーランド政府筋への漏洩がないかどうかの確認を求めてきた。

当日の朝十時にホテルに行くと、男はすでに私を待ち受けていた。それほど背は高くないが肉づきがいいがっしりした体格の持ち主で、口髭をたくわえた四十がらみ、知的な眼は同時に抜け目のない光を帯びている。私は相手の素性を素早く察知した。この男はユダヤ人だ。私の長い面貌判断の経験から、間違いはない。レストランに案内するあいだに、私はさりげない質問で彼がソ連で生まれたこと、母はユダヤ人、父は筋金入りのロシア人であることを聞きだした。これらすべてが、彼の顔を見た時すぐに私が抱いた好感を説明してくれた。レストランはエコール通りのバルザールだった。低い声で囁くように発した彼の最初の言葉は、ビデオプレーヤーを持っているか、という質問だった。私は否と答え、だがどうしても必要だというなら、あるいは方法はあるかもしれないとつけ加えた。「あなたに見せたいフィルムがある」と彼は言う。彼の口調と雰囲気には陰謀めいたものがあり、バルザールのざわめきのなかでの会話は難しかった。彼は改まった口調でこう切りだした。「ランズマンさん、この会談の結末がどうなるにせよ、誰にもその内容を明かさないと約束してほしい」。そして本題に入った。「私はある使命を帯びてここに来ました。公式であり非公式でもある使命です。私は私的にヤルゼルスキ将軍を代理しています。申しあげたとおり、私はポーランド政権のあらゆる機関に『ショア』を見せました。オレホフスキ外務大臣（私に対する攻撃キャンペーンを張った男である）は、判断も何も、即刻あなたを銃殺しようという勢いです。重要な地位にある将軍たちの一部も同意見で、なぜあなたみたいな人にわが国の路地裏《バックアレイ》を嗅ぎまわるようなまねをさせたのか、なぜユダヤ人に関するポーランドのマイナスイメージを助長させるような結果になったのかについて、すでに調査を命じています。わが国の責任者のなかでただ一人、あなたを支持している人がいます。それがヤルゼルスキ将軍です。将軍は全編を見たわけではありませんが、数時間真剣な注意を払って見てくれました。『ショア』は嘘を言ってはいない、と将軍は言いました。これはポーランドの道という道をめぐり歩いた鏡だ、真実を映し出している鏡だとね」

レフ・リヴィンはそのあと、政府の上層部に渦巻く権力闘争や対立について長々と述べたが、それはすべて、将軍が『ショア』の放映を望んだとしても、現状では許可を出すことは不可能であることを説明するためだった。十月には中央委員会が開かれ、ヤルゼルスキは現在の地位を失うかもしれない。彼かオレホフスキかのどちらかなのだ。レフが語る微妙な状況は私には理解しにくかった。ただ、彼が私を、何かはわからないながらも、説得しようとしていること、ポーランドの命運が私の掌中にあると言わんばかりであることはわかった。そしてそのすべてを理解したのは、彼がヴォイチェフ・ヴィトルト・ヤルゼルスキの承認を得て私のために編集したというフィルムを見たあとのことだった。もし私がそれを承諾していたら、ポーランドは私に対して永遠の謝意を表わすことになったことだろう。

その映画は、レフの無節操きわまりない心根によってねじ曲げられた、単に破廉恥としか言いようのない代物だった。誰であれ、創作に携わる者が、これほど無残に改竄された自分の作品を良しとするだろうか。もしそう考えたとしたら、「現実的」共産主義がたどり着いた妥協と堕落もきわまったと言わざるをえない。『ショア』のタイトルを持つそのフィルムは二時間ほどの長さだった。ドイツに関しては五分ほど、ズーホメルが理解不能なドイツ語をしゃべって終わりだった。彼の発言は、「トレブリンカのSS隊員が自分の経験を語る」のひと言でくくられている。ズーホメルに限ったことではない。ユダヤ人であろうとSSであろうと、『ショア』の登場人物の一人ひとりが数秒の出番を与えられて終わっている。ポーランド人に関しては、とりわけグループの場面では言葉ははしょられておらず、もちろん翻訳の問題も生じない。「連帯」議長でのちのポーランド共和国大統領レフ・ヴァウェンサ［ワレサ］は、この解体されたフィルムのヘウムノの場面を数分間見たあと、記者会見でこう言い放った。「教会の前でミーティングはしない！」。レフ・リヴィンがおこなった抹殺作業を見て、私は彼らがこのフィルムと同じものを無数に作ったにちがいないと確信した。私は憤りに襲われ、こんながらくたを許すわけにはいかない、これ以上の議論は無意味だ、もうこれきりにしようと言い渡した。彼はひと言、「これは最終提案ではありません」と言い残して去った。

二ヵ月後、地方にいた私は妻のアンジェリカから気遣わしげな電話を受けた。「急いでワルシャワに電話をしてちょうだい。新しい提案があるそうよ」。受話器を置いたとたん、またベルが鳴った。それはワルシャワではなく、パリのル・モンド紙の「外国」デスクだった。「ランズマンさん、確認をお願いします。ポーランド政府のスポークスマン、イェジ・ウルバン氏が記者会見を開いて、あなたとのあいだに合意が成立したと発表しました」。私は「最も過激な論調で否定してほしい。私はポーランドとのあらゆる関係を絶ったんだから」と答えた。だがこれは最初にすぎなかった。ヤルゼルスキ政権のスポークスマンの言葉は否定されず、私たちの合意はあまねく発表された。そこで私は、初めて提案の中身を知ったのである。『ショア』はワルシャワ近郊の二つの映画館で全編を上映するが、交換条件として、私はレフ・リヴィンのフィルムを後日ポーランドのテレビで放映することを許可するというものだった。いずれにしても、ル・モンドはその日の紙面で合意締結を報道してしまっている。ポーランド・ロビーは、相手の抗議や留保を握りつぶしてしまうほどの力を持っていたのである。この合意なるものは、恐るべき問題をはらんでいた。どうやって全編が上映されることを確認できるのか、翻訳と字幕が正確であると誰が保証するのか？　こうした問題に対処する手段は私にはない。大きなプロダクションなら調査員を雇い、弁護士を立てることもできるだろう。だが私の場合はそうはいかない。そうでなくても、私は無数の難題を抱えていた。『ショア』のアメリカ公開に伴う諸問題のように、予想もしなかった困難が突然立ちはだかって私に対処を求めていた。私は、『ショア』は自分の力で道を切り開いていくべきだと決めていたし、事実そうなりはじめていた。そして何よりも大切なことだが、私は内的な自由を必要としていた。

私はワルシャワのことは忘れようと決めていたが、ワルシャワは私を忘れなかった。一九八五年九月、私はオックスフォード大学からの招待状を受け取った。『ショア』の全編上映と、翌日にはポーランド、アメリカ、イギリス、イスラエルのこの問題に関する最高の専門家を集めた討論会が予定されていた。招待主体はポーランド＝ユダヤ研究所とその機関紙ポリンである。この分野では先駆的な機関で、オックスフォードとポーランドに二つの確たる拠点を構えている。ポーランドはどうやら昔のいさかいを忘れて『ショア』に立ち向かうための神聖同盟を結んだようであった。主要な招待者のなかには共産党員、つまりヤルゼルスキの配下たちとともに、ポーランドでは有名なカトリック系のジャーナリストや作家たち、たとえばクラクフのティゴドニク・ポフシェフヌィ誌〔カトリック系週刊誌〕の編集長イェジ・トゥロヴィッチ、やはりクラクフにあるヤギェウォ大学の学長ヨゼフ・ギェロウスキーの名前が並んでいた。この和解の場での最も驚くべき出来事は、ゴムルカ政権による反ユダヤ人キャンペーンの際に祖国を捨てた知識人たちが参加していたことだった。哲学者レシェク・コワコフスキ、ペテル・プルツェル教授らである。

オックスフォードに着いたのは午後だった。ここで何が待ち受けているのか、そしてなぜ法廷に召喚されたみたいな立場に甘んじなければならないのか、何もわからないままに私は少し神経質になり、一方では闘争心を燃やしてもいた。上映はすでに朝からおこなわれていた。のぞくと、人であふれんばかりの室内には、重々しい静けさが支配していた。招待されている夜の会食には出ずに、オックスフォードのレストランで一人で食事をとることにした。人とのつきあいで体力と神経を消耗させずに、全員を敵にまわすことになる明日の討論のために集中力を温存しておきたかったからだ。七時間にわたって繰り広げられた議論の詳細をここに記すことは不可能だし、適切なこととも思われないが、討論会の冒頭に全員による懺悔《メアクルパ》があったことは記しておきたい。参加者全員が私に対し、ポーランドで『ショア』をめぐって展開されてきた、そして今も続いている不当な官製批判について謝罪したのである。映画への批判もなされたが、それも、この映画が独自の原理原則に基づく芸術作品であり、ポーランド人が同じユダヤ人市民の虐殺を最も近くで目撃したことの単なるルポルタージュではないことを、参加者全員が認めた上での指摘だった。それは、このオックスフォード会議の翌日、アメリカやイギリス、イスラエル、そしてポーランドも含め、世界各地のメディアに掲載された多くの充実した内容の記事を見ればわかる。ティモシー・ガートン・アッシュがニューヨーク・レビュー・オブ・ブックス誌に寄稿した二十ページにわたる記事、オブザーバー紙に掲載されたニール・アッシャーソンの記事、アブラハム・ブルムバーグのザ・ニュー・リパブリック誌への寄稿。いずれも、映画『ショア』に敬意を表明し、私が事前調査と蓄積した歴史的知識をもって、攻撃の先鋒に立つ連中に彼らの批判が根拠のないことを指摘し、論破したことに賛意を示してくれた。上映後、哲学者レシェク・コワコフスキを始め一部の人たちは、私に宛てた手紙の中で、彼ら自身の批判的意見が驚嘆の念によってねじ伏せられたこと、また『ショア』がすべてを語らなかったとしても、映画の圧倒的な暗示力と独創性とが前例のないやり方で真実を明らかにしたと書いてよこした。

ポーランドでは、オックスフォード会議に続く反応は、予想どおり異論と反発の連続だった。だが、『ショア』はようやくその長い道のりを歩みはじめ、放映の合意や契約が何の説明もなく土壇場で破棄されるといった事態を経ながらも、一九九七年十月には有料チャンネルで、さらに二〇〇三年二月には全国ネットワークで放映されるにいたったのである。十五年の歳月が経過していた。

この間、わが世の春を謳歌していた男がいた。パリのプライベートホールでおこなわれた『シンドラーのリスト』の試写会で、私はエンドロールにポーランド側共同製作者としてレフ・リヴィンの名前が大文字で出ているのを発見したのである！　この男は見事に出世した。神が用意される道の何と予測しがたいことか。一九九六年、私はブリジット・ジャック〔仏の舞台演出家〕の仲介によって、リトアニアの首都ヴィリニュスで開催されたシンポジウムに招かれた。この国で『ショア』が全編上映されるのは初めてのことだった。私は大学の大教室でリトアニア大統領の言葉に答礼の挨拶を返すことになっていた。到着した時、私の気持ちは穏やかではなかった。ヴィリニュスとポナリの森の虐殺、カウナスとリートゥキスのガレージの虐殺——一九四一年六月の暑い日盛りの下で、血染めの白シャツを着たリトアニア人民族主義者が、笑って見ているドイツ兵たちの前でユダヤ人を撲殺した事件——について、私はいく晩もかけて、それこそ寝る間も惜しんですべてを読み、読み返していた。ヴィリニュス市の名前と、ポナリの穴を掘り返したモトケ・ザイドルとイツハク・ドゥギンの二人は『ショア』の最初の数分で登場する。講演を依頼されていた私は、この事実を避けて通るつもりはなかった。問題はどうやって表現するかだった。私は広い階段教室を見まわした。そして突然、中央に取り巻きたちに囲まれて座るレフ・リヴィンを見つけたのである。ひどく太り、頬はたるみ、腹は突き出て、鬚はこれ以上ないくらいに黒々としていた。怒りで血がのぼった。私は階段を上り彼に近づくと、怒気を含んだ声で彼に迫った。「きみは私に償うべきことがあるはずだ」。彼はうなずき、来週にも対処すると提案した。「私はポーランド・カナル・プラスの社長です。『ショア』を私のチャンネルで放映します」。カナル・プラス［仏の有料民間テレビ］も人を見る眼があるというものだ。「どうやって信じろと？」「私は来週パリに行きます。部下に電話をさせますから、会う日を決めて、その上で放映条件について協議しましょう」。このペテン師の新たな提案に乗るかどうか、私は決めかねたが、心の内の何かが乗ってみろと言っていた。翌週、恐ろしく礼儀正しいフランス人から電話が入り、ポーランド映画界の成り上がり者との会見がセットされた。彼はなるべく早い時期に『ショア』を放映すると決めており、正式な契約書が取り交わされた。私が提示した条件はただ一つ、放映前にワルシャワで記者会見を開き、ポーランド人の前で自ら説明をおこない、彼らの質問に答えるというものだった。それが絶対条件だった。放映の二日前に、礼儀正しいフランス人が記者会見はおこなわないこと、映画は特別なコメントもなく、普通の番組と同じように放映されることを伝えてきた。

　このとおり、『ショア』がポーランドで生き延びるために繰り広げた闘いについて語るのはうんざりする。ただ、次のエピソードだけは記しておきたい。四、五年後、ポーランド・テレビから正式な手紙を受け取った。番組委員会が国営チャンネルでの『ショア』放映を決定したことを伝える何とも魅惑的な内容だった。一人のジャーナリストを含む優秀な技術者チームが私のもとに派遣され、四夜続けて放映されることになったそれぞれの頭に、『ショア』に対する長い敵対的態度の理由をポーランド人自身が述べるという構成である。私の方は、冒頭の挨拶のなかで自分の製作意図を説明し、この作品を反ポーランド的と見なすことがいかに的外れかを述べることですべてを承諾した。

ジャーナリストはルードビック・ストマという名前だった。ドアを開けると、彼は私の顔を見て泣きだした。とんでもない力で私を抱きしめ、『ショア』がどれほど彼を感動させたか、見直すたびにその感動を新たにしているかを繰り返し述べた。彼に比べると、ディレクターと技術者たちはややしかめ面の古典的なポーランド顔だったが、仕事は一日がかりで完璧に仕上げて引き揚げていった。それ以後、ことはほとんど魔法のような流れで進行した。最初の放映日が決まり、ポーランドのメディアは大事件のようにそれを伝えた。そして当日の数時間前になって、信じられないような唐突さで、放映が取りやめになったことを知らされた。私はすぐにワルシャワを呼んだが、担当者の誰にもつながらず、結局官僚的な女性の意地の悪い声が「テレビ局は決して番組の放映を強制されません。支払い済みだとしてもです」。ちなみに、私が受け取った金額は決して高くはなかったのだが、それもどちらでもいいことだ。

以下に述べることについては何の証拠もない。だが当時、もう一つのスキャンダルが激しい議論を引き起こしていた。ポーランド系アメリカ人の歴史家グロス〔ヤン・T・グロス〕が、一九四一年のイェドヴァブネにおけるユダヤ人虐殺がポーランド市民によっておこなわれたものであることを明らかにしたのである。ユダヤ主義と反ユダヤ主義の相克がポーランドを支配し、イェドヴァブネ市長はひざまずいて哀悼の意を表したが、深い傷は癒えぬままに残った。この状況は『ショア』の放映には有利だったはずだ。だが、説明を求める私の要請はどこでも顧みられることなく終わり、私は最終的にポーランドの高級紙ガゼタ・ヴィボルチャの編集長であり友人でもあるアダム・ミフニクに尋ねることにし、二〇〇一年『ソビブル』の撮影の折に彼を訪ねた。彼自身もユダヤ人である。ミフニクは、ポーランドで組織されたユダヤ共同体が、テレビ局に『ショア』放映の取りやめを申し入れたのだと説明してくれた。臆病にも、彼らは反ユダヤ主義の再燃を恐れたのである。ミフニクが嘘を言ったとは思えない。『ショア』は決して真実を前に妥協しないがゆえに、ある意味で冒瀆そのものであるともいえるのだろう。

一九八六年、ベルリン映画祭での全編上映の際に、私はすでに同じことを経験していた——もっとも当時は、その意味するところを完全に理解していたとはいえないが。この時、ユダヤ人共同体の指導者たちにも、映画だけではなく、ベルリン市長および政府要人たちとの会合への正式な招待状が出された。だが、誰も姿を現わさなかった。私のホテルの郵便受けは、映画を観たドイツ人からの手紙であふれかえった。ほとんどが深刻な感想で、なかにはひどく心打つものもあった。だが、ユダヤ人を代表する高位の人々からは、ひと言の遺憾の言葉もなかった。ショアがあったからドイツにユダヤ人はいないのであり、逆にドイツにユダヤ人がいるとすればショアは存在しなかった——こう考えるよりほかはなかった。幸いなことに状況はその後変わった。だが当時はこれが恥ずべき現実だったのである。

第21章

十二年間にわたる長い作業の末に、ワグラム通りのランピール劇場で、フランソワ・ミッテラン共和国大統領の出席を得てプレミアがおこなわれることになったのは一九八五年四月のことだった。だが、そのわずか数週間前にタイトルの問題が持ちあがった。それまでのあいだ、真剣に検討するタイミングを先延ばしにして、私はタイトルなしの作業を続けてきた。「ホロコースト」はすでに他で多く使われていたし、そもそも供え物の含意があるところから私には受け容れがたかった。「出来事」と呼ぶことさえもためらうようなこの事態に名前などないというのが本当のところだった。自分のうちでは秘かに「ラ・ショーズ」〔そのこと〕と呼んでいた。名前をつけられないものを呼ぶための便法だった。人間の歴史においてまったく前例のない事態を呼ぶ言葉などありえただろうか？　タイトルなしですむものなら、そうしていただろう。「ショア」という言葉は、ある夜、ヘブライ語のわからない私には意味不明ながら、まるで自明のことのように現われた名前だった。これもまた名前をつけない一つの方法にちがいない。だが、ヘブライ語を話す人たちにとっては、ショアもまた十全な表現ではなかっただろう。この言葉は聖書のなかに何度も現われ、「災厄」「破壊」「滅亡」の意味で使われている。それは地震であり、洪水であり、嵐である。ラビたちは戦後、「ラ・ショーズ」を表わす言葉としてこれを勝手に使っていた。私にとってそれは記号内容《シニフィエ》のない記号表現《シニフィアン》である。短く、不可解な発語、うかがい知れない、壊すことのできない言葉。

ジョルジュ・クラヴェンヌ［仏のプロデューサー］がこのプレミア・ショーのお膳立てを一手に引き受けてくれたのだが、招待状を印刷する段になって映画のタイトルを尋ねてきた。私は「ショアだ」と答えた。「どういう意味なんだ?」と彼は尋ねる。「知らん。ショアという意味だ」「だって、翻訳しなきゃ誰もわからんだろう」「それこそ望むところだ。誰もわからなくていいんだ」。『ショア』をタイトルにするために、私は闘った。それが一つの名詞を誕生させるための過激な営みであることには気づかずに。映画のタイトルはたちまちのうちに、ヘブライ語のみならず多くの言語で、あの出来事を指す特別な言葉として定着した。あらゆるところで、「ホロコースト」や「ジェノサイド」、「最終的解決」の代わりに「ショア」を使うようになり、映画はいわばこの名詞の起源となった。「ショア」は今日では、翻訳不能あるいは不要な固有名詞となっている。

ランピール劇場での上映は、休憩時間も含めて、午後一時に始まり翌朝の二時半に終わった。すべてが報われたときだった。夜中にまでわたったにもかかわらず、誰一人として出ていくものはなかった。冒頭で、私は感激のあまり声を震わせながら挨拶の言葉を述べたのだが、そのなかで予告したとおりの悲惨な旅を、全員が肩を抱きあうようにしてともに最後まで歩もうとしているかのようだった。唯一の例外があった。第一部が終わった時、大ラビのルネ＝サミュエル・シラが立ちあがり、私を認めると、「なんてひどいんだ」と言ったまま姿を消した。彼の鍔広帽子が羽ばたくように揺れて出口に向かうのを見送りながら、私は彼が第二部を見にもどるだろうかとふと思った。彼はもどらなかった。そして続きを永遠に見ることはなかった。映画の『ショア』、出来事としてのショアは彼にとっては終わりだった。アルジェリア生まれのラビ・シラは、ユダヤ教とキリスト教とのあいだの制度的関係に積極的に関与してきた学者であり、以前から畏敬の念を抱いていた。私は彼に対し、そして多くの他の人たちに対し、重大な冒瀆行為を犯したことに気づいた。死体もなく個人の冒険譚もなく、一つの民族の存続ではなく抹殺を唯一のテーマにしたこの映画は、あるいは恥ずべきものなのだろう。ショアは死者の沈黙のなかに永遠に眠りつづけるべきなのだ。絶えず死者を悼むにしても、彼らに語らせることはしてはいけないのだろう。

パリでの『ショア』公開後間もなく、盛大なシンポジウムがいくつか開かれ、私も招待された。最初の機会に出席した私は、そこに待ち受ける落とし穴など知る由もなく、いたって心静かに会議に臨んだ。キッパをかぶった三十代の鬚面のインテリたちがまず『ショア』を儀礼的な賛辞――私がいたからだろう――で片づけ、これが芸術作品であることを口実に本論に入った。退廃的な反芻行為をやめ、不幸にとりつかれた否定的精神のユダヤ人――もちろん私もそこに含まれる――のことなど相手にせず、本当に大切なことへと進もうではないか。それは勉学とユダヤ文化、そして戒律である、うんぬん。彼らのそ嚢《のう》〔鳥などが食物を一時的に蓄えておく器官〕は驕慢な確信でふくれあがっていたにちがいない。彼らは最低限の慎みも節度もなく一方的な攻撃を仕掛けた。私は最初の攻撃に立ち会っただけで席を立った。自分の不信心をひけらかしも恥じもしないが――それが自分の人生のめぐりあわせなのだ――、私は常にユダヤ教に対し哲学的な驚きと決して裏切られることのない称賛を覚えてきた。私はラビ・シラが感じた恐怖を理解できるし、彼がショアに向きあおうとしてくれたことに感謝している。この映画が突きつける痛みに耐えきれずに、二度と見まいとする人たちがいることも知っている。ラビ・シラについての話を一般化することはできない。
他の反応もあった。ニューヨークで数ヵ月間『ショア』を上映したシネマ・スタジオを訪れた時、ブロードウェイと六八丁目の交差点を埋めつくす長い行列を信じられない思いで見ながら館内に入ると、全米向けの配給会社を経営しここの館主でもあるダン・タルボットが私を引き止め、観客が席を立ち、次の部が始まるまで彼と一緒に場内に留まるように言った。観客はマンハッタンの住民だけではなかった。映画が上映されないニュージャージー州やニューヨーク州のはるかに遠い郊外都市からも来ていた。彼らは私を認めると駆けよってきて、あるいは抱きしめ、あるいは熱烈にキスをしてくれた。ところが、場内の清掃が始まると、不格好な大男――オレンジ郡で隆盛を誇る団体のラビであることをあとで知った――がダンに世にも不思議な、しかし拒絶しにくい要求をした。彼は引き連れてきたメンバーの何人かを伴って場内にもどると、カーディッシュ〔礼拝の頌栄〕を唱えはじめ、映画館を祈祷場に変えてしまったのである。

パリでのこと。ある日私はラジオ・ノートルダム〔パリ大司教が創設したラジオ局〕からインタビューの依頼の電話を受けた。そんなラジオ局があることを知らなかったが、私は申し出を喜んで承諾し、尋ねた。「『ショア』をご覧になりましたか?」「え、いや……」「まずご覧になってください。見たことのない映画についてインタビューするなんて意味がありません」。相手は「また、お電話します」と言って電話を切り、一週間後に再度かけてきた。だが、会話は前回とまったく同じことの繰り返しだった。私は腹を立て、「映画を見てから電話をしなさい。でなければ意味がない」。相手はしつこかった。また違う声が電話をしてきた。それでわかったことは、上司の意向に逆らえない彼らにとって、『ショア』を見ることは不可能事だったのである。一九八一年にパリ大司教に任命されたジャン=マリ・リュスティジェ枢機卿[1]は、彼自身がユダヤ人であり、その生い立ちはよく知られている。私は彼に二度会ったことがある。最初はテオ・クランの家に昼食に招かれた際に同席した。テオ・クランは有名な弁護士で、当時ＣＲＩＦ［フランス・ユダヤ人団体代表評議会］会長を務めていた。ＣＲＩＦと首相との意見交換の晩餐会を実現し、定着させた人物でもある。毎年一回開かれる晩餐会では、政府要人全員とフランスの著名なユダヤ人とが顔を合わせる。テオはその日、ユダヤ人枢機卿を自分の食卓に迎えて興奮し、嬉々としていた。彼は秘かに枢機卿を次の教皇にと期待し、自分自身を教皇庁の国務省長官司教、いやあわよくばカメルレンゴ［教皇座空位の際教皇代行を務める主席枢機卿］に見立てるような、常に栄光と政治を愛する楽しい男だった。私は枢機卿とは年齢も近く、フランスの古今の歴史、そしてドイツとポーランドの歴史の記憶に共有するものが多かった。私は編集段階にあった『ショア』に少し触れて、完成の暁にはプレミアにご招待したいので、ご臨席いただければ光栄であると言った。私たちは再会を約束した。

ラジオ・ノートルダムの混乱を解くカギは、一九八七年に発行された枢機卿の対談集『神の選択』の中にあった。あらゆる意味で興味深いこの本を、枢機卿は慎み深い筆跡による次の献辞を添えて送ってくれた。

クロード・ランズマンへ
親愛の情をこめて
✝ジャン＝マリ・リュスティジェ枢機卿

インタビュアーの一人、ジャン＝ルイ・ミシカとの応答の中に次のような一節がある。「ランズマンの映画『ショア』も、ご覧になろうと思いませんか？」「見られません！　ランズマンから話は聞いていました。完成した時にプレミアに招待してくれたのですが……私は行けなかった。不可能なのです。いや、見られません。でも、彼にはいつか見ると約束しています」「彼の仕事は必要だったのでしょうか？」「彼は成し遂げました。誰かがやるのはいいことです。いや、誰かがやらなければならなかったのです。彼がいい仕事をしたのか、それが正しいのか、偏向しているのか、私にはわかりません……」。

ヨハネ・パウロ二世もポーランド出身であったことを忘れないでおこう。驚いたことに、枢機卿は約束を守った。数年後のある日、私は彼から電話を受け、バルベ＝ド＝ジュイ通りの大司教館に招待された。出かける時、私の心は少しときめいていた。若い安南《アンナン》人の女性が薄暗い丸天井の下まで案内してくれ、そこで黒人の青年が引き継いで私の先に立ち二階まで行った。彼は小さなサロンのドアを開き、「枢機卿様は少し遅れるのでお許しいただきたいとのことです」と言った。遅刻の理由がいっぺんに私の眼に飛びこんできた。信じられないような光景だった。床にもテーブルにも二つの長椅子にも『ショア』のビデオカセットが文字どおり散乱し、その混乱ぶりはこれを見ようとした者の貪欲さと戸惑いとを同時に物語っていた。私が頭のなかで映画の順序を整理しているあいだにドアが大きく開き、枢機卿が姿を現わし、罪体《コルプス・デリクティ》を乱暴に指さして——おかげで予めアドバイスされていたように彼の指輪に接吻をする間もなかった——、大はしゃぎの子供みたいにこう繰り返した。「見ましたよ、ほら、見たでしょう！」。私は信じるよりほかなかった。私たちは、今度は若い黒人の女性に案内されて地下まで降りて、すでに準備が整った小さな食堂に入った。会話は弾んだ。二人は共通した話題にこと欠かなかったし、多くの点で意見の一致を見た。そのうち、議論は彼が重要だと考えるキリスト教徒の反ユダヤ主義とナチのユダヤ人排斥との違いにおよんだ。前者について彼はその悪意と弊害を否定し、後者を啓蒙主義の哲学から生まれたものだと主張した[2]。私は反論するために、『ショア』の一場面を引き合いに出し、「とはいっても、『ショア』の中の教会の場面で……」。ところが枢機卿は何の話か理解できずにいる。私は繰り返した。そして、二階の散乱したビデオテープにもかかわらず、彼が何も見ていないことを確信した。枢機卿は告白した。「私には見られない」と彼は言った。「見られないのです。一日に一分見るのがやっとでした。それ以上は無理でした。許してほしい」。もちろん、私は許した。後年、ソレルスが一九五八年に私がレ・タン・モデルヌに書いた『ユリュッフの司祭と教会理性』の記事を彼の季刊誌ランフィニに再録した時〔一九九八年〕、私は枢機卿に丁寧な添え書きとともに一冊贈呈した。当然ながら、同時代であった未来の枢機卿はこの悲惨な事件のことはよく知っていたはずである。彼からの返信は相変わらずのものだった。《読むことはできません》。信仰と真実の関係は何なのだろうか？　ラビ・シラと枢機卿の反応は奇妙に相似している。悪は存在しない、と。

『ショア』がその歩みを始めた時、夢想だにしなかった多くの疑問が私に対して発せられた。また、素材の寄せ集めにならざるをえないこのような映画が、私の民族であるユダヤ人のあいだに敵を生むとは考えてもみないことだった。この映画は誰よりもまず、彼らのために作ったつもりだったからである。移送された人の一部は、私に乱暴に詰め寄って言った。「あんたの映画など見る必要はない。こんなことはみんな覚えている。おれは七つの収容所を経験したんだ、わかるか？」。私はこう答えた。「素晴らしい、あなたは幸運な人だ。一ヵ所だけだったら、今こうやって私に詰め寄ることもできなかったでしょう」。若者のなかには、メディアの場を借りてあけっぴろげに愚痴をこぼす者もいた。ピエール＝オスカー・レヴィ[3]なる若者がリベラシオン紙に語った言葉を覚えている。「ランズマンはすべてを言い、すべてを示し、ぼくらに何の余地も残さなかった。いったいぼくらは何をしたらいいんだ？」。称賛の恨み節である。だが、彼は間違っている。私はすべてをやりつくしたというには程遠い。ただ、二つ目の『ショア』がないことだけは確かだ。幸いにして『ショア』の存在を忘れて――時間の法則だ――、ピエール＝オスカー・レヴィは一本の映画を生み出した。それがいちばん賢いやり方だ。私は彼に開拓者としての勇気を認める。ランズマンは『ショア』の唯一の所有者だと思いこんでいるという、執拗でばかげた伝説にはそれ以外の根拠はない。

ミシェル・ポラク〔仏のジャーナリスト、作家、文芸評論家、映画監督〕が彼のテレビ番組の中で、『夜と霧』の全編放映の機会に『ショア』を十分間だけ流す許可を求めてきたことがあった。父親をあの惨禍のなかで亡くしたポラクは、枢機卿同様の反応を示した。彼は正直にこう言った。「私は『ショア』を見ていない。絶対に見ることはできないだろう、私には不可能なんだ」。『夜と霧』は非常に重要な映画である。アラン・レネは偉大な監督である。ジャン・ケイヨールの語りの文章はとても美しい。だが、三十五分間の『夜と霧』でブルドーザーによる死体処理とビルケナウでの便所の穴の列を見てカタルシスの涙に暮れた人が、『ショア』を見ることができないと、良心に基づいて言えるのか、それが私には理解できないのだ。謎というべきか？　悪について考え、判断することができないのは私の方なのだろうか？　ベルゲン・ベルゼン強制収容所には、解放時に連合国側の報道班によって撮影された死体の山がある。チフスで死んだ人々のショットは『夜と霧』の中に出てくるが、ベルゲン・ベルゼンにはガス室はなかった。ダッハウにも、ザクセンハウゼンにも、ブーヘンヴァルトにもなかった。『夜と霧』は移送についての理想主義的な美しい映画である。「ユダヤ人」という言葉は列挙的に唱えられる祈りのようなつぶやきのなかで一度出てくるだけで、見る者が止めどもなく流す涙は、この映画の大いなる慰撫の力によるものである。そう、『夜と霧』はその映像が示す死体や収容者の恐るべき状況にもかかわらず、生者の、生還者の映画なのである。過酷な試練のあとでも、涙が乾いたら生きることを続けるよう促す映画なのである。私はこのことを一度ならず指摘してきたが、最近おこなわれた『夜と霧』の初のＤＶＤ化にあたり、アラン・レネが私の発言を取り入れるよう指示したことに感謝の念を表したい。

　ラシェル・エルテルが、ショアのさなかに書かれたイディッシュ語の詩に捧げる大著を著した時、出版記念の講演会がパリでおこなわれた。会場で、一人の女性が私に詰め寄ってきた。憎悪に似た権幕に押されて、私はその場に固まってしまったほどである。「私たちには」と彼女は会場中に向けて叫んだ。「フランスの『ショア』が必要です！」。何を言いたかったのだろう、『ショア』とは一体何なのだ？ジョフロワ・ラニエ通りのショア記念館に行き、セルジュ・クラルスフェルト〔作家、歴史家、弁護士。仏のナチハンターとして有名〕の執念が解明したフランスから移送されガス殺された七万六千人の名前が大切に刻まれた壁に沿って歩いてみればわかる。その九十五パーセントが、発音の難しいポーランド系ユダヤ人の名前である。ほとんどはフランス人ではなかったのだ。考えてみるに、彼女が私を非難したのは、ドランシーやコンピエーニュの収容所〔ともにパリ近郊にあり、最終的移送までの待機収容所の役割を果たした〕にも触れず、移送に果たしたフランス側の役割にも言及していないからなのだろう。彼女が望んだのは映画ではなく、バルビー裁判[4]やパポン裁判[5]のような、裁きの場だった。こうした裁判の推進者たちは、どんな映画——『ショア』を筆頭に——にも勝る教育的価値をそこに認めているのである。あとになって私はあの夫人にこう答えるべきだったと思い返した。「それをなさりたかったら、ル・ペン〔極右政党国民戦線の創始者〕に頼みなさい」。いずれにしても、彼女が突きつけたのは、私が意図したこととは正反対の要求だった。『ショア』のテーマは、一斉検挙でも逮捕でもなく（私はベルギー、オランダ、ヴェステルボルク、プラハ、ベルリンその他のドイツの都市で起きたことにも触れなかった）、また出身地でもなかった。テーマは最後の鉄路、最後の分岐点、もはや完全に遅すぎて、取り返しのつかない事態が遂行されようとする瞬間だった。家族の誰かを失った人が、『ショア』が死者のために決着をつけなかったと憤るのはわかる。だが彼らは間違っているし、何も理解していない。ユダヤ人を逮捕した警察官の責任に触れないのは、『ショア』がある意味で死んでいった人たちのことしか語らないからである。だから私は、ユダヤ人を修道院の奥深くにかくまった善良なポーランド人修道女たちのことにも触れなかった。何が起きたのかを教えてくれたのは、絶滅の場所の最も近くに住んでいた農民たちなのである。

一方、得意満面の特権的知識階級には、その地位を脅かされると感じた人々がいた。一部の職業的歴史家である。一九九二年ソルボンヌで開催された討論会の終盤、ピエール・ヴィダル＝ナケがこう言って、同僚たちの眉をひそめさせた。「（歴史は）歴史家の手にゆだねておくには深刻すぎる」。自身が歴史家であるリュセット・ヴァランシがアナール誌に寄せた報告によれば、ヴィダル＝ナケは自らの言を証明するために《ユダヤ人絶滅についての知見を深めるために職業的歴史家よりも貢献した三つの重要な作品として、プリーモ・レーヴィ［化学者］の本とラウル・ヒルバーグ（もともと政治学者である）の著作、クロード・ランズマンの『ショア』を挙げた》。こう列記したペンのインクも乾かぬうちに、ヴァランシ女史はこう書いている。《これらの名前にこだわるのは止めよう……》。驚くことに、この討論会は一部の歴史家のあいだで、こうした作品が専門家の権威をおとしめるものであるかのようなパニックを起こした。《証人の力および彼らの証言の真実と威厳の前に、私たちは失格の瀬戸際にいた》。マイケル・マラス某は自分の王国から追放されるものと覚悟したが、幸いにして彼は溜飲を下げる機会に恵まれた。バーモント州のバーリントンでラウル・ヒルバーグの退職と在職五十周年を記念するパーティーがおこなわれ、私は祝辞を述べる栄誉を与えられた。マラスは私と一緒のテーブルについていたが、会食のあいだじゅう、私は彼の小さな黒眼の陰険な光を浴びつづけなければならなかった。

もう一人のフランスの歴史家、アンリ・ルソは一九八七年に、野心的な若き教授資格者《アグレジェ》の熱に浮かされたような騒々しい本を出した。そのなかで彼は、一つの作品を不当に神聖化することをいい加減でやめないと、他の作品――とりわけ彼の本『ヴィシー・シンドローム』であろう――の評価をおとしめることになるとして、『ショア』を事実誤認だらけの数行であっさりと葬り去ろうとした。彼はこうして『ショア』の評判に一撃を加えたつもりだったが、ヴィダル＝ナケやフランソワ・ベダリダといった彼の師の何人かによってその無分別を厳しく非難された。私も機会があるごとに反撃した。一九九〇年一月三十日、『シンドローム』発売の三年後、私は彼から謝罪の手紙を受け取った。そのなかで彼は、次の文庫版発行の折に初版の愚かな誤りを訂正すると言ってきた。『ショア』に関する自分の判断が意味のないものであることに遅ればせながら気づいたと述べ、自分の批判が明晰さに欠け、根拠に乏しかったことを認めた。映画を最初に見た時に感じた否定的な反応に一歩距離を置こうとしなかったことを反省し、さらに、これが重要なのだが、映画が封切られた時の手放しの賞讃の声が映画そのものよりも彼を苛立たせたとつけ加えていた。重版があろうとなかろうと、放たれた矢はもどらない。陳謝の仕方は悪くなかったとはいえ、この頑迷なルソは『ショア』――今回はその「偉大さ」を認めながらも――を唯一の表象と見なすことに彼が感じる危険性について、なおも必死に闘いつづけた。私は彼に穏やかなトーンの返事を書いた。そして七年後、彼は再び手紙をよこし、自分のためらいを書き綴ってきた。前回の手紙では、最初に『ショア』を見た時に感じた違和感がどういう性質のものか本当には理解できていなかった。この映画は、自分がこの悲劇にどれくらい無関心であったかをわからせてくれた。当時自分は歴史家として、そしてユダヤ人としての二重の資質において、この「記憶」を受け継ぐ者としての自覚を持っていたにもかかわらずである。『ショア』は自分が最も大切にしているところで「否定された」という印象を与えた。最後に彼は、こうして距離を置いて見た時、『ショア』が記憶について、その継承について、過去の重みについて考える――単に歴史家としてだけではなく――素晴らしい機会を与えてくれたと認めていた。ここで言う過去とは、彼によれば、苦しみも含めて受け容れ、引き受けるべき過去のことである。彼は二義的な部分については常に私と同意見というわけではなかったが、本質的な点では一致していた。手紙は、私から多くのことを学んだと結んでいた。

　私はアンリ・ルソがこれらの手紙を書き送ってくれたことに感謝している。とりわけ最後の手紙は、ここに全文を紹介できないのが残念なほどである。というのも、ここにこそ核心があり、私たちは問題の中心にいるからである。エジプト出身のユダヤ人であるルソは、彼自身はもとより、家族の誰も移送の経験を持っていなかった。そして彼は『ショア』で「否定された」と感じた。彼だけではない。移送された人々もまた、彼と同じように否定感情を抱いたのである。彼らはこの映画の中に登場しない。そこにいてしかるべきなのに、そこにいたいのに、いない。すでに述べたように、『ショア』は彼らのことしか語っていないというのにだ。たしかに私は、ベウゼツ、トレブリンカ、ソビブル、ヘウムノの収容所について何も言及しなかった。これらの収容所では、生きる者と死ぬ者との選択の問題は起きなかったからだ。誰もが死を宣告され、誰もがそれを知っていた。映画の中で私が「生還者」と呼んだ一部の例外的な生存者たちでさえ、死の執行猶予中であったにすぎない。そう、私が語るのはアウシュヴィッツである。強制収容所と絶滅収容所の二つの機能を与えられたユニークで巨大な収容所。アウシュヴィッツでは、移送列車が到着すると、「死の天使」ドクター・メンゲレまたは他の誰かが待ち受けていて、すぐにガス殺する者と強制収容所に送る者との選別がおこなわれた。後者は過酷な条件に耐えながらも、わずかとはいえ生き延びるチャンスを与えられた人々である。私は「誰もアウシュヴィッツには行かなかった!」と言ったことがあるが、これは必ずしも理解されなかった。それどころか、一部の頭の固い人やニュアンスのわからない人にはショックを与えた。たしかに乱暴で、理解不能な言葉である。にもかかわらず、これは深い真理に根ざす言葉である。あそこで繰り広げられた容赦ない悲劇の逆説的な中心をなすものなのである。涙なしには見ることのできない「アウシュヴィッツのアルバム」と呼ばれる写真を参照すればわかる。ドイツ人自身が作ったものだ。一九四四年春、ビルケナウに到着した移送列車から降りたユダヤ人、主にハンガリーとトランシルバニアからの移送者たちを撮ったものである。夜を日に継ぐ過酷な旅のあと、彼らは怒声と棍棒に追い立てられて貨車から降ろされる。運命が決定されるのを待つあいだ、彼らは整列させられる。女や子供、それにつき添う何人かの男たち、どの顔も恐怖と信じられぬ思いで狂おしいほどだ。彼らは今自分たちがどういう場所にいるのかを知らない。だが最悪の事態を予感し、死ぬのだとわかっている。だがどうやって?　信じられない。しばらくすると、牙を剝き出して迫る警察犬を連れた重装備のドイツ兵とカポたちの鞭に追い立てられ、彼らは第二および第三焼却棟の地下室へと押しあいへしあいしながら降りていく。そこで衣服を脱ぐよう命令され、広大な部屋に追いこまれる。三千人の人が身動きもできない状態で押しこまれ、ドアが閉められると、チクロンの緑色の結晶体が投げこまれる。電気が消え、真っ暗闇のなかで、それぞれが少しでも空気を求め、一秒でも長く息をしようと、フィリプ・ミュラーが「生の闘いと死の闘い」と呼んだ争いが始まる。何年ものあいだ、毎日のように繰り返されたシーンだ。犠牲になった人たちは、自分自身の死について何の知識もなければ何の情報もなかった。最後の瞬間まで、鞭と警棒と棍棒で死の部屋に叩きこまれるまで、多くの人は最悪の予感にさいなまれながら、それでも彼らはアウシュヴィッツについて何の知識もなかった。その名前も場所も知らなかったし、どうやって自分たちの生命が奪われるのかも知らなかった。彼らは四方を滑らかな石の壁に囲まれた暗闇のなかで死んでいった。本当の、死の「無籍地」。

一方、強制収容所にいた人たちはどうであったか？　移送列車の到着を見、焼却棟への行進を目撃し、大量虐殺が遂行される建物の、ずんぐりとした煙突から渦巻いて上がる重い黒煙を何時間も見た人たちはどうだろう？　疑いもなく、彼らはアウシュヴィッツにいた。そしてすべてを知っていた。ガス室を除くすべてを。アンヌ＝リズ・ステルンは、一九四四年春にアウシュヴィッツに移送された一人である。彼女は最初から『ショア』の最も熱心で鋭敏な支持者の一人であり、この映画によって疎外されたと感じなかった人だった。この収容所のほとんど信じがたいパラドックスを私が表現しようとした時に、自身がここでの一年間を生き延びた彼女は、私が言おうとしたことを理解してくれた。それはルドルフ・ヴルバの『ショア』第二部における容赦ない表現につながる。「強制収容所内の生活条件が改善されればされるほど、着いたばかりで即ガス室送りになる人たちの数は多くなった」。ヴルバをもう一度見、もう一度その言葉に耳を傾けなければならない。アンヌ＝リズはあまりに聡明すぎて、ヴルバの言葉にも、私が私なりに発した、あるいは乱暴であったかもしれない言葉にも反対できなかった。年を経るにしたがって、私は彼女が離れていき、またもどり、親しさを取りもどし、また去っていくことを繰り返すようになったのを感じた。アウシュヴィッツのパラドックスは、彼女自身の体験をそこに投影するにはあまりに抽象的、理論的になりすぎていた。彼女の体験は自分自身の言葉を必要としていたのである。そして二〇〇四年、『移送の知』(6)という素晴らしいタイトルを付した本を著した時、彼女は見事にその言葉を獲得した。それを読んで私は驚嘆し、しばしば感動させられ、いくつの部分は私の内に刻みこまれた。そこに書かれた体験、そこに表現された必死の主張はかけがえのないものである。十二年間、逃げ道もなく『ショア』の暗い太陽を見つめつづけ、少しでも近づこうと努力してきた私は、「移送を知ること」に気づかなかった。異なる手法ではあるが、それぞれが相反するものとは思わない。アンヌ＝リズもまた同様に考えているだろう。私にはわかる。

『ショア』はユダヤ人であると否とを問わず、多くの友人を私に与えてくれた。なかには親友ともいえる非常に近しい関係を結んだ人もいる。その名前を列挙することは煩わしい仕事だし、不可能だ。私のことだ、絶対に言い忘れて無用に人を傷つけることにもなりかねない。たとえば、ディディエ・シカール〔仏の医師、さまざまな公職を歴任〕がいる。一九八五年、彼は次の言葉で始まる長い手紙を書き送ってくれた。《あなたは私がこれまでに見たことのないような素晴らしい映画を作ってくれました》。当然ながら友人になり、その関係は続いている。ミシェル・ドゥギー〔仏の詩人〕は彼の「レクストレーム・コンタンポラン」（ベラン）叢書のなかで、『ショア』に関してそれまでに世界中で書かれた優れた論考――もちろん彼のものも含め――を集めて、『クロード・ランズマンの映画『ショア』について』という選集を編んでくれた。一九九〇年のことである。また、ショシャナ・フェルマン〔米の文芸評論家、大学教授〕が『ショア』をテーマに書いた百ページにおよぶ見事な論文も忘れるわけにはいかない。私はそれをひと夏かけて訳し、求めに応じて彼女が教えていたイェール大学でセミナーを開いた。ジェラール・ヴァイクマンがその著書『世紀のオブジェ』の中で『ショア』のために紙幅を割き、意義深く鋭い論考を展開したことも忘れられない。そのなかで私は、マルセル・デュシャン〔仏の美術家〕とマレーヴィチ〔カジミール・マレーヴィチ、ポーランド系ロシア人の画家〕と同席するという望外な栄誉に浴した。その気まぐれな性格にもかかわらず、私はヴァイクマンと不滅の友情を結んだ。ニュー・シネマ界の旗手、アルノー・デプレシャン〔仏の映画監督〕は、ランフィニ誌に『ショア』およびその他の私の映画に関して素晴らしい記事を寄せ、いずれも冒頭から心を揺さぶられたと書いてくれた。『ショア』を学校向けの教育用DVDにしてもいいかと持ちかけてきたのは、国民教育大臣の職にあったジャック・ラングだった。縮小版ではなく、抜粋を編集して三時間ほどの作品にまとめ、無料で小中学校に配布するというものである。私は承諾した。DVDは暗転処理でつなぐ六部構成とし、生徒たちに映画全編と抜粋されたシークエンスについて説明する「副教材」が添えられた。教材の作成を引き受け、見事に完成させてくれたのはリヨン大学の歴史学教授ジャン＝フランソワ・フォルジュだった。私はその後何度も招かれて学校の生徒たちを前にDVDの紹介をおこなったが、そのつど彼が作成した教材の素晴らしさを実感させられた。

言い忘れたが、寄せられたあらゆる賛辞のうちで、今はもう廃刊になってしまったマタン・ド・パリ紙の一九八五年当時の編集長マクス・ガロのそれは、最も奇抜で文句なく破天荒なものだった。それもかなり早い時期の反応だった。彼はバカンス用読み物として、海や山に出かける同紙の読者に『ショア』のテキスト全文を提供することに決めたと言ってきたのである。ライバル紙はいずれも、推理小説か恋愛ものの軽い読み物を用意していた時期にである。マクス・ガロは狂気のような男だと言われた。そのとおり、彼は狂気のように『ショア』を愛してくれた。

ベルナール・キュオを知ったのも『ショア』を介してのことだった。私は彼にレ・タン・モデルヌの編集委員会に参加してもらった。一九九五年の彼の死は、私に癒しがたい悲しみを残した。(7) 決して眠らない男だった。だから私は、夜中の何時であろうと彼に電話をかけることができた。苦悩の時、私はそれを利用した。麻薬のような彼の優しい声は、今でも忘れられない。映画を教えていたパリ第七大学で、彼は数ヵ月間にわたって『ショア』に関するセミナーをおこなった。彼が書いた映画および演劇用の作品は、心血を注ぐという言葉こそがふさわしい、文学的とは言わずに文学そのものと言うべき稀少なものだった。「作品」という時、それは彼が十年間に書いたレ・タン・モデルヌの記事と、それ以前の彼の闘いを示す本をも含む。暴力的精神医療を痛烈に告発した『狂気の政策』、ミシェル・フーコーとピエール・ヴィダル＝ナケが序文を書いた『ミルヴァル事件』、そして胸迫る繊細さと力を持つ演劇と十数本の映画。とりわけ映画は彼の学生たちのあいだでよく知られていた。大衆に届けることにそれほど関心がなかったベルナールは、大学のサークルを通じ、またそのサークルのために作ったからである。権力やメディア操作には無関心だった。自らの規範を消し去り、押しつけなかった。人生のあちこちで多様な形態をとって発現した彼の仕事は、たった一つの熱源から発していた。絶対的な苦しみを見守ること。ベルナールは、不治の、回復不能の境遇にその身を置こうとした。そここそが彼の言葉と行動の唯一の場であった。それは狂気であり、疎外であり、刑務所である。彼は毎週サンテ、ムラン、フレーヌの各刑務所で講義をおこなった。ある時、彼はサンテ刑務所の受刑者たちに『ショア』を見せ、そのあとセミナーを開催するというとんでもないことを思いついた。彼の提案は口笛と冷やかしとあざけりに迎えられた。厳しい一斉拒否だった。彼の生徒はアラブ系か黒人である。彼らはユダヤ人のことなど聞きたくもなかったろう。だがベルナールは譲らなかった。その優しい粘り強さで、何週間も説得を続け、ついに賛同させたのである。彼はサンテ刑務所で六ヵ月間にわたって『ショア』の授業をおこない、クラスの総意として私に彼らと一日をともに過ごすよう求めてきた。私は朝九時に到着した。生徒一人ひとりのこの映画に関する知識は正確で、意表をつく質問は知的であり、議論は白熱した。彼らは看守に昼食を抜いて話を続けさせてくれと頼み、それが受け入れられると、なんと夕方五時まで対話は続いた。『ショア』についてこれほどの知識と理解を持つ観客にはめったに会うことはなかった。一部の生徒とは、その後も長いあいだ文通を続けたほどである。

ベルナール＝アンリ・レヴィが私に示してくれた友情は、ここでどれほど強調してもしすぎることはないだろう。彼は私が静かに書き物に専念できるよう、邸宅や田舎の別荘を提供してくれた。これほど見事な才能に恵まれた男を数行で言いつくすことはできない。いつか、機会を改めて彼のことを語りたいと思う。人は彼の勇気をいつも言い忘れる。彼の狂気、叡智、究極の知性を言い忘れる。それこそが彼において最も重要な資質であり、最も私を魅了するところでもあるのだ。

映画製作の資金問題はいつも増大するばかりだったが、それでも、作業が進むにつれて道は平坦になっていった。すでに撮り終えたシーンや、ときには編集済みの一部を見せることができるようになったからである。イスラエル政府への感謝はすでに述べた。フランソワ・ミッテランとジャック・ラングの肝いりで、フランス政府がとりわけ最終段階で提供してくれた支援はやはり貴重なものだった。だが、ひどい資金難におちいった時、道半ばでまだ残る道程のはるかな距離を思ってくじけそうになった時、いや、ほとんど遭難同様の状態におちいった時、私を支えてくれたのは個人の支援者たちだった。友人もいたし、そうでない人もいた。映画は何度かアンドレ・ヴォルムゼルによって救われた。彼とはクレルモン＝フェランのブレーズ＝パスカル校で親友だったことはすでに触れたが、彼と同様銀行家である二人の兄弟マルセルとジャン＝ルイも手を差し伸べてくれた。これを書いている今から数ヵ月前に、アンドレは故人になってしまった。アラン・ガストン＝ドレフュスとその妻マリアンヌは、なぜこの映画が必要なのかを説くと、周囲から寄付者を募ってくれた。その多くは匿名であることを望む人たちだった。悲しいことに、骨のがんがアランの命を奪った。彼の遺志はアラリ家のテレーズ、アンドレ、ダニエルによって受け継がれた――それも素晴らしいやり方で！――。後者の二人の兄弟は、理工科学校《ポリテクニーク》

〔仏の理工系エリート養成機関〕出身の優秀な技術者で、世界的に知られたハイテク・イノベーション企業の創始者だが、まったく驕ることなく、稀に見る寛容さで支援をしてくれた。いくら感謝してもしきれないほどである。自身が移送された過酷な経験をもつシャルル・コランは、サンチエ地区〔パリの繊維、服飾の問屋街〕の商人を取りまとめてくれた――まったく見知らぬ人から声をかけられ、「あなたの映画を支援した者です」と言われることがあるのはそのためである――。だが、あれほどの苦しみに耐えた彼の心臓が鼓動を止めたのは、彼が六十八歳の時だった。レミ・ドレフュスのように、貧しい友人たちから十、五十、最高で百フランの寄付を集め、私がフィルムを買い足すことを可能にしてくれた人もいる。歴史家のジョルジェット・エルジェイ、親友のジルベルトとアドルフ・ステグがこの狂気のような企画の最初から支持してくれたことも忘れない。そして最後の時、つまり映画が完成した時にもまた、手を差し伸べてくれた人たちがいた。というのも、作品の完成はそれで困難の終わりを意味しなかったからである。シモーヌ・ヴェイユ〔仏の弁護士、政治家、アカデミー・フランセーズ会員〕は小規模なグループを率いて、私が隘路から抜け出る手助けをしてくれた。この隘路の経緯については少し触れておきたい。

　政治家であり文化人でもあった世界ユダヤ会議議長のナフーム・ゴルトマンは、ドイツのアデナウアー首相〔当時〕相手に賠償金交渉をした人である。彼もまた、私が最終段階で映画の仕上げのために大きな資金問題に直面していることを知り、支援を約束してくれた。それは彼が現職に留まることができれば可能だったろうが、残念ながら辞職せざるをえない状況に追い込まれ、エドガー・ブロンフマンにあとを譲った。[8] 彼は、創業者が禁酒法時代に密輸業者として名を馳せたカナダの酒類取引で有名な企業の名家の出だった。ブロンフマン家の人々はまことに立派な人たちだったが、無数の業務に忙殺されたエドガーは補佐としてラビのイスラエル・シンガーを選び、ユダヤ人問題を専門に担当させた。シンガーの興味は基本的に高度な政治問題である。若いが狷介な男で、まるで滑るように前に進み、夜でも外さない色つき眼鏡で眼を隠して、謎めいた雰囲気でその絶大な権力をいっそう誇示していた。配給会社のパラフランスが倒産し、私は当時危機的状況に直面していた。最終仕上げの段階にあったために、かなりな資金が必要だったのである。フランス政府は精一杯の支援をしてくれていたし、先に名前を挙げた友人たちはすでに十分な寛容さで応えてくれていたので、これ以上の無心はできなかった。世界ユダヤ会議ほどの力を持ち財力もある機関が、ヨーロッパユダヤ人の絶滅をテーマにした映画が日の目を見るよう決定的な援助をするのは当然のことである。それはこの機関の責務でもあるはずだ。そう考えた世界ユダヤ会議のナフーム・ゴルトマンの友人たちが、シンガーに『ショア』の最初の一時間だけでも見るように懇請してくれた。日にちが決まり、シンガーのために良質の上映ができるよう、私はオッシュ大通りのクリュブ13を借り切った。非常に高くついたが、私は期待で胸を膨らませ、ナフーム・ゴルドマンの友人たちはもとより、他の実力者たちも招待した。上映開始予定の夜八時、シンガーは姿を見せない。私は開始を遅らせて待った。八時三十分になっても彼は現われない。招待者に対する非礼をこれ以上続けるわけにはいかなかった。しかも、映画館とは一時間の契約で、九時には次の映写が待っているのである。彼が到着したのは八時四十五分だった。通路を幽霊みたいに滑ってくると、視線をサングラスで遮断したまま、彼のために用意されていた椅子に倒れこみ、スクリーンの前で過ごした十五分間、せかせかと足を伸ばしたり畳んだりしつづけた。屈辱的な失敗だった。二日後、ホテルのバーで彼との短い会談がセットされたが、「長すぎます。アメリカ人向けではありません」、これが彼が発した唯一の言葉だった。

一九八五年の夏、私はロングアイランドのウォーターミルにあるダン・タルボットの家で温かいもてなしを受けて一週間を過ごした。毎朝、私たちは彼のオフィスで顔突きあわせ、ほとんど野戦並みの陽気さのなかで、『ショア』という奇妙なＵＦＯをどうやってアメリカ市場に着陸させるかについて作戦を練った。その時ダンが、敬すべきシンガーが世界ユダヤ会議を代表してポーランド・ロビーと死闘を繰り広げていると教えてくれた。背中を叩き、酒を注ぎ、カシェール［ユダヤ教の清浄規定に則った料理］の宴を催し、旅行に招待し、ワルシャワのイディッシュ語演劇を復活させるなどなど、彼はあの手この手の職業的外交手腕を発揮して、東欧諸国との本格的な和解工作を進めていた。逆説的ではあるが、彼が決して援助しようとしなかった――彼がその辣腕をふるうべき興味の対象は他にあったからだ――『ショア』にもいくらかの責任はあった。侮るべからず、イスラエル・シンガーの栄光のときはこれから始まろうとしていた。まるで世界の強大国さながらに、彼はスイスの銀行を始めとする金融機関を相手に渡りあい、屈服させ、多額の賠償金――当然の賠償だが、金額の決定には強硬な交渉が重ねられた――をユダヤ人組織に支払わせることに成功した。その勝利は彼ひとりに帰すものだった。今日では、彼は世界ユダヤ会議とは何の関係もない。エドガー・ブロンフマンと仲たがいをし、長期におよんでいるらしい[9]。

一度にすべてを語ることはできない。ここまで触れられなかったことが一つある。『ショア』完成のために闘った一九八〇年から一九八五年までの五年間は、サルトルの死がもたらした深い悲しみに覆われた年月でもあった。カストールの嘆きは激しく、人目もはばからぬほどだった。モンパルナス墓地で撮られた写真を記憶に留めている人も多いだろう。墓穴の中に倒れこまないよう、支えなければならないほどだった。死という出来事は常に慌しいものだ。葬列の経路について警察と交渉したのは私だった。警察にとって、長距離にわたる行列は望ましくなかった。サルトルの遺体をパリの真ん中に運びこむなどもってのほか、彼が住み、ブルーセ病院で息を引き取ったパリ南部十四区に限定しようというのが当局側の腹づもりだった。妥協を余儀なくされた道筋は比較的短いものになった。ディド通りからブリュヌ大通りへ出てパリの外郭を進み、ポルト・ドルレアンから市内に向かい、ダンフェール＝ロシュローを経てラスパイユ大通り、さらにモンパルナス大通りを通って、ラスパイユ交差点から駅まで――以上が、私が怒りに駆られながらやりあった末に呑まされた道順だった。警察は、サルトルが足しげく通ったこれらの道を葬列が通れば、群衆であふれかえるにちがいないと心配していた。最後はエドガー・キネ大通りからモンパルナス墓地に到着するというこの経路は、本当に短かすぎた。それでも、サルトルの死が意味するものが一人の偉大な人物の喪失というだけではなく、一つの時代の終焉であることに気づいたパリ市民は、自分たちの連帯と絶望をどうやって表明すべきかもわからぬままに道を埋めつくし、葬列は群衆に行く手を阻まれ、脇から押されして、ぎくしゃくとしか進むことができないほどだった。その前日、ジスカール・デスタン共和国大統領がサルトルの遺体を弔問したいという意向が伝えられると、近しい者たちのあいだにちょっとした対立が起きた。一部の人たちは真っ向から反対したが、私は反対しなかった。大統領は来た。

　サルトルの死後、カストールの健康状態と抵抗力を誰もが気遣った。医師たちに入院を勧められ、コシャン病院に入り、数週間の治療ののち回復した。彼女がショルシェール通りの自宅にもどると、ようやく元の生活が再開した。私たちはレ・タン・モデルヌを存続させる旨の社説を書いた。それはカストールの意志であり、私たちの意志でもあった。雑誌はそれを作る者にも、また読む者にも所属するものだからである。すでに述べたが、私は彼女の生涯の最後の数年間をできるかぎりその近くにいて過ごした。いく晩も『ショア』を彼女に語って聞かせ、すべての上映の機会に彼女は立ちあってくれた。一九八六年の彼女の死に先立つこの何年かを、私はほとんど幸福な時期の記憶として思い起こしている。

彼女はそれでもまだツンドラ地帯への旅行計画を立てていたが、その案が却下された時は寂しそうだった。一九八六年、医師によりコシャン病院に緊急搬送させられ、集中蘇生治療室に入り、そこで死を迎えた。彼女の肉体はすでに衰弱し、その生命は辛うじて人工的に維持されているだけだった。チューブにつながれた彼女は話すことも、頭を動かすことすらもできず、ただ傍らに腰掛けてその手を握ってやることが私にできる精一杯のことだった。太いパイプが口から挿入され、彼女の眼だけが生きていたが、視線は固定したままだった。世間のうわさを彼女に話しても、何の意味もなかった。強制された彼女の沈黙は、私の口をも重くした。私の気持ちを伝える手段はただ手を押したり、身体に触れることでしかなかった。医師たちは彼女の病状が回復不能で、救う手立ては何もないと言ったが、ではいつまで彼女の生命を維持できるかについては明言しなかった。彼女が死ぬためにはチューブを外すだけでよかったのだ。私は困惑した。『ショア』はアメリカで一大現象になっており、多くの都市や大学からの招請が殺到していた。私はダンに、パリを離れることができない理由を知らせ、すべて断るように頼んだ。だがロサンゼルスでは、ブナイ・ブリス〔世界最古のユダヤ人の互助組織〕（その名誉毀損防止同盟は全米の反人種差別団体のなかでも最も強力で闘争的な組織である）による私へのリバティー賞のトロフィ授与が以前から決まっていて、アメリカ人にとって重要なその式典の日程を動かすことはできなかった。カストールを長時間放っておくわけにはいかないので、私はパリ－ロサンゼルスの直行便を取り、到着後すぐに式典に出席し、機中で書きあげたスピーチを読み、翌朝には出発するというスケジュールを立てた。医師たちは「あなたがもどるまでは大丈夫です」と言ってくれた。だが、ロサンゼルス国際空港で私を出迎えてくれた関係者の表情はこわばっていた。彼らはカストールの死を伝える電報を受け取ったばかりだったのだ。私は悲嘆に暮れた。後悔の念を押し隠し、彼女の死を胸に秘めて盛大な宴席に出席した。主催者側は、私がこの宴に出席するためにどれほどの犠牲を払わなければならなかったか、そして多くの要請にもかかわらず私が長く留まることができない事情を出席者全員に説明してくれた。私は機内で用意したスピーチを読み、まんじりともせずに夜を明かし、飛行機に乗り、夜明けにはパリにもどり、サルトルの時と同様、すぐにカストールの葬儀の準備にかかった。彼女はもう集中治療室にはいなかった。コシャン病院の霊安室で眠っていた。

レ・タン・モデルヌは再度、廃刊か存続かの岐路に立たされた。継続するとなれば編集長が必要になる。そしてそれは最古参の誰かが引き受けなければならない。となれば、同誌の創刊者の一人といえるジャン・プイヨンか私だった。私は彼より十歳年下だった。プイヨンは私を立てて、十歳の若さを侮ってはいけないと言った。投票で私が選ばれた。私には雑誌編集を指揮する適性もなければ、そのために必要な時間をすべて充てる余裕もなかったが、私は引き受けた。自分でも気づかなかったが、受諾した理由の一つは、『ショア』で得ることのできた評価がこの雑誌を守っていくのに役立つのではないか、またクロード・ガリマールの支援を取りつけるのに有利に働くのではないかという思惑だった。クロード・ガリマールは六年前、サルトルが亡くなった頃、ピエール・ノラの要請でガリマール出版の総力をあげて雑誌ル・デバを創刊したのだが――これに比べると、レ・タン・モデルヌは広告も最新のツールもなしの中世然とした刊行物に見えたことだろう――、それが近々廃刊になることが決まっていた。面識はなかったが、彼と面会の約束を取りつけることができた。彼はレ・タン・モデルヌへの支援を約束してくれた。こうして私が編集長を務めて二十六年になる。レ・タン・モデルヌは存続している。それどころか、健在だ。クロードの息子アントワーヌ・ガリマールは今日、レ・タン・モデルヌを彼の社の主要な雑誌と考えてくれている。

＊
＊
＊

なぜこの本にパタゴニアの野兎という変わったタイトルをつけたのだろう？　長いこと私は「世界の青春」というタイトルを考えていた。もちろん、世界に対する私、あるいは私自身の青春または今日の私の年齢といったいかなる対置関係も想定はしていなかった。年月を積み重ねながら、私は決して自分を現在の時代から引き離そうとしたことはない。たとえば「ぼくの時代には……」というように。私の時代は間違いなく今自分が生きている時代であり、世界が次第に気に染まなくなったとしても——ままあることだが——、それでも私の世界にほかならない。定年も引退も知らない私には、老いるということがわからない。まず私自身の青春が世界の青春の証しなのだ。ある日、何もわからないような状況のなかで、時間はその歩みを止めてしまった。この時間の中断は『ショア』製作の十二年間、過酷なまでに続いた。言い方を変えるなら、時間は経過しないことをやめなかった、ということになる。[10] 時間が流れているとしたら、どうやって十二年ものあいだ一つの作品に打ちこむことができただろう？　「時間は経過しないことをやめなかった」という表現は、イマヌエル・カントが「内的感覚」と呼んだものの容赦ない流れとその中断を同時に意味する。それがきわめてゆっくりと、回復期の病人のように再び流れだしたとしても、私は容易に受け容れることができない。

死刑とともに、受肉《アンカルナシオン》は——この二つにどんな矛盾があろう——、私の人生における重大な関心事だった。もし見ることができたとしても、もし稀少な視覚的記憶力に恵まれていたとしても、世界の景観あるいは景観としての世界は、私にとって常に減衰的分断、抽象的分離を伴うものだった。その結果、対象も主体も同時に非現実化され、驚きも熱狂も生まれようがないのである。本書のなかで二十歳の時にミラノを訪れた経験に触れたが、ミラノが私にとっての真実となったのは、大聖堂《ドゥオモ》広場を通り抜けながら大声で『パルムの僧院』の冒頭の数行を朗唱した時だった。似たような経験はほかにも無数にあった。トレブリンカでは、一つの名前と一つの場所との出会いが途方もない衝撃をもたらし、その波紋はとどまるところを知らなかった。まるで何ごともなかったかのように、普通の道路標識に記された呪わしい名前を発見した時である。テルアビブの理髪店では、アブラハム・ボンバがこらえた涙があった。

本書の執筆のあいだじゅう私の頭にあったのは野ウサギだった。ビルケナウ絶滅収容所で、人間には破ることのできない鉄条網の下をくぐり抜けていった野ウサギ。セルビアの大森林の夜道で、彼らを轢かないように用心しながら運転する私の視野を跳梁した野ウサギ。そしてパタゴニアで、エル・カラファテの村を過ぎたところでライトの光芒のなかに現われた神秘的な動物、パタゴニアの野ウサギを見た時、自分は今パタゴニアにいるのだという自明のことが私の心を文字通りわしづかみにし、この時、パタゴニアと私は本当の一体化を果たしたのだった。これが受肉である。私は七十歳近かったが、私の存在は二十歳のそれのように喜びで弾んだ。

（完）

（1）ジャン゠マリ・リュスティジェ枢機卿（一九二六～二〇〇七）。ポーランド系ユダヤ人移民の家庭に生まれ、少年時代カトリックに改宗。母はアウシュヴィッツ強制収容所で死亡。一九八一～二〇〇五年パリ大司教。一九九五年にアカデミー・フランセーズの会員に選出され、仏国内では一時、ローマ法王の有力候補者とも目された。「私は司祭であり、ユダヤ人であり、移民の息子である」は彼が好んで口にした言葉である。

(2) たとえば、ヴォルテールは『諸国民の風俗と精神について』(一七五六年)の中で激しいユダヤ批判を展開しており、歴史家レオン・ポリアコフはナチの反ユダヤ主義の源泉がこの哲学にあると指摘している。

(3) ピエール=オスカー・レヴィ 原書では Pierre-Oscar Lewis とあるが、本人がネット上で Pierre-Oscar Lévy の誤りであると訂正しているので、原著者の記憶違いと判断して訳文では本人の指摘に従う。

(4) クラウス・バルビー ナチの親衛隊員。ヴィシー政権下のフランスでおこなった大規模で残酷な弾圧から「リヨンの虐殺者」と呼ばれた。戦後は米陸軍情報部隊(CIC)の工作員として働き、のちにボリビアへ移住。フランスに引き渡されるまで、終始国際政治の暗部に関わりつづけた。一九八四年終身刑を言い渡され、一九九一年獄死。

(5) モーリス・パポン 仏の政治家。ヴィシー政権下でユダヤ人を強制収容所に送ったとして「人道に対する罪」に問われ、一九九八年禁固十年の判決を受けた。ちなみに本書にも出てくる一九六一年十月パリでのアルジェリア人による反仏デモの際に、大掛かりな鎮圧部隊を出動させ発砲を許可したのは、当時パリ警視総監だったパポンその人である。

(6) 移送の知(Le Savoir-Déporté) アンヌ=リズ・ステルンが精神治療の柱に据えた原則。治療の緊急性を強調するために自らの移送体験に照らして命名した。同名のこの本の中で彼女は、ランズマンの『ショア』のおかげで《証言すること[……]の無力感から解放された》と述べている。

(7) ベルナール・キュオの娘によれば、ランズマンは彼の死後もレ・タン・モデルヌの奥付から彼の名前を外すことを拒否し、十字の印をつけてキュオの名前を掲載しつづけたという。

(8) ナフーム・ゴルトマンの跡を継いだのはフィリップ・クルッツニックであり、二年後にエドガー・ブロンフマンが議長の職に就いた。

(9) イスラエル・シンガーが職を追われた裏には、資金横領の嫌疑があったようである。

(10) 非哲学的のそしりを恐れずに言い換えれば、時のモラトリアムは続いた、ということになろうか。

訳者謝辞

著者自身が冒頭で述べているとおり、彼が自らの波乱に富んだ生涯を語るにあたって用いたツールは、ペンでもなければ本人がマスターしたと主張するパソコンでもなく、言葉だった。発語としての言葉、口述筆記である。本書の自由闊達な文体はそこから来ているものと思われる。波乱万丈の人生にふさわしくその語り口は激しく、ほとばしり出る言葉は切れ目なく数十行におよぶこともあり、長い段落のなかで行き来する現在と過去、そのまた過去とが錯綜し、訳者も凄まじい言葉の奔流に何度も押し流されそうになったほどである。その一方で、艶笑譚を思わせる軽妙な味わいのヰタ・セクスアリス、あるいは死をめぐる凝縮した思索、ゴヤの絵画に関する透徹した解釈など、マチエールに応じて著者の語り口は自在に変化する。訳文がそれを十全に反映しえたかどうか、訳者としては大変心もとないことをお断りしておかなければならない。

本書に出てくるさまざまな言語の固有名詞の表記について、多くの方にご教示いただいた。とりわけ前島誠さん、佐藤エルジュビエータさん、住谷桃代さん、本宮智愛さん、ケルサン・タウワさんに感謝の意を表します。また、本書のテーマへの深い共感をもって編集を担当された人文書院の井上裕美さん、いつにもまして原著者との連携に意を用いサポートしてくれたフランス著作権事務所のコリーヌ・カンタンさんに敬意と感謝を捧げます。(これを書いている時、『ショア』製作をめぐるドキュメンタリー映画『クロード・ランズマン　スペクターズ・オブ・ザ・ショア』が、第八十八回米国アカデミー賞の短編ドキュメンタリー賞にノミネートされたとの報が入ったことを喜びとともに付記する)。

中原毅志

二〇一六年一月

解説

高橋　武智

現代フランスの作家、編集者、そして何よりも映画監督であるクロード・ランズマン（一九二五〜　）については、その道の専門家はもとより、フランス文化・思想の愛好者によって広く知られている。詳しくは、九時間半におよぶ映画『ショア』（当時の日本側上映委員会の多数意見にしたがい、映画タイトルも、拙訳タイトルも「ショアー」となっている）（一九八五）の発表と同時に出版された同名の書を筆者が手がけた邦訳（作品社・一九九五）の二〇〇一年・八刷以降の「解説」を参照していただけると幸甚である。

青年時代のレジスタンスへの参加、戦後の文学部でライプニッツ研究、ベルリン自由大学（在西ベルリン）での外人講師、若くしてサルトル、ボーヴォワールと知り合い、——彼女の恋人だったとの評判も、一部には早くから流れていた——サルトル創刊になる『レ・タン・モデルヌ（現代）』誌編集部の仕事に参加。とくに、第三次中東戦争直後の一九六七年春、千ページを超える同誌特別号の編集を担当し、アラブ・パレスチナ人とユダヤ人・イスラエル人の双方が初めて主張を述べあう機会をつくった（邦訳：『アラブとイスラエル』サイマル出版・一九六八）こと、一九六〇年、アルジェリア戦争に際してはフランス軍の残虐な弾圧を告発した「１２１人宣言」に署名、そのかどで告発された一〇名の一人となったことなどは、よく知られている。

一九七〇年代以降、映画製作に力を傾注（同時に、ボーヴォワール亡きあとは同誌編集長も兼ねる）、二本のイスラエルもの、『なぜイスラエルか』（一九七三）と『ツァハル』（イスラエル国軍）（一九九四）のあいだに、前記『ショア』がはさまる。以降はホロコーストものに集中、いずれも『ショア』の際に撮りためた膨大なラッシュフィルムをもとに、新しい映像を加えることもあるが、とりわけ独自な主題と方法をもつ作品にしあがっている。

時代順にあげれば、『通り過ぎる生者』［テレビ映画］（一九九七）、『ソビブル、1943年10月14日午後4時』（二〇〇一）、『光と影』［筆者未見］（二〇〇八）、『カルスキ・レポート』［テレビ映画 筆者未見］（二〇一〇）、『不正義の果て』（二〇一三）と高齢にもかかわらぬ多作ぶりである。

以上のような経歴の持ち主が、みずからの人生を振り返って書いた赤裸々な記録が本書『パタゴニアの野兎』である。

著者が前書きで断っているとおり、本書の執筆は〝口述〟の形から出発した。自由闊達な語り口――いや〝文体〟というべきか――で、ほぼ時代を追ってはいるが、時には時空を超え、中断されるかと思えば、また継起する自在な物語の展開ぶりはここから来ているのであろう。

著者にとって、〝みずからの人生〟とは、ほかならぬアンガジュマン――この語は戦後サルトルにより世に出たが、ランズマンの生はそれ以前からアンガジュマンのそれだった――の連続であると同時に、周囲の人々とたえず分かちもってきた生でもある。

彼のアンガジュマンはレジスタンスに始まり、アルジェリア戦争期にとどまらず、さまざまな社会活動として展開され、本書執筆の段階では『ショア』製作の冒険譚で頂点に達する。

〝周囲の人々〟とは、当然ながら、家族のメンバー、親族につながる縁者に始まるが、さらに、長ずるにしたがいつきあった多彩な友人・作家・知識人がふくまれ、その生きざまが活写されている。

たとえば、北朝鮮という専制国家内でかろうじて成立した行きずりの恋の物語が綴られている。またたとえば、第三世界の解放を叫んだ、『地に呪われたる者』の著者、フランツ・ファノンの思想は広く知られる通りだが、死期迫るファノンとの温かいつきあいを描いた作品は本書以外にあるまい。

なかでも、世紀の知の巨人というべき、サルトルとボーヴォワールとの関係は、一種の〝三角関係〟であって、とりわけ興味深い。とくにボーヴォワールとは、数年間同棲をつづけただけに、彼女の回想的な作品にも現れない細部にわたる描写がつづく。ボーヴォワールとの危険な山行きは、全編のなかでもハイライトといえる箇所であろう。

世界各国を回って探し求めた、映画『ショア』の登場人物たちとの数奇な出会いは、その一人一人の強烈な個性とともに、読者の胸を打たずにはいない。

浜辺では、「海岸と平行でなく、波打ち際からいきなり直角に泳ぎ出す」直情径行型の自画像にも事欠かない。

作品全体は、タイトルのない二一の章からなるが、それぞれが一編の短編小説を構成しているといえるほど、いったん作品のリズムに乗ると、スイスイ読み進められよう。

ただ、第一章が〝ギロチン〟から始まるのは、唐突の感を免れないが、作家フィリップ・ソレルスがその書評で述べているように、全巻をつらぬくライトモチーフであると受けとることもできる。すなわち、全巻のテーマは、ランズマンが謳いあげる〝生への飽くなき愛〟だが、その生を否定し、その対極にあるものとして、〝ギロチン〟＝処刑の姿がまず描かれるのである。

アンガジュマンに終わりはない。あるいは、同じことだが、本書を書いているランズマンは、生の、それも百人分の生のさなかに今もあるという人生観の持ち主である。これが〝自分の生は終わった〟ような意味合いをもつ、サブタイトルの「回想録」という語が、数年後に同じガリマールから上梓された文庫版の表紙から落とされた理由であろうと推測される。

この解釈は〝野兎〟というタイトルの由来ともみごとに符合する。『ショア』のある場面の中で、収容者が逃れようもなく、ガス室送りの運命にあった絶滅収容所の鉄柵の下を、野兎は苦もなくくぐりぬけていた。後年、バルカン半島で、南米の草原・パタゴニアで、ランズマンの車の前を走り、追い抜いていく野兎と重ねあわせたとき、このタイトルがおのずから誕生したものと思われる。

野兎こそ、人間、とりわけランズマンが求めてやまない自由の象徴であり、したがって、狂おしいまでの作者の〝人生への愛〟の対象でもある。

全体二一章中、最後の五章は、当然のように『ショア』に充てられている。筆者としては、そのうち少なくないページが、あまり知られることのないポーランドでの反響に費やされていることに興味を覚えた。いうまでもなく、ナチ政権のもと、すべての絶滅収容所がポーランドに置かれていたことを思い出していただきたい。

『ショア』へのかかわりでは、今まで公然とは語られなかった部分として、イスラエルの影が登場する。筆者が訳者兼字幕の共同制作者であり、また鵜飼哲氏・高橋哲哉氏とともに、日本側上映委員会のメンバーでもあったからか、一段落ついた段階で、イスラエル大使館の文化部員から食事に招待されたが、その謎が本書を読んで解けたような気がする。

今あげたすべての、あるいはその他の理由から、本書は二〇世紀のフランス、とくに知識人世界のたぐい稀な証言記録となっているといえよう。

訳者紹介

中原毅志（なかはら・つよし）

長野県生まれ。翻訳家。ルーヴァン・カトリック大学卒業。訳書に『カンボジア運命の門』（F・ビゾ著，講談社），『ブレヒトの愛人』（J＝P・アメット著，小学館），『U.V』（S・ジョンクール著，集英社），『食卓の不都合な真実』（G＝E・セラリーニ著，明石書店），『トランク』（短編集，ルイ・ヴィトン＆ガリマール共同出版）他。著書に『悠久のソナタ』（TBSブリタニカ）。

解説者紹介

高橋武智（たかはし・たけとも）

フランス文学者。翻訳家。わだつみ会理事長。

訳書にクロード・ランズマン『ショアー』（作品社），ランズマンの映画の字幕翻訳・監修を多く手掛ける。

著者紹介

Claude Lanzmann（クロード・ランズマン）

1925年11月27日，パリに生まれる。1943年クレルモン＝フェランのブレーズ＝パスカル校で対独レジスタンス運動を組織，市内での地下活動を展開した後，オーヴェルニュ山地のマキの武装闘争に身を投じる。レジスタンス勲章，レジオンドヌール三等勲章，国家功労賞グラントフィシエ章を受章。エルサレム・ヘブライ大学およびアムステルダム大学名誉博士。

ベルリン封鎖の時代，ベルリン自由大学で講師。1952年ジャン＝ポール・サルトルおよびシモーヌ・ド・ボーヴォワールと出会い，友情を結ぶ。以後，一貫してレ・タン・モデルヌ誌の編集に参加し，現在は編集長を務める。1970年まで，レ・タン・モデルヌとジャーナリズムの両面で活躍，数多くの記事とルポルタージュを執筆する一方，1952年に初めて訪れたイスラエルへの忠誠と反植民地運動への参加とを両立させて活動。アルジェリア戦争中は，徴集兵に不服従を呼びかけた「121人宣言」の署名人として，10人の被告の１人となる。レ・タン・モデルヌで「イスラエル・アラブ紛争」をテーマに千ページにおよぶ特集号を編集。初めてアラブとイスラエルの両者がともに互いの主張を述べあったこの特集号は，今日でも参照されることの多い文献となっている。

1970年，全精力を映画製作に集中し『なぜイスラエルか』を完成。この映画を通して，かつての反植民地運動の仲間たちが理解しようとしなかった疑問，すなわちアルジェリアの独立を望みながら，なぜイスラエルの存続を希求できるのかに答えようとした。善悪二元論的ではなく真のイスラエルの姿をとらえた作品は，一般大衆はもとより評論家からも高い評価を受け，世界的な成功を収めた。1973年10月７日，ヨム＝キプール戦争〔第四次中東戦争〕の火蓋が切って落とされたその数時間後に，ニューヨーク映画祭で公開された。

1973年夏には『ショア』の製作にとりかかり，完成までの12年の歳月をすべてこれに注いだ。1985年に全世界で公開されると，作品は映画的にも歴史的にも画期的な出来事として評価され，以後，多くの記事が書かれ，研究や著作，大学のセミナー等によって取りあげられ，高い評価を得て，数々のフェスティバルで受賞。

『なぜイスラエルか』，『ショア』，『ツァハル』，『通りすぎる生者』に続いて，ソビブル強制収容所で起きた蜂起を扱った『ソビブル，1943年10月14日午後４時』が完成し，初めて2001年カンヌ映画祭の非コンペティション部門オフィシャルセレクションで紹介された。

〈フィルモグラフィ〉

『なぜイスラエルか』1973年
『ショア』1985年
『ツァハル』1994年
『通りすぎる生者』1997年
『ソビブル，1943年10月14日午後４時』2001年
『カルスキ・レポート』2010年
〔『不正義の果て』2013年〕

パタゴニアの野兎　ランズマン回想録〈下〉

2016年4月10日　初版第1刷印刷
2016年4月20日　初版第1刷発行

著　者　クロード・ランズマン
訳　者　中原毅志
解説者　高橋武智
発行者　渡辺博史
発行所　人文書院
〒612-8447　京都市伏見区竹田西内畑町9
電話 075-603-1344　振替 01000-8-1103

印刷所　㈱冨山房インターナショナル
製本所　坂井製本所
装　幀　間村俊一

落丁・乱丁本は小社送料負担にてお取替えいたします

ISBN 978-4-409-03092-9 C0010

http://www.jimbunshoin.co.jp